Estágio Supervisionado e Trabalho de Conclusão de Curso: na construção da competência gerencial do administrador

Dados Internacionais de Catalogação na Publicação (CIP)
(Câmara Brasileira do Livro, SP, Brasil)

Estágio supervisionado e trabalho de conclusão
de curso: na construção da competência gerencial do
administrador / Manolita Correia Lima e Silvio Olivo
(org.) – São Paulo : Cengage Learning, 2018.

Vários autores.
7. reimpr. da 1. ed. de 2007.
Bibliografia
ISBN 978-85-221-0361-4

1. Administradores - Estágios 2. Administradores
- Formação profissional 3. Estágios - Administração
- Brasil 4. Trabalhos científicos - Redação I. Lima,
Manolita Correia. II. Olivo, Silvio

06-6135   CDD-658.007

Índice para catálogo sistemático:
1. Curso de administração: Estágios 658.007

Estágio Supervisionado e Trabalho de Conclusão de Curso: na construção da competência gerencial do administrador

Manolita Correia Lima e Silvio Olivo (org.)

co-autores:

Artur Syouji Harada

Claudete Pacheco Polato

Marcelo Murakami

Paula Patrícia Daoud El Ghajar

Sandra Aparecida de Carvalho

Vilma Teixeira Alves

CENGAGE

Austrália • Brasil • México • Cingapura • Reino Unido • Estados Unidos

Estágio Supervisionado e Trabalho de Conclusão de Curso: na construção da competência gerencial do administrador

Manolita Correia Lima e Silvio Olivo (org.)

Gerente Editorial: Patricia La Rosa

Editora de Desenvolvimento: Renatha Prado

Supervisor de Produção Editorial: Fábio Gonçalves

Supervisora de Produção Gráfica: Fabiana Alencar Albuquerque

Produtora Editorial: Renata Siqueira Campos

Copidesque: Fabio Maximiliano Alberti

Revisão: Rita Sorrocha

Composição: Cia. Editorial

Capa: Fz. Dáblio

© 2007 Cengage Learning Edições Ltda.

Todos os direitos reservados. Nenhuma parte deste livro poderá ser reproduzida, sejam quais forem os meios empregados, sem a permissão, por escrito, da Editora. Aos infratores aplicam-se as sanções previstas nos artigos 102, 104, 106 e 107 da Lei nº 9.610, de 19 de fevereiro de 1998.

Esta editora empenhou-se em contatar os responsáveis pelos direitos autorais de todas as imagens e de outros materiais utilizados neste livro. Se porventura for constatada a omissão involuntária na identificação de algum deles, dispomo-nos a efetuar, futuramente, os possíveis acertos.

A editora não se responsabiliza pelo funcionamento dos links contidos neste livro que possam estar suspensos.

Para informações sobre nossos produtos, entre em contato pelo telefone **0800 11 19 39**

Para permissão de uso de material desta obra, envie seu pedido para
direitosautorais@cengage.com

© 2007 Cengage Learning. Todos os direitos reservados.

ISBN-13: 978-85-221-0361-4
ISBN-10: 85-221-0361-5

Cengage Learning
Condomínio E-Business Park
Rua Werner Siemens, 111 – Prédio 11 – Torre A – Conjunto 12 – Lapa de Baixo
CEP 05069-900 – São Paulo – SP
Tel.: (11) 3665-9900 – Fax: (11) 3665-9901
SAC: 0800 11 19 39

Para suas soluções de curso e aprendizado, visite **www.cengage.com.br**

Impresso no Brasil
Printed in Brazil
7. reimpr. – 2018

DEDICATÓRIA

Dedicamos este livro a todos os *estudantes* com quem tivemos a oportunidade de trabalhar; aos colegas *professores* com quem tivemos a chance de partilhar a responsabilidade pelas atividades de orientação do processo investigatório que resulta no trabalho de conclusão de curso; aos *coordenadores* e *diretores* que acreditaram na pesquisa como exercício capaz de desenvolver competências valiosas em sociedades que exigem cada vez mais capacidade de auto-aprendizagem, autoformação e auto-regulação; e às *Instituições de Educação Superior* – IES, que nos deram condições de concretizar nossos projetos como educadores.

Este livro é dedicado, igualmente, às *organizações* que, com generosidade, acolhem nossos orientados, apóiam-nos na concretização do trabalho realizado e colaboram para a viabilização de programas de Estágio Supervisionado e de Trabalho de Conclusão de Curso realizados nos moldes descritos neste texto.

Agradecemos particularmente ao professor Fábio Gomes da Silva pela confiança depositada neste projeto, pelo incentivo em relatar esta experiência e divulgá-la e pela fraterna amizade.

SUMÁRIO

Prefácio ....**IX**

Introdução ....**XV**

**Parte 1 – O sentido do Estágio Supervisionado
e do Trabalho de Conclusão de
Curso na formação de administradores** **1**

1 O sentido do Estágio Supervisionado e do Trabalho de
Conclusão de Curso na formação de
administradores 3

2 Descrição de experiência consolidada: o Estágio
Supervisionado e o Trabalho de Conclusão de Curso
de graduação em Administração 21

3 Descrição da metodologia de pesquisa 31

4 A arquitetura do programa de Estágio Supervisionado
e do Trabalho de Conclusão de Curso...................59

5 Descrição do processo de avaliação
da aprendizagem 71

Considerações Finais 81

**Parte 2– Histórico e perfil de uma organização
de Tecnologia de Informação** **85**

6 Histórico e perfil da organização 87

7 Descrição das práticas de gestão, avaliação,
pontuação e identificação dos pontos fortes,
moderados e passíveis de melhoria 111

8 Diagnóstico organizacional e formulação
de planos de ação 257

Considerações Finais 299

Referências Bibliográficas **305**

PREFÁCIO

A elaboração de um livro didático em qualquer campo do conhecimento constitui um enorme desafio intelectual. No campo da Administração, tal desafio guarda sensíveis particularidades, bem compreendidas, tratadas e organizadas aqui pelos professores Manolita Correia Lima e Silvio Olivo, na obra *Estágio Supervisionado e Trabalho de Conclusão de Curso: na construção da competência gerencial do administrador.*

A primeira delas é a natureza multidisciplinar, interdisciplinar e transdisciplinar dos fundamentos teórico-conceituais do campo da Administração, o que tem angustiado sobremaneira os estagiários e os professores orientadores no entendimento do verdadeiro sentido do Estágio Supervisionado e Trabalho de Conclusão de Curso. Estagiários, professores, supervisores e gestores de cursos devem ter a visão do todo interconectado, permeado por relações que se formam e se desfazem a qualquer momento da vida das organizações, diante de um ambiente cada vez mais dinâmico e competitivo.

A segunda está relacionada com o sentido do Estágio Supervisionado e do Trabalho de Conclusão de Curso. O estágio e o TCC não podem ser reduzidos a uma legalidade mas sim considerados como componente curricular singular, voltado para o desenvolvimento de competências, habilidades e atitudes dos alunos e professores dos Cursos de Graduação em Administração. Os fundamentos do Capítulo 1 incentivam os gestores dos Cursos de Graduação em Administração a refletir acerca dos seguintes questionamentos, dentre outros: 1) Qual é o sentido do Estágio Supervisionado e do TCC?; 2) Quais são os objetivos do estágio supervisionado e do TCC no Curso de Administração?; 3) Quais são as condições internas e externas ao curso que favorecem o desenvolvimento do estágio e do TCC como uma das etapas do processo de formação dos alunos?; 4) Quais são os princípios que podem orientar o estágio e o TCC?; 5) De que forma o estágio e o TCC estão articulados ao Projeto Pedagógico do Curso de Administração?

O Estágio Supervisionado e o Trabalho de Conclusão de Curso, como muito bem explicado no Capítulo 2, revela um momento de troca de experiências e vivências na construção conjunta de ações pelos segmentos envolvidos – empresas, organizações públicas, não governamentais e de terceiro setor, sempre com o objetivo de contribuir com a formação empreendedora e integral do profissional. O estagiário bem qualificado profissionalmente deve exercer o seu verdadeiro papel de cidadão dentro do contexto social e, acima de tudo, atuar como agente multiplicador de conhecimentos na transformação das organizações e da sociedade.

O "fazer" por si só não proporciona a inovação. A sociedade e as organizações precisam de um profissional com capacidades para articular diferentes conhecimentos na resolução de problemas e de oportunidades em situações complexas e imprevisíveis. No momento da prática do estágio supervisionado e do TCC, os alunos têm a oportunidade de refinar as habilidades comportamentais e conceituais, já que estas só se concretizarão quando ocorrer o "fazer" com o "pensar" articulados em situações não lineares. Isto porque o trabalho não é mais o conjunto de tarefas associadas descritivamente ao cargo, já que representa o prolongamento direto da competência que o indivíduo mobiliza em face de uma situação profissional cada vez mais mutável e complexa. Esta complexidade torna o imprevisto mais cotidiano e rotineiro.

A competência é o resultado da encruzilhada de três eixos formados pela pessoa (sua biografia e socialização), por sua formação educacional e por sua experiência profissional. Competência é o conjunto de aprendizagens sociais e comunicacionais, nutridas a montante pela aprendizagem e pela formação e a juzante pelo sistema de avaliações. As competências são sempre contextualizadas. Os conhecimentos e o *know how* não adquirem *status* de competência a não ser que sejam comunicados e utilizados. Competência é um *saber agir responsável e reconhecido*, que implica mobilizar, integrar, transferir conhecimentos, recursos e habilidades que agreguem valor econômico à organização e valor social ao indivíduo.

Assim, a prática do Estágio Supervisionado e do TCC estimula uma nova forma de pensar, ou seja, o estagiário, em vez de assimilar apenas a teoria passivamente, pode, ao articular com a prática, reconstruir os conhecimentos adquiridos, dando um novo significado na solução de problemas, como na descoberta de novos métodos para incrementar os níveis de inovação e de competitividade das organizações e da sociedade. Representa o somatório das responsabilidades de todos os envolvidos no processo, na busca contínua de uma formação mais humana e reflexiva, no sentido de desmistificar o estágio como um simples mecanismo de cumprimento de exigências acadêmicas e legais. Ele deve ser visto pelos estagiários, professores e organizações como uma oportunidade de crescimento pessoal e profissional, por ser um instrumento de integração entre universidade, organizações e comunidade, bem como a oportunidade de a academia revisar e alinhar os planos pedagógicos não apenas para servir, mas principalmente para transformar as organizações e a sociedade.

PREFÁCIO

O *pensar, o fazer e o agir* adquirem significados quando estagiários, professores e organizações estiverem conscientes do verdadeiro papel do estágio, ou seja, entender o estágio supervisionado e o TCC como um momento singular no processo de formação. Para tanto, como se nota no Capítulo 3, diferentes metodologias de pesquisa podem ser exploradas para viabilizar o processo de identificação, coleta, registro, seleção e tratamento de material para que, quando interpretados e analisados, tenham legitimação tanto na academia como nas organizações. Toda pesquisa realizada com o suporte do método de *pesquisa-ação* retrata uma situação singular no contexto de uma situação precisa, concernente a um lugar, a pessoas, a um tempo, a práticas e a valores sociais e a esperança de uma mudança possível, no sentido de uma mudança desejada. A pesquisa-ação corresponde a um método que tem como característica principal articular, simultaneamente, o exercício da pesquisa a ação sobre a realidade, objeto de investigação. Estagiários, orientadores e dirigentes de organizações devem atuar como copartícipes do processo de investigação. A triangulação dos dados significa a combinação de diferentes métodos de pesquisa, incluindo o uso tanto de uma abordagem quantitativa quanto qualitativa.

A Arquitetura do Programa de Estágio Supervisionado e do Trabalho de Conclusão de Curso é fundamental para os agentes envolvidos terem uma visão do todo e não apenas das partes como destacado pelos organizadores da obra no Capítulo 4. A visão de conjunto revela os diversos relacionamentos e inter-relacionamentos que podem ser construídos quando da prática do estágio. É um momento de construção e reconstrução permanente. A arquitetura representa um referencial para guiar e orientar, servindo como "norte", não podendo ser entendida como um produto ou "receita" acabada. Os indicativos considerados devem incentivar a reflexão e a tomada de decisões, pelo fato das realidades pesquisadas possuírem características próprias, além de estarem situadas em ambientes não estatísticos.

O Estágio Supervisionado e o TCC, para que tenham sentido e significado, precisam ser *acompanhados* por professores orientadores "educadores" e por profissionais de organizações que estejam "engajados" e "comprometidos" com o desenvolvimento de competências, habilidades e atitudes dos sujeitos envolvidos na situação. Sem uma visão comum, os indivíduos não serão capazes de entender o seu lugar no todo interconectado. Também terão pouca consciência daquilo que é aceitável em termos de desempenho, resultados e padrões. O *processo de avaliação da aprendizagem* destacado no Capítulo 5 ganha relevância quando tem utilidade a todos os envolvidos; *Viabilidade/Oportunidade* no tempo, espaço e condições técnicas, administrativas, políticas, acadêmicas e sociais; Exata, em termos da utilização de instrumentos e Ética. A avaliação deve ser, acima de tudo, *transformadora*. O processo deve ser interativo e corresponsivo em seus diferentes desdobramentos, por ser dinâmico e ter uma função articuladora como proposta de integração e de transformação.

Na Parte 2 do livro temos o desdobramento da arquitetura do programa do estágio supervisionado e do TCC. Os conteúdos dos Capítulos 6, 7 e 8 possibilitam ao estagiário, aos orientadores e dirigentes de organizações, diretrizes estratégicas quanto ao histórico e perfil da organização, descrição das práticas de gestão, avaliação, pontuação e identificação dos pontos fortes, moderados e passíveis de melhoria sob "a guarda" do diagnóstico, análise e da proposta de intervenção.

A fase de **diagnóstico** compreende a descrição da realidade do jeito que a organização se encontra e não da forma como o estagiário gostaria que fosse. O diagnóstico deve possuir uma postura multidisciplinar, dialógica e reflexiva, pressupondo a utilização de diferentes abordagens teóricas e metodológicas. Deve privilegiar a compreensão da realidade do ambiente e da organização por meio de seus conteúdos e práticas organizacionais. O diagnóstico exige a participação ativa do estagiário e dos atores organizacionais e sociais envolvidos com a situação pesquisada. A realização do diagnóstico é uma condição necessária para o estagiário desenvolver as fases denominadas de análise e de proposta de intervenção.

Na fase de **análise** o estagiário estabelece os pontos fortes, fracos, oportunidades e ameaças constatadas no diagnóstico. A análise interna compreende a verificação dos pontos fortes e fracos, enquanto que a análise externa está relacionada com as dimensões do macro e microambiente, em termos de oportunidades e ameaças. A pesquisa-ação, a análise documental, dentre outros métodos, como enfatizado pelos organizadores do livro, professores Manolita Correia Lima e Silvio Olivo, devem ser combinadas para o estagiário, orientador e supervisor terem uma visão global e não fragmentada da realidade observada. Deve, ainda, ser fundamentada e complementada com fundamentos teóricos, resultados de estudos e pesquisas, melhores práticas, *benchmarking*, dentre outras.

A fase da **proposta de ação/plano de ações** representa um momento de criação e recriação. O foco está no **processo** (entendimento e interpretação da realidade pesquisada), no **produto** (proposta de intervenção) e na **viabilidade de implantação**. A proposta de intervenção deve ser entendida como uma construção coletiva, resultante da visão do estagiário, do orientador e do supervisor da organização, perante a dinâmica da organização e do meio.

PREFÁCIO

Os exemplos apresentados pelos organizadores da obra elucidam as fases de diagnóstico, análise e da proposta de intervenção, quer na ampliação dos mapas mentais, quer na possibilidade da inclusão de outras dimensões e categorias de análise, sempre pensando no enriquecimento da fundamentação da proposta para que tenha *utilidade* e *aplicabilidade* nas organizações e no meio. Também deve servir como fonte inspiradora do potencial criativo, reflexivo e crítico dos agentes envolvidos com a situação avaliada. A criatividade é um recurso valioso de que dispomos e que necessita ser mais cultivada. O estágio representa uma estratégia de formação e de desenvolvimento de competências, habilidades e de atitudes resultantes dos diferentes saberes oriundos tanto do campo teórico como da prática. Kurt Lewin diz que "não há nada mais prático do que uma boa teoria".

Os organizadores não apenas destrincharam para seus leitores esse complexo universo conceitual e prático em torno do tema *Estágio Supervisionado e Trabalho de Conclusão de Curso: na construção da competência gerencial do Administrador* como também revelam, com excepcional maestria, as relações dinâmicas contidas na prática do estágio e do TCC, sendo de grande auxílio na identificação, no desenvolvimento e na elaboração de plano de ações para tornar as organizações mais competitivas, sempre primando pelo crescimento humano e profissional dos agentes envolvidos em situações diversas.

A interatividade da obra com estagiários, professores orientadores, supervisores de organizações, além das Coordenações e Gestores de Cursos de Graduação que dela façam uso, está facilitada pelos exemplos e referenciais para serem discutidos e refletidos em classe, bem como pelo conjunto de questões oferecidas no início de cada capítulo, incentivando o debate esclarecedor e a construção e a reconstrução permanente, por ser objetivo do processo de aprendizagem.

Com competência e equilíbrio dignos de nota, organizadores souberam bem tratar de um livro acerca das práticas de estágio e de TCC distinto daqueles que simplesmente compilam teorias de administração geradas em outras plagas. Eles não as ignoram, mas as contextualizam na realidade dos Cursos de Graduação em Administração do Brasil, além de garimpar contribuições originais de práticas implantadas em organizações brasileiras sem perder de vista o propósito do livro. Tratam dos elementos fundamentais em bases novas, associando a eles os demais elementos relevantes na consolidação de uma prática de estágio e de TCC com sentido e significado originados em diferentes abordagens práticas e paradigmas teóricos.

XIII

Estágio Supervisionado e Trabalho de Conclusão de Curso: na construção da competência gerencial do Administrador constitui uma inestimável contribuição para os futuros administradores que buscam graduar-se ou àqueles que procuram complementar os estudos, qualificando-os a voos mais ambiciosos, atuando como dirigentes, empreendedores, professores, pesquisadores e consultores. A obra abre uma ampla, clara e bem pavimentada e direcionada avenida para que seus leitores sejam capazes de identificar, analisar e propor alternativas em variadas e complexas situações. De posse dos fundamentos, o leitor poderá, com muito mais sabedoria, eleger e avançar seus estudos mais especializados, mantendo sempre a visão do todo interconectado das organizações e do meio. Tenho absoluta certeza de que os estagiários, professores, supervisores de organizações e Gestores de Cursos de Graduação em Administração serão gratos aos organizadores do livro, assim como a seus editores, pela obra com que nos brindam, tendo em vista o fortalecimento da excelência da relação processo ensino-aprendizagem em nossa área.

Nério Amboni, Dr.
Professor dos Cursos de Graduação e do Mestrado em Administração
Centro de Ciências da Administração e Socioeconômicas – ESAG
Universidade do Estado de Santa Catarina – UDESC

INTRODUÇÃO

Observando atentamente o sistema educacional brasileiro e o mercado de trabalho existente para os administradores profissionais, é possível perceber a presença de dois movimentos antagônicos: de um lado, "aumenta o consenso em torno da convicção de que o manejo e a produção do conhecimento constituem a mais decisiva oportunidade de desenvolvimento" (Demo, 2000, p.10) das sociedades, das organizações, dos indivíduos e dos profissionais; de outro lado, expressivo contingente de IES reduz os investimentos canalizados para a realização de atividades com elevado potencial de contribuir para a formação substantiva do administrador.

Há pouco mais de uma década, o filósofo francês Pierre Lévy (1998, p.19) já assegurava que o futuro e a prosperidade das nações, das regiões, das organizações e dos indivíduos dependem, cada vez mais, da capacidade de cada um explorar o espaço do *saber*. Enfatiza, no mesmo texto, que quanto mais e melhor os grupos humanos conseguirem se constituir *coletivos inteligentes* e *sujeitos cognitivos*, mais chances terão de assegurar a sua sobrevivência, o seu espaço e o seu sucesso no ambiente competitivo que prevalece atualmente nas sociedades ocidentais, de modo geral, e nas organizações, de modo particular.

Numa perspectiva convergente, Nilson José Machado (1997, p.15) sublinha que a emergência das novas tecnologias informacionais fez com que o *conhecimento* passasse a ocupar o centro das atenções, tornando-se o principal fator de produção, visto que na atualidade não se trata mais de aplicar o conhecimento disponível ao trabalho, mas de uma identificação quase total entre as esferas do conhecimento e do trabalho. Neste contexto, importa cada vez menos a idéia de estoques fixos de conhecimento, e importa cada vez mais o desenvolvimento da capacidade de as pessoas *aprenderem a aprender* – isto é, de as pessoas se capacitarem para conquistar e manter espaços em ambientes marcados por transformações rápidas, que não toleram pessoas que resistam às mudanças em curso ou que não tenham como contribuir para processos contínuos de transformação.

Na mesma linha de raciocínio, em 1999, Peter Drucker publicou texto de grande penetração, enfatizando que o recurso realmente decisivo como fator de produção não seria mais o capital, a terra, tampouco a mão-de-obra, mas sim o *conhecimento*. O sociólogo Pedro Demo (1994; 2000) fortalece a visão de Drucker (1999) quando assegura a existência de consenso em torno da convicção de que o manejo e a produção de conhecimento constituem a mais decisiva oportunidade de desenvolvimento. Sendo assim, o *capital intelectual* representa um fator de desenvolvimento muito mais determinante que a disponibilidade de recursos naturais, ou que o tamanho do país e sua condição geopolítica, ou, ainda, que a presença de farta mão-de-obra, uma vez que, para o autor (1994, p.13),

> no capitalismo avançado descobriu-se que apenas o trabalhador educado dá lucro, porque dele advém a qualidade competitiva [...]. Com isto, a expectativa sobre a educação de qualidade, tanto no sistema escolar básico quanto no universitário, cresceu sobremaneira, a ponto de tornar-se o investimento mais relevante para a oportunidade de desenvolvimento humano sustentado.

Pormenorizando esta visão da realidade, o conteúdo do texto "Os desafios da educação: integração regional, ciência e tecnologia", de José Eduardo Faria (1995, p. 23-50), é bastante elucidativo quando, fundamentado por materiais teóricos e empíricos, o autor argumenta que em período histórico profundamente marcado pelas inovações tecnológicas e pela subseqüente conversão da ciência em força produtiva, a educação tem correspondido a um dos fatores determinantes da eclosão de duas mudanças paradigmáticas na passagem do século XX para o século XXI:

- A flagrante substituição da economia de produção de bens pela economia de produção do *conhecimento*.
- A transição de uma sociedade de natureza industrial para uma sociedade de caráter *informacional*.

Neste contexto, cabe questionar: por que algumas instituições de educação superior estão empenhadas em aligeirar o projeto pedagógico dos cursos que oferecem, na medida em que reduzem a carga horária, restringem o tempo de permanência de estudantes e professores nos ambientes educacionais concebidos para ampliar as condições de aprendizagem e ainda limitam o número de atividades com potencial para promover o estudante à condição de sujeito de sua aprendizagem?

Com o acirramento da competição entre cursos e instituições, na conquista e retenção de estudantes, fruto do crescente desequilíbrio existente entre a

---

1 De acordo com dados do Censo da Educação Superior de 2010, as 2.377 instituições de ensino superior disponibilizaram 3.120.192 vagas em seus processos seletivos, mas o número de ingressos registrados não ultrapassou 1.590.212. Apesar de a grande maioria das vagas ociosas se concentrar em estabelecimentos particulares, 36 mil vagas em instituições públicas não foram preenchidas, especialmente nas instituições municipais.

oferta e a procura por cursos de educação superior,[1] o preço das mensalidades praticadas pelas instituições de natureza privada revela-se um atrativo para expressivo contingente da população interessada em investir na formação superior. De acordo com a *Análise setorial do ensino superior privado no Brasil*: tendências e perspectivas 2005-2010, desenvolvida pela CM Consultoria, Ideal Invest e Hoper Educacional (2005), o valor médio das mensalidades praticadas pelas IES brasileiras decresceu nos últimos sete anos, como ilustra o quadro a seguir.

QUADRO I.1

Valor médio das mensalidades

Ano de referência	Valor médio das mensalidades
1999	R$ 532
2000	R$ 521
2001	R$ 509
2002	R$ 495
2003	R$ 472
2004	R$ 467
2005	R$ 447

Fonte: CM Consultoria, Ideal Invest e Hoper Educacional. Análise setorial do ensino superior privado no Brasil: tendências e perspectivas 2005-2010.

Reforçando o que foi afirmado, destacam-se alguns resultados da pesquisa realizada pela Hoper Educacional: entre 2003 e 2004 foi avaliado o rendimento familiar mensal médio de estudantes oriundos de 78 IES privadas, distribuídas em diferentes regiões do País. A interpretação dos dados reunidos revela que 75% dos estudantes têm renda familiar de até 15 salários-mínimos/mês e não comprometem mais do que 30% dessa renda em programas de formação superior. Apenas 25% dos estudantes têm condições de pagar mensalidades cujo valor seja igual ou superior a R$ 1.200,00.

Os autores da pesquisa estimam que até 2008 o percentual de estudantes cuja renda familiar não ultrapassa dez salários-mínimos se elevará para algo próximo a 72%, realidade que comprometerá ainda mais a capacidade de pagamento das mensalidades praticadas pelo setor educacional privado. Nessa linha de raciocínio, conclui-se que para as IES competirem por 100% do total de candidatos da região, a média de mensalidade praticada não poderá ultrapassar R$ 216,00. Ou seja, quanto maior for a mensalidade média da IES, menor será o seu *share* de mercado (Quadro I.2).

QUADRO I.2

Renda no Ensino Superior Brasileiro em 2003/2004

Renda Familiar	% de Estudantes	% Máxima da Renda Comprometida com Educação Superior	Valor da Mensalidade Suportado
Até R$ 720,00 (até 3 salários-mínimos)	14%	30%	Até R$ 216
De R$ 721 a R$ 1.200 (de 3 a 5 salários-mínimos)	24%	29%	Até R$ 348
De R$ 1.201 a R$ 2.400 (de 5 a 10 salários-mínimos)	25%	27%	Até R$ 648
De R$ 2.401 a R$ 3.600 (de 10 a 15 salários-mínimos)	12%	26%	Até R$ 936
De R$ 3.601 a R$ 4.800 (de 15 a 20 salários-mínimos)	10%	25%	Até R$ 1.200
De R$ 4.801 a R$ 12.000 (de 20 a 50 salários-mínimos)	13%	22%	Acima de R$ 1.200
Acima de R$12.000 (Acima de 50 salários-mínimos)	2%	20%	Acima de R$ 1.500

Fonte: CM Consultoria, Ideal Invest e Hoper Educacional. Análise setorial do ensino superior privado no Brasil: tendências e perspectivas 2005-2010.

Esse fenômeno tem pressionado os mantedores a reduzirem custos operacionais e desafiado as lideranças acadêmicas a reduzirem custos (ou investimentos?). Conseqüentemente, manifesta-se crescente desinvestimento em atividades educacionais não obrigatórias, para que a economia dos recursos financeiros daí advindos possa permitir a redução do valor das mensalidades. Dessa forma, há expectativas de que a redução do valor das mensalidades seja capaz de incrementar a competitividade desses cursos no mercado educacional.

Nesse contexto, a ênfase dos cursos recai sobre a aula, o ensino, o treinamento e a instrução, em vez de recair na educação e na aprendizagem ativa do estudante. Conseqüentemente, o investimento em atividades que podem contribuir para a formação substantiva do administrador está sendo brutalmente reduzido ao mínimo exigido pela legislação em vigor. E, levando-se em conta que as Diretrizes Curriculares Nacionais para o Curso de Graduação em Administração (Brasil, 2004) não reconhecem o Estágio Supervisionado – ES tampouco o Trabalho de Conclusão de Curso – TCC como atividades obrigatórias, esses programas estão sendo desativados por um número crescente de IES e cursos, ou reduzidos a atividades de importância periférica.

XVIII

Dessa forma, as lideranças acadêmicas – mesmo involuntariamente – colaboram para o comprometimento da qualidade da formação dos estudantes e para o desenvolvimento de competências valorizadas em administradores; colaboram igualmente para a redução da empregabilidade dos egressos – tão valorizada em seus discursos como justificadora da formação superior. Em sociedades orientadas cada vez mais para o trabalho e cada vez menos para o emprego, existiria indicador mais convincente do êxito de um curso do que a capacidade que alcançou de influir sobre a empregabilidade de seus egressos? Por que será que muitas IES desconsideram isso?

Tendo em vista que a identificação dos meios capazes de colaborar para a elevação da qualidade da formação dos estudantes de graduação em administração, mais do que um projeto profissional, figura um projeto de vida, os organizadores da obra decidiram investir tempo e energia na redação de texto cujo conteúdo se propõe a contextualizar a importância que o Estágio Supervisionado e o Trabalho de Conclusão de Curso podem exercer sobre a formação do administrador e descrever como é possível explorar o potencial dos referidos programas. Para que esse discurso não fique limitado ao universo da retórica, foram resgatados – de forma resumida – dois relatórios finais de pesquisa, elaborados por orientados que se destacaram pela qualidade do trabalho realizado. O livro, dividido em duas partes, contém ainda material complementar disponível no site da editora.

A Parte 1 concentra-se em resgatar a legislação que orienta a educação superior, em geral e o curso de graduação em administração, em particular, na intenção de evidenciar que embora nos termos da lei de Diretrizes Curriculares Nacionais para o Curso de Graduação em Administração (Brasil, 2004) os programas de Estágio Supervisionado e Trabalho de Conclusão de Curso não figurem atividades obrigatórias, os cursos que de fato estão comprometidos em contribuir para o desenvolvimento das competências valorizadas em um administrador não podem abrir mão do aprendizado que a realização desses programas pode representar, quando bem concebidos, implantados e sistematicamente revistos e aperfeiçoados. Além disso, apresenta de forma argumentada uma das maneiras pelas quais as lideranças acadêmicas podem explorar o potencial dos referidos programas, com a intenção de fortalecer o curso e o desenvolvimento de competências humanas e profissionais socialmente valorizadas.

A Parte 2 reúne um relatório de pesquisa, elaborado por quartanistas do curso de Administração, cujo conteúdo resume os resultados alcançados com a realização do Estágio Supervisionado (descrição do histórico e do perfil da organização; descrição fundamentada das práticas de gestão adotadas pela organização; avaliação e pontuação capazes de conduzir a equipe na identificação dos pontos fortes, moderados e passíveis de melhoria; e a formulação do diagnóstico organizacional) e com a realização do Trabalho de Conclusão de Curso (elaboração de dois planos de melhoria comprometidos com ações capazes de reverter as debilidades identificadas com a formulação do diagnóstico organizacional, e dois planos de manutenção comprometidos com ações capazes de manter a qualidade já conquistada pela organização alvo do trabalho).

O material digital apresenta o segundo relatório de pesquisa completo. Em relação ao primeiro relatório, são adicionadas informações complementares compostas por roteiro de entrevistas utilizado pelos estudantes na coleta de informações que fundamentaram a descrição das práticas de gestão, glossário definindo termos específicos explorados no corpo do relatório de pesquisa e anexo contendo a análise estratégica da empresa investigada, elaborada pelos dirigentes, com utilização da Matriz de Potencialidades, Fragilidades, Oportunidades e Ameaças – PFOA e do Modelo de Porter relativo às Cinco Forças Competitivas.

O conjunto apresentado (livro + material digital) representa importante contribuição para as organizações de pequeno e médio porte que desejam elaborar relatórios de gestão consistentes e dar início ao processo de auto-avaliação interno, e até participarem de premiações externas.

Por fim, cabe destacar três aspectos que os organizadores do livro reconhecem como relevantes:

- As empresas-alvo do Estágio Supervisionado e do Trabalho de Conclusão de Curso, aqui retratadas, são muito diferentes entre si: embora sejam empresas de pequeno porte e estejam empenhadas em conquistar o mercado internacional, elas apresentam níveis de complexidade organizacional bastante distintos – enquanto uma pertence ao setor industrial (moveleiro), a outra pertence ao setor de serviços (tecnologia da informação); enquanto uma é empresa familiar, orientada por gestão tradicional e conservadora, a outra é uma empresa orientada por gestão profissional e arrojada, na medida em que adota o conceito de gestão por processo; uma valoriza pouco o capital intelectual dos dirigentes e colaboradores, porém a outra reconhece o capital intelectual como uma questão de sobrevivência do próprio negócio. Não obstante as diferenças sinalizadas, ambas desejam investir em processos de transformação que garantam melhores resultados.

- A participação ativa dos dirigentes e dos colaboradores das referidas empresas em todas as fases do processo investigatório foi elemento determinante para o êxito das atividades realizadas. Sem isso, o trabalho proposto no contexto do Estágio Supervisionado e do Trabalho de Conclusão de Curso seria inviabilizado e os estudantes seriam impedidos de vivenciar experiências que representaram um ponto decisivo na formação intelectual e profissional de cada um deles.

- Os autores dos dois relatórios selecionados para compor a Parte 2 e integrar o material digital destacaram-se pela seriedade com que realizaram o curso concluído, pela determinação de aprender com as experiências vividas, pelo empenho demonstrado em cada etapa do trabalho proposto, pela capacidade de construir uma relação de confiança e respeito com as empresas alvo da investigação e com os professores orientadores, pela grandeza em reconhecer que os textos inicialmente elaborados poderiam ser melhorados em conteúdo e forma, pela tenacidade com que ultrapassaram os obstáculos (que não foram poucos), pelo compromisso assumido de deixar uma contribuição valiosa para empresários e empresas que colaboraram de forma determinante para o êxito dos resultados, e pelo exemplo dado aos estudantes que irão ingressar nos referidos programas.

Tanto o processo como os resultados do Trabalho de Conclusão de Curso contribuíram para a formação de profissionais integrados ao mundo do trabalho (em atitudes, em conhecimentos e em habilidades) e para a formação de cidadãos mais maduros (profissional, pessoal e intelectualmente), bem como capazes de trabalhar para o sucesso das organizações a que se dedicarem. Os objetivos propostos foram cumpridos e serviram de complementação ao ensino e à aprendizagem dos autores; foram também capazes de lhes proporcionar uma revisão dos conceitos introduzidos ao longo do curso, além de uma experiência de trabalho singular.

Parte 1

O Sentido do Estágio Supervisionado e do Trabalho de Conclusão de Curso na Formação de Administradores

1   O sentido do Estágio Supervisionado e do Trabalho de Conclusão de Curso na formação de administradores

2   Descrição de experiência consolidada: o Estágio Supervisionado e o Trabalho de Conclusão de Curso de graduação em Administração

3   Descrição da metodologia de pesquisa

4   A arquitetura do programa de Estágio Supervisionado e do Trabalho de Conclusão de Curso

5   Descrição do processo de avaliação da aprendizagem

Considerações Finais

O Sentido do Estágio Supervisionado e do Trabalho de Conclusão de Curso na Formação de Administradores

Ao finalizar a leitura deste capítulo, o leitor terá condições de solucionar as seguintes dúvidas:

- Levando-se em conta que a legislação referente ao curso de graduação em Administração reconhece os programas de Estágio Supervisionado e de Trabalho de Conclusão de Curso como atividades de interesse curricular, qual é o sentido de IES e cursos de Administração investirem recursos financeiros e humanos em sua implantação e/ou aperfeiçoamento?

- De que maneira os programas de Estágio Supervisionado e de Trabalho de Conclusão de Curso podem colaborar para a valorização dos cursos de Administração, para a gestão acadêmica dos cursos e para o desenvolvimento de competências esperadas de egressos de cursos superiores, em geral, e de administradores profissionais, em particular?

> "As instituições mais ligadas à qualidade estão submetidas ao desgaste histórico implacável. Facilmente fazem o contrário do que pregam, se não cuidarem, sempre, de sua reconstrução processual."
> Pedro Demo (1999, p. 32)

Este capítulo inicial tem o objetivo de reunir elementos capazes de expressar o significado que os programas de Estágio Supervisionado e de Trabalho de Conclusão de Curso podem assumir nos cursos de educação superior, em geral, e nos cursos de graduação em Administração, em particular. Na seqüência, será apresentada neste capítulo – descritiva e justificadamente – uma das maneiras possíveis de orientar os referidos programas para a aprendizagem ativa do estudante e, conseqüentemente, para a formação intelectual e profissional do administrador.

Com essa preocupação, a obra está estruturada de modo que, nas primeiras páginas, se discute o sentido que a legislação e a dimensão didático-pedagógica imprimem aos referidos programas. Em seguida, recupera-se uma experiência consolidada de implantação dos programas, em que serão destacados os objetivos perseguidos, as atividades previstas, os aspectos metodológicos que imprimem sistematização ao processo investigatório e ampliam a credibilidade dos resultados alcançados, a apresentação dos atores envolvidos e a descrição de suas responsabilidades no processo. E, por fim, discutem-se aspectos pertinentes à avaliação do processo e dos resultados em termos do desenvolvimento de competências intelectuais e profissionais dos estudantes, e do aperfeiçoamento das práticas de gestão nas organizações investigadas.

Para fundamentar a primeira parte do texto, foram explorados os recursos permitidos pelas pesquisas bibliográfica e documental. A pesquisa bibliográfica ofereceu o suporte conceptual relativo aos aspectos metodológicos e pedagógicos envolvidos com as atividades estruturantes dos programas. A pesquisa documental recuperou os documentos oficiais que regulamentam os programas curriculares, de interesse curricular e as respectivas avaliações.

O Estágio Supervisionado e o Trabalho de Conclusão de Curso no contexto do curso de Administração

É possível perceber que, no curso dos últimos dez anos, o sistema de educação superior brasileiro foi alvo de expressivas transformações. Provavelmente os aspectos que traduzem melhor o processo de transformação mencionado referem-se: à velocidade com que tem ocorrido a expansão do número de IES de natureza privada; ao aumento vertiginoso do número de cursos de graduação – sejam eles seqüenciais, tecnológicos ou acadêmicos –; à inevitável ampliação do número de vagas; ao expressivo aumento da população docente e discente, e à adoção de uma política de avaliação de estudantes, professores, cursos, instituição e do sistema de educação superior como um todo etc. Não obstante, um aspecto que tem sido marginalmente explorado, embora assuma importância vital no conjunto do sistema de educação superior, reside na autonomia que as IES podem usufruir para formular os projetos pedagógicos dos cursos que oferecem.

Com a intenção de destacar a importância dessa questão, sublinha-se que a *Lei de diretrizes e bases da educação* (Brasil, 1996) – no inciso I do artigo 12 – ressalta que uma das responsabilidades que os estabelecimentos de ensino devem assumir consiste em "elaborar e executar sua proposta pedagógica". O *Plano Nacional de Educação* (Brasil, 2001) corrobora essa idéia ao reconhecer a importância de estabelecer diretrizes curriculares nacionais capazes de assegurar a liberdade necessária para que as IES possam diversificar a concepção dos cursos que oferecem, permitindo, dessa forma, um melhor atendimento das necessidades sociais e regionais identificadas. A interpretação do conteúdo das *Diretrizes curriculares nacionais para o curso de graduação em administração* (Brasil, 2004) reflete essa orientação ao valorizar a liberdade de as IES elaborarem os projetos pedagógicos dos cursos que oferecem em sintonia com as demandas sociais e com os avanços científicos e tecnológicos conquistados pela área de formação.

Coerente com os princípios defendidos pela *Lei de diretrizes e bases da educação* (Brasil, 1996), pelo *Plano nacional de educação* (Brasil, 2001) e pelas *Diretrizes curriculares nacionais para o curso de graduação em administração* (Brasil, 2004), o Sistema Nacional de Avaliação da Educação Superior – Sinaes assume o respeito à identidade das IES como um dos princípios norteadores da avaliação, ao reconhecer a avaliação institucional como centro do processo avaliativo; e, para tanto, compromete-se a aplicar os esforços capazes de viabilizar a integração dos diversos instrumentos de avaliação com base em uma concepção global e o respeito à identidade e à diversidade institucionais. Para Trindade (2004, p. 2), "tais características possibilitam levar em conta a realidade e a missão de cada IES, ressalvando o que há de comum e universal na educação superior e as especificidades das áreas de conhecimento".

Em documento que reúne princípios basilares que sustentam o Sinaes – orientações gerais para o roteiro de auto-avaliação das instituições (Brasil/

MEC/Inep/Sinaes, 2004) –, o respeito ao projeto constitutivo das IES está textualmente registrado:

- Responsabilidade social com a qualidade da educação superior.
- Reconhecimento da diversidade do sistema.
- Respeito à identidade, à missão e à história das instituições.
- Globalidade, isto é, compreensão de que a instituição deve ser avaliada a partir de um conjunto significativo de indicadores de qualidade, vistos em sua relação orgânica e não de forma isolada.
- Continuidade do processo avaliativo.

Com isso, as IES são incentivadas a conceber cursos diferenciados, cujo projeto pedagógico seja capaz de responder às necessidades da sociedade, previamente identificadas, sem negligenciar as especificidades das dimensões socioeconômicas presentes na região em que atua e o estado da arte das áreas de conhecimento exploradas nos cursos oferecidos. A criação e a consolidação da identidade da instituição e dos cursos que oferecem servem de referência para a população discente – interessada em realizar um curso de educação superior – e docente – interessada em trabalhar orientada pelos e para os objetivos perseguidos pelo curso e pela instituição.

Com isso, deseja-se enfatizar que embora a legislação em vigor, particularmente o conteúdo da *Lei de diretrizes e bases da educação* (Brasil, 1996) e das *Diretrizes curriculares nacionais* (Brasil, 2004) formuladas para o curso de graduação, apresente limitações – que já foram alvo de inúmeras reflexões em diferentes obras[1] –, um mérito é inegável: elas permitem que as IES concebam cursos diferenciados, mais ajustados às necessidades regionais, e mais orientados para o compromisso de colaborar para o desenvolvimento intelectual e profissional dos estudantes. A questão reside em saber até que ponto as IES estão de fato exercendo essa liberdade!

---

1 Referimo-nos, particularmente, ao conteúdo de três obras: NISKIER, Arnaldo. *LDB – A nova lei da educação*: tudo sobre a Lei de Diretrizes e Bases da Educação Nacional – uma visão crítica. 3. ed. Rio de Janeiro: Edições Consultor, 1996; DEMO, Pedro. *A nova LDB*: ranços e avanços. 2. ed. Campinas: Papirus, 1997; ALVES, Nilda e VILLARDI, Raquel (org.). *Múltiplas leituras da nova LDB – Lei de Diretrizes e Bases da Educação Nacional (Lei n. 9.394/96)*. Rio de Janeiro: Dunya, 1999.

O sentido que o discurso oficial imprime ao Estágio Supervisionado e ao Trabalho de Conclusão de Curso

Os programas na perspectiva da Lei de diretrizes e bases da educação

A *Lei de diretrizes e bases da educação* (Brasil, 1996) dedica quinze artigos à educação superior. A leitura do documento permite verificar que nenhum deles legisla especificamente sobre os programas de Estágio Supervisionado e de Trabalho de Conclusão de Curso. Entretanto, o Artigo 43, ao explicitar a finalidade atribuída à educação superior, relaciona aspectos que têm relação direta com o processo que garante os resultados conquistados com a implantação dos programas de Estágio Supervisionado e de Trabalho de Conclusão de Curso, nos cursos de graduação em Administração, conforme exposto a seguir:

I – Estimular a criação cultural e o desenvolvimento do espírito científico e do pensamento reflexivo.

II – Formar diplomados nas diferentes áreas do conhecimento, aptos para inserção em setores profissionais e para a participação no desenvolvimento da sociedade brasileira, e colaborar na sua formação contínua.

III – Incentivar o trabalho de pesquisa e investigação científica, visando o desenvolvimento da ciência e da tecnologia e da criação e difusão da cultura, e, desse modo, desenvolver o entendimento do Homem e do meio em que vive.

IV – Promover a divulgação de conhecimentos culturais, científicos e técnicos que constituem patrimônio da humanidade e comunicar o saber através do ensino, de publicações ou de outras formas de comunicação.

V – Suscitar o desejo permanente de aperfeiçoamento cultural e profissional e possibilitar a correspondente concretização, integrando os conhecimentos que vão sendo adquiridos numa estrutura intelectual sistematizadora do conhecimento de cada geração.

VI – Estimular o conhecimento dos problemas do mundo presente, em particular os nacionais e regionais, prestar serviços especializados à comunidade e estabelecer com esta uma relação de reciprocidade.

VII – Promover a extensão, aberta à participação da população, visando à difusão das conquistas e benefícios resultantes da criação cultural e da pesquisa científica e tecnológica gerada na instituição.

A interpretação dos itens antes reunidos permite assegurar que os programas de Estágio Supervisionado e de Trabalho de Conclusão de Curso têm condições de colaborar para o 'desenvolvimento do espírito científico' entre os estudantes, e para o exercício conseqüente do 'pensamento reflexivo' de estudantes e de professores; têm condições de promover 'o trabalho de pesquisa' por meio da 'investigação científica', cujo processo e respectivos resultados são capazes de alicerçar a autonomia intelectual dos estudantes, a consciência da necessidade de investir em programas de 'formação contínua' e contribuir para o amadurecimento metodológico dos professores orientadores; têm potencial para promover articulações horizontais e verticais entre os conteúdos previstos nas disciplinas da malha curricular, de forçar a articulação entre as dimensões teóricas e práticas envolvidas no estudo dos fenômenos organizacionais, de promover a aplicação de referenciais teóricos em processos sistematizados de compreensão e de intervenção sobre a realidade; de colaborar para o desenvolvimento de competências capazes de favorecer a 'inserção [dos egressos] em setores profissionais e sua participação no desenvolvimento da sociedade brasileira', além de promover relações de reciprocidade entre as IES e a sociedade, em geral, e entre as IES e o mercado, em particular.

Os programas na perspectiva das Diretrizes Curriculares Nacionais para o curso de graduação em Administração

Desde 2 de fevereiro de 2004, a organização curricular dos cursos de graduação em Administração busca ajustar-se às orientações presentes nos termos das *Diretrizes curriculares nacionais para o curso de graduação em administração* (Brasil, 2004). A leitura do documento não deixa dúvida de que a âncora do referido curso corresponde ao projeto pedagógico concebido e executado. O Artigo 2º destaca essa idéia ao ressaltar que "a organização do curso de que trata esta Resolução se expressa através de seu projeto pedagógico". E, na seqüência, preocupa-se em explicitar que os conteúdos básicos de um projeto pedagógico envolvem a concepção

> do perfil do formando, as competências e habilidades, os componentes curriculares, o estágio curricular supervisionado, as atividades complementares, o sistema de avaliação, a monografia, o projeto de iniciação científica ou o projeto de atividade, com o trabalho de conclusão de curso, componente opcional da instituição, além do regime acadêmico de oferta e de outros aspectos que tornem consistente o referido projeto pedagógico.

Coerente com essa visão geral, o documento pormenoriza os aspectos mencionados assegurando que a solidez das bases que sustentam o projeto pedagógico do curso, além de depender da consistência da elaboração do currículo pleno e das condições capazes de favorecer sua operacionalização, dependerá da clareza com que os elementos reunidos a seguir serão justificadamente concebidos:

I – Definição dos objetivos gerais do curso, contextualizados em relação às suas inserções institucional, política, geográfica e social.

II – Explicitação das condições objetivas de oferta e a vocação do curso.

III – Estabelecimento da carga horária dedicada às atividades didáticas e da integralização do curso.

IV – Esclarecimentos acerca das formas com que a interdisciplinaridade será exercitada.

V – Precisões acerca dos modos pelos quais haverá integração entre as dimensões teóricas e práticas.

VI – Esclarecimentos sobre as estratégias que viabilizarão a avaliação dos processos de ensino e aprendizagem.

VII – Esclarecimentos sobre os modos pelos quais ocorrerá a integração entre os programas de graduação e de pós-graduação, quando houver.

VIII – Esclarecimento acerca de cursos de pós-graduação *lato sensu*, eventualmente oferecidos na IES.

IX – Explicações acerca das atividades de incentivo à pesquisa, como necessário prolongamento da atividade de ensino e como instrumento de iniciação científica.

X – Esclarecimentos acerca da concepção e composição das atividades de estágio supervisionado de caráter curricular e suas respectivas formas e condições de realização.

XI – Esclarecimentos acerca da concepção e composição das atividades complementares.

XII – Esclarecimentos sobre a inclusão opcional de trabalho de conclusão de curso sob as modalidades de monografia, projeto de iniciação científica ou projetos centrados em área teórico-prática ou de formação profissional.

Embora o conteúdo do inciso X, do Artigo 7º, sublinhe que o Estágio Supervisionado corresponde a "um componente curricular direcionado à consolidação dos desempenhos profissionais desejados, inerentes ao perfil do egresso", o conteúdo do caput do Artigo 3º afirma textualmente que "**optando** a instituição por incluir no currículo do curso de graduação em Administração o estágio supervisionado de que trata este artigo, deverá emitir regulamentação própria" (grifo nosso), capaz de institucionalizar o referido programa. Mesmo que haja ambigüidade nos conteúdos das passagens compiladas do documento supramencionado, está claro que a inclusão do Estágio Supervisionado como atividade curricular obrigatória fica a critério dos responsáveis pela concepção do projeto pedagógico do curso.

Mesmo que o conteúdo do documento restrinja o Estágio Supervisionado à "consolidação dos desempenhos profissionais desejados" do egresso, faz-se mister sublinhar que as IES que decidirem explorar o potencial presente nesse programa terão ampla liberdade para concebê-lo. Nesse caso, a coerência esperada dos responsáveis pela concepção e implantação do programa estará expressa no conjunto de atividades cujos resultados parciais e final contribuam para o desenvolvimento do perfil de egresso que o curso se comprometeu a formar. Nessa direção, cabe ressaltar que um curso de graduação conseqüente dificilmente se limitará a colaborar para o desempenho profissional do egresso – vale lembrar que, enquanto as competências humanas são para a vida, as competências profissionais têm tempo de validade curto e, por isso mesmo, não é recomendável que justifique a existência de cursos superiores.

O conteúdo do inciso XII, do Artigo 7º, não deixa dúvidas quanto à desobrigação de as IES manterem o programa de Trabalho de Conclusão de Curso e quanto à liberdade que podem usufruir ao concebê-lo. Sendo assim, o referido programa pode estar vinculado ao Programa de Iniciação Científica – PIC, pode explorar temas mais teóricos ou mais práticos, pode envolver a realização de atividades acadêmicas mais comprometidas com o desenvolvimento de competências intelectuais ou com o desenvolvimento de competências profissionais, ou ainda com o desenvolvimento de competências humanas etc. Nesse caso, quais seriam os critérios capazes de balizar tais decisões?

Os critérios que deveriam prevalecer, tanto na concepção do Estágio Supervisionado quanto na concepção do Trabalho de Conclusão de Curso, estão associados à preocupação de fortalecer a identidade da IES e do curso, à preocupação de contribuir para o desenvolvimento do perfil de egresso que o curso se comprometeu a formar (expresso na forma de competências ou de conhecimentos, habilidades e atitudes) e à preocupação de respeitar os projetos perseguidos pelos estudantes, sejam eles de cunho mais profissional, sejam de natureza mais acadêmica.

O raciocínio construído permite constatar que a legislação que norteia a organização curricular dos cursos de educação superior – a *Lei de diretrizes e bases da educação* (Brasil, 1996) – e dos cursos de graduação em Administração – as *Diretrizes curriculares nacionais* (Brasil, 2004) – desobrigam as lideranças acadêmicas das IES e dos cursos a incluírem os programas de Estágio Supervisionado e de Trabalho de Conclusão de Curso como atividades curriculares obrigatórias.

Não obstante, é pertinente ressaltar que o conteúdo do *Manual de avaliação do curso de Administração* (Brasil/MEC/Inep, 2002), disponibilizado pelo Instituto Nacional de Estudos e Pesquisas Educacionais, ao conceber o roteiro de avaliação a partir de três dimensões estruturantes da avaliação – a dimensão *organização didático-pedagógica*, a dimensão *corpo docente* e a dimensão *instalações* – prevê que tanto o Estágio Supervisionado quanto o Trabalho de Conclusão de Curso são objeto de avaliação, uma vez que figuram como indicadores de qualidade na dimensão *organização didático-pedagógica*.

QUADRO 1.1

Aspectos norteadores da avaliação do Estágio Supervisionado
e do Trabalho de Conclusão de Curso

Aspectos norteadores da avaliação do Estágio Supervisionado	Pesos	Aspectos norteadores da avaliação do Trabalho de Conclusão de Curso	Pesos
Existência de atividades de orientação de forma sistematizada e presencial. Existência de práticas de avaliação de processo e de resultados.	30	Existência de atividades de orientação de forma sistematizada e presencial. Existência de práticas de avaliação de processo e de resultados. Acesso a materiais de natureza bibliográfica.	70
Consistência do conteúdo dos relatórios de atividades, sejam eles parciais ou final.	10	—	—
Relação existente entre o número de estudantes e o número de professores orientadores.	25	Relação existente entre o número de estudantes e o número de professores orientadores.	30
Exigência de participação em atividades reais de administração.	25	—	—
Previsão de participação em atividades reais conveniadas.	10	—	—
Peso total do indicador sobre a avaliação da dimensão.	40	Peso total do indicador sobre a avaliação da dimensão.	30

Fonte: Adaptado do *Manual de avaliação do curso de Administração* (Brasil/MEC/Inep, 2002).

Mesmo desempenhando importância complementar na formação do administrador, os programas de Estágio Supervisionado e Trabalho de Conclusão de Curso têm pesos diferentes na avaliação em questão. Dá-se a entender que o Estágio Supervisionado é uma atividade mais importante que o Trabalho de Conclusão de Curso. Talvez por isso, enquanto o Estágio Supervisionado é avaliado com base em cinco aspectos, o Trabalho de Conclusão de Curso é avaliado com base em dois aspectos de cunho estritamente burocrático. A título de ilustração, na seqüência reuniremos os aspectos que os avaliadores *ad hoc* são orientados a levar em consideração na avaliação dos referidos programas.

O Estágio Supervisionado e o Trabalho de Conclusão de Curso na perspectiva didático-pedagógica

Em texto, cujo objetivo reside em fazer leitura comentada sobre as *Diretrizes curriculares para o curso de graduação em administração*, Andrade e Amboni (2002) destacam a importância de as IES conceberem o perfil do egresso com base nas competências que o curso oferecido se compromete a colaborar para desenvolver. Na construção do raciocínio, os experientes autores resgatam a parte do Parecer CES/CNE nº 134 na qual se afirma textualmente que o curso de graduação em Administração deve colaborar para o desenvolvimento das competências reunidas a seguir:

- Ser capaz de *aprender* de diferentes formas, em qualquer lugar e o tempo todo.

- Ser capaz de *se exercer* como usuário do conhecimento disponível e de produzir novos conhecimentos que favoreçam os resultados esperados.

- Ser capaz de *identificar* problemas e de *formular* alternativas de solução adequadas às especificidades dos problemas identificados.

- Ser capaz de *conceber* projetos que envolvam modificações no processo produtivo, *implantar, avaliar* resultados e *adotar* mecanismos de correção de rotas, quando necessário.

- Ser capaz de *articular* o conhecimento conquistado e de *fundamentar* argumentos que sustentem o processo de tomada de decisão, ou seja, ser capaz de a*gir* estrategicamente.

- Ser capaz de *explorar* os recursos disponibilizados pela comunicação interpessoal e grupal na realização de trabalho em equipe, na solução de conflitos e nos processos de negociação.

- Ser capaz de *compreender* a posição e a função assumidas na estrutura produtiva que está sob seu controle e gerenciamento.

O tamanho do desafio presente nos sete itens antes destacados é proporcional às conseqüências de as instituições de educação superior insistirem em repetir alguns equívocos em nome da tradição didático-pedagógica que prevalece na prática docente, e que foram resumidos no texto a seguir:

- Desconsiderar que, com o aumento do número de cursos e vagas, poucas IES são capazes de realizar efetivos processos seletivos dos estudantes que ingressam[2]. Com isso, os professores são imobilizados pelas deficiências de formação básica encontradas na maioria dos estudantes. Não enfrentar esse problema implica assistir ao aumento do contingente de reprovados por semestre; ao aumento do desinteresse dos estudantes pelo curso; à multiplicação de atitudes antiéticas, mas que justificam a promoção do estudante a qualquer preço; ao aumento do comportamento pautado pela apatia, pelo desinteresse, pela indisciplina e pelo conflito; à redução da auto-estima do estudante e ao inevitável comprometimento de sua aprendizagem; e, não raro, à ampliação do índice de inadimplência[3] e evasão. E, caso nada disso aconteça, inevitavelmente haverá expressivo comprometimento da qualidade acadêmica do curso, uma vez que os critérios que justificam processos de promoção e retenção dos estudantes estão dissociados da aprendizagem e do desenvolvimento das competências socialmente valorizadas.

■ Desconsiderar o projeto – intelectual e/ou profissional – que justifica o fato de o estudante graduar-se em Administração, uma vez que sem isso será muito pouco provável que o curso, as disciplinas, os conteúdos introduzidos e as atividades desenvolvidas – tanto curriculares quanto de interesse curricular – façam algum sentido para o estudante. Com isso, a manifestação de interesse é deslocada para o cumprimento burocrático das atividades obrigatórias, cuja conclusão resultará na conquista do diploma, e não na realização de atividades cujos resultados sejam capazes de ampliar o espectro de competências requeridas pela vida moderna (Lima, 2003; 2005).

■ Desconsiderar que o excesso de disciplinas previstas na maioria das matrizes curriculares dos cursos e a inserção precoce do estudante no mercado de trabalho correspondem a fatores que colaboram para fortalecer a formação de uma visão fragmentada e aligeirada dos conteúdos, reduzindo o

---

2 De acordo com os resultados do Censo da Educação Superior – realizado anualmente pelo Instituto Nacional de Estudos e Pesquisas Educacionais Anísio Teixeira – divulgados pelo Ministério da Educação em outubro de 2011 – o número de vagas oferecido pelas IES brasileiras ultrapassa o número de estudantes concluintes do ensino médio. Isso justifica o elevado número de vagas ociosas no ensino superior (60%) (www.inep.gov.br).

3 Na medida em que as taxas de inadimplência entre as IES brasileiras são elevadas, estudos são realizados com a intenção de mapear as razões que justificam esse problema. Os resultados das pesquisas revelam clara relação entre a qualidade acadêmica dos cursos e índices de inadimplência. Em outras palavras, bons cursos apresentam baixo índice de inadimplência e cursos de qualidade duvidosa apresentam elevado índice de inadimplência (*Análise setorial do ensino superior privado no Brasil*: tendências e perspectivas 2005-2010, 2005, p. 34).

curso a disciplinas cuja abordagem não ultrapassa as noções introdutórias e desarticuladas, insuficientes para desenvolver as competências antes descritas. Em tais circunstâncias, o estudante não estuda, ou seja, não realiza atividades capazes de promover efetivos processos de aprendizagem (Sacristán e Gómez, 2000; Beisiegel, 2001; Ribeiro, 2001; 2003; Lima, 2005).

- Desconsiderar que, embora haja diversas formas de o estudante aprender, todas elas dependem da determinação, do comprometimento e do desejo indispensáveis em qualquer processo de aprendizagem – por mais qualificado e experiente que o professor seja, ele não aprende pelos estudantes! Nas palavras de António Nóvoa (2013, p. 229), "ningém ensina a quem não quer aprender". Conseqüentemente, centralizar o processo de aprendizagem nas ações dos professores, na transmissão de conteúdos em forma de aulas expositivas e na aplicação de provas para verificar a capacidade de memorização dos conteúdos 'passados' (transmitidos) parece perda de tempo, de energia e de dinheiro! (Nóvoa, 2013; Trocmé-Fabre, 2004; Charlot, 2000; Meirieu, 1998; Not, 1993; Reboul, 1982).

- Desconsiderar que grande parte dos professores envolvidos com o curso de graduação em Administração carece de formação didático-pedagógica, e que nem a concepção dos cursos *lato sensu* e tampouco a dos *stricto sensu* está comprometida com o atendimento dessa necessidade. Por essa razão, a maioria dos docentes faz uso dos mesmos recursos didáticos explorados pelos seus antigos professores, desconsiderando que tanto o estudante quanto o sistema de educação superior brasileiro, o mercado de trabalho e a sociedade sofreram profundas transformações com o tempo (Lima, 2004; 2005).

Ultrapassar os limites antes indicados, além de representar fator determinante para a sobrevivência dos cursos oferecidos, pode influir significativamente sobre a ampliação das chances de trabalho, empregabilidade e qualidade de vida dos egressos. Por quê? Os resultados das avaliações das condições de oferta, associados aos resultados do Exame Nacional de Cursos, apontam que cursos bem desenhados, com capacidade de realizar efetivo processo seletivo no ingresso, implantados por lideranças acadêmicas competentes e professores qualificados, comprometidos com a ampliação das condições que favorecem a aprendizagem do estudante são justamente aqueles que formam cidadãos e profissionais respeitados e desejados pelos empregadores[4].

O SENTIDO DO ESTÁGIO SUPERVISIONADO E DO TRABALHO DE CONCLUSÃO DE CURSO...

Nesta altura do raciocínio, cabe questionar: qual é a relação que os programas de Estágio Supervisionado e de Trabalho de Conclusão de Curso têm com a superação dos limites apontados e com o desenvolvimento das competências descritas? É possível assegurar que a contribuição dos referidos programas será proporcional à sua capacidade de: ultrapassar a dimensão tecnoburocrática que aflige alguns espaços acadêmicos; colaborar para o desenvolvimento de competências socialmente valorizadas; envolver as instâncias acadêmicas (estudantes pesquisadores e professores orientadores) e as instâncias organizacionais em processos capazes de gerar resultados partilhados de modo que todos os envolvidos consigam reconhecer o que a experiência agregou em termos de aprendizagem e da formulação e execução de projetos comprometidos com ações conseqüentes de transformação da realidade.

Quando esses programas foram concebidos e implantados nos cursos de graduação em Administração com a única preocupação e compromisso de atender às exigências legais[5], em geral eles não foram valorizados pelas lideranças acadêmicas das IES, tampouco pelos estudantes, pelos professores e pelos representantes das organizações alvo de estágio ou de estudos de caso. Os desafios intelectuais previstos nas atividades eram quase infantis, e os resultados esperados não ultrapassavam relatórios cujos conteúdos transitavam entre a descrição formal de processos (no caso do Estágio Supervisionado) e a compilação de fragmentos de textos nem sempre compreendidos (no caso do Trabalho de Conclusão de Curso), e por isso mesmo desarticulados e inúteis ao processo

---

4 Dados divulgados pela Organização Internacional do Trabalho - OIT informam a existência de 73,4 milhões de jovens desempregados no mundo. Nas palavras de José Manuel Salazar-Xirinachs, Subdiretor Geral de Políticas da OIT, "Estes números evidenciam a necessidade de enfocarmos em políticas que promovam o crescimento, a melhoria da educação e os sistemas de qualificação, além do emprego juvenil". (Disponível em: http://www.oit.org.br/content/progressos-no-emprego-juvenil-foram-cancelados-por-recuperacao-muito-lenta-diz-oit. Acesso em: jan. 2015.) Corroborando Tristan MacCowe, professor de Educação e Desenvolvimento da Universidade de Londres, alguns cursos do sistema educacional brasileiro não aumentam a capacidade de inovação da economia, não impulsionam sua produtividade, e acabam por perpetuar a desigualdade, pois aqueles de maior prestígio continuam inacessíveis à população de baixa renda. Em suas palavras; "Muitos acabam sendo mais uma extensão do ensino básico e fundamental do que uma faculdade ou universidade propriamente ditas" (Disponível em: http://www.bbc.co.uk/portuguese/noticias/2013/10/131004_universidades_novas_ru. Acesso em: jan. 2015.)

5 A Lei n. 6.494, publicada em 7 de dezembro de 1977, e o Decreto n. 87.497, publicado em 18 de agosto de 1982, prevêem que a realização das atividades de Estágio Supervisionado sirva de *complementação do ensino e da aprendizagem* do estudante e seja capaz de *proporcionar aos alunos uma experiência de trabalho*.

de aprendizagem e de (trans)formação do estudante. Nesse contexto, é evidente que a existência dos programas incide negativamente sobre a formação do estudante, uma vez que, além de estar em desacordo com os objetivos do curso, explicitados no corpo do projeto pedagógico, colabora para que se percam tempo e credibilidade.

De acordo com o contexto antes descrito, vale a pena questionar: quais são os objetivos que programas de Estágio Supervisionado e de Trabalho de Conclusão de Curso bem desenhados podem perseguir com expressiva margem de êxito? O que pode ser entendido por "Estágio Supervisionado e Trabalho de Conclusão de Curso bem desenhados"? São programas que, ao serem concebidos, revelam-se comprometidos em colaborar para o atendimento das necessidades da sociedade local, a consolidação da identidade institucional do estabelecimento de ensino, o alcance dos objetivos que o curso se comprometeu a perseguir e para o êxito dos projetos intelectuais e profissionais formulados pelos estudantes. Na seqüência, serão apontados alguns objetivos que podem justificar a existência dos referidos programas em cursos de graduação em Administração.

Objetivos que podem orientar a concepção dos programas

Concluídos com êxito os programas de Estágio Supervisionado e de Trabalho de Conclusão de Curso, espera-se que os estudantes sintam-se capacitados para:

- Ingressar profissionalmente no 'universo do trabalho', fortalecidos pelo desenvolvimento das competências requeridas de um administrador profissional.

- Formular diagnósticos organizacionais confiáveis, propor planos de ação compatíveis com a realidade organizacional estudada, ter capacidade para avaliar impactos e eliminar possíveis efeitos indesejados.

- Formular visões articuladas das diferentes áreas das organizações, considerando, para isso, suas dimensões internas e externas.

- Entender e atuar sobre as perspectivas operacional e estratégica das organizações, orientados por conhecimentos e ferramentas adequadas às necessidades, e por princípios éticos.

- Trabalhar para o sucesso das organizações, redução de eventuais conflitos e para a elevação da qualidade de vida dos colaboradores.

- Enfrentar os problemas do mundo real, na medida em que estão mais

O SENTIDO DO ESTÁGIO SUPERVISIONADO E DO TRABALHO DE CONCLUSÃO DE CURSO...

maduros em termos pessoais, profissionais e intelectuais.

■ Saber aprender e investir no conceito de educação permanente[6].

Além de colaborar para a formação substantiva do estudante, os referidos programas podem contribuir para a gestão acadêmica do curso, pois, na medida em que gera um conjunto de informações, sua interpretação contextualizada pode permitir à direção acadêmica da IES avaliar a qualidade acadêmica do curso, a pertinência das disciplinas presentes no desenho curricular, a suficiência dos conteúdos desenvolvidos em cada disciplina, a adequação dos recursos didáticos explorados pelos professores, e até que ponto a avaliação da aprendizagem está comprometida com a consistência da formação do estudante. Por exemplo:

■ O mapeamento das dificuldades enfrentadas pelos estudantes no desenvolvimento das atividades pode expressar falhas no ensino e na aprendizagem de determinados conteúdos, desenvolvidos no contexto de determinadas disciplinas, ministradas por determinados professores.

■ A correção dos relatórios (parcial e final) pode levar à identificação de erros. A freqüência com que esses erros são encontrados nos referidos relatórios pode significar deficiências na construção da malha curricular, na distribuição dos conteúdos entre as disciplinas, no domínio dos conteúdos por parte de alguns professores, na inadequação dos recursos didáticos explorados por alguns professores, na pouca dedicação dos estudantes às atividades de estudo, na insuficiência da bibliografia básica indicada, na ausência de critérios que justifiquem processos de promoção ou de reprovação dos estudantes em algumas disciplinas, na formação anterior dos estudantes etc.

Com esses resultados, é possível à direção acadêmica promover ajustes curriculares, ou solicitar a reformulação dos conteúdos explorados nas disciplinas existentes; pressionar os professores para que revisem a bibliografia básica indicada; sensibilizar a mantenedora para a necessidade de implementar programas de capacitação docente; apoiar os professores interessados em promover alterações de cunho didático e pedagógico que favoreçam o estabelecimen-

---

6 Há quase 20 anos, o psicólogo Herbert Gerjuoy foi citado por Alvin Toffler (*Le choc du futur.* Paris: Folio Essais, 1987), pelo fato de assegurar que, em um futuro próximo, o iletrado será aquele que não aprendeu a aprender e não aquele que não teve oportunidade de aprender a ler. Como é possível grande parte do sistema educacional brasileiro insistir em associar a aprendizagem a processos de transmissão e repetição de conteúdos simplificados para que sejam memorizados pelos estudantes?

ESTÁGIO SUPERVISIONADO E TRABALHO DE CONCLUSÃO DE CURSO

to de relações pedagógicas consistentes entre estudantes e professores e a aprendizagem dos estudantes; justificar a organização de reuniões comprometidas com a discussão fundamentada sobre as práticas de avaliação da aprendizagem, na expectativa de levar os professores a estudarem a questão e utilizarem instrumentos de avaliação mais adequados etc.

Por fim, o alcance dos objetivos descritos é capaz de: projetar estudantes e professores, tanto interna quanto externamente; ampliar a credibilidade do curso e do diploma expedido; contribuir para a visibilidade da IES pela excelência dos resultados alcançados pelos estudantes. Por tudo isso, o Estágio Supervisionado e o Trabalho de Conclusão de Curso podem agregar valor e imprimir diferenciais aos cursos de Administração. Quantas vezes não tivemos notícias de processos seletivos, promoções e efetivações de funcionários determinados pelos resultados conquistados pelos egressos em seus respectivos Estágio Supervisionado e Trabalho de Conclusão de Curso? Ou de processos seletivos de programas de pós-graduação – stricto e lato sensu – em que a qualidade acadêmica dos resultados da produção acadêmica do candidato foi levada em conta pelos avaliadores?

Parece oportuno destacar que programas de Estágio Supervisionado e de Trabalho de Conclusão de Curso que envolvem o desenvolvimento de *estudos de caso* (em suas diferentes modalidades); a realização de pesquisas participantes com o suporte do *método de pesquisa-ação*; a elaboração de *diagnósticos organizacionais* e a formulação de *planos de ação* capazes de colaborar para a superação dos pontos passíveis de melhoria; a elaboração de *planos estratégicos* para organizações existentes; a realização de *estudos comprometidos com a avaliação da viabilidade econômico-financeira* da abertura de novos negócios; a realização de *projetos comprometidos com o desenvolvimento auto-sustentável* de organizações não-governamentais; a realização de investigações acerca do *clima organizacional* – entre outros – figuram como atividades cuja realização ultrapassa os muros das IES, e por isso mesmo expõem estudantes, professores, cursos e IES ao crivo da sociedade, em geral, e das organizações, em particular. Conseqüentemente, trabalhos criteriosamente realizados não só colaboram para a aprendizagem dos estudantes, mas também projetam a comunidade acadêmica e as instituições educacionais. Entretanto, o êxito da implantação desses programas, na direção apontada, depende da existência de algumas condições de trabalho. E é disto que o texto tratará na seqüência.

Condições que favorecem a implantação do Estágio Supervisionado e do Trabalho de Conclusão de Curso

A prática permite assegurar que o êxito conquistado no processo de implantação dos referidos programas é substancialmente ampliado se algumas condições de trabalho estiverem asseguradas pelas seguintes práticas docentes:

- Proporcionar atividades pedagógicas e metodologias de estudo e pesquisa capazes de promover os estudantes à condição de sujeitos de seu próprio processo de aprendizagem.

- Proporcionar atividades acadêmicas cuja validade dos resultados dependa do desenvolvimento de competências típicas de um pesquisador comprometido com as áreas de conhecimento que dão aporte teórico à administração.

- Proporcionar atividades e metodologias de trabalho cujo êxito dependa da capacidade de o estudante fazer articulações horizontais e verticais dos conteúdos explorados pelas diferentes disciplinas da matriz curricular e da integração das dimensões teóricas e práticas do conhecimento dos fenômenos típicos da área administrativa.

- Proporcionar atividades e metodologias de trabalho que incidam sobre a inovação. Sendo assim, a realização do Estágio Supervisionado e do Trabalho de Conclusão de Curso tanto pode colaborar para o desenvolvimento da capacidade de 'aprender a aprender' como para o desenvolvimento da capacidade de 'aprender a desaprender'. Dessa forma, os estudantes estarão mais aptos a aprender sob outras bases, e a não desenvolver mecanismos de resistência diante de processos inevitáveis de mudança e inovação (Ribeiro, 2003).

- Proporcionar atividades e metodologias de trabalho que envolvam elevada capacidade de descrição, interpretação, compreensão, explicação, análise, crítica e proposição, tendo por base as diferentes áreas que compõem o *corpus* de conhecimento da administração.

- Proporcionar atividades e metodologias de trabalho que diminuam a distância que separa professores e estudantes, na medida em que o êxito do processo pressupõe a horizontalização das relações pedagógicas entre professores orientadores e estudantes pesquisadores.

2

Descrição de Experiência Consolidada: o Estágio Supervisionado e o Trabalho de Conclusão de Curso de Graduação em Administração

Ao término do capítulo, o leitor será capaz de solucionar as seguintes dúvidas:

- Quais são os princípios que podem orientar a concepção de programas de Estágio Supervisionado e de Trabalho de Conclusão de Curso comprometidos com a valorização das IES, a diferenciação dos cursos de graduação em Administração e com a aprendizagem efetiva dos estudantes?

- Como é possível conceber programas de Estágio Supervisionado e de Trabalho de Conclusão de Curso capazes de fortalecer o projeto pedagógico dos cursos de graduação em Administração?

> "O iletrado de amanhã não será aquele que não aprendeu a ler, mas aquele que não aprendeu a aprender."
>
> Herbert Gerjuoy

Princípios norteadores dos programas de Estágio Supervisionado e de Trabalho de Conclusão de Curso

Com base em aprendizado conquistado no trabalho realizado com programas de Estágio Supervisionado e de Trabalho de Conclusão de Curso que já ultrapassa dez anos, este item será dedicado à descrição justificada de como esses programas podem ser trabalhados com a intenção determinada de fortalecer o curso de Administração e a formação intelectual e profissional do administrador, na medida em que, com objetivos ambiciosos, metodologia testada, cuidadoso processo de orientação e de *avaliação formativa*[1] – incluindo correções regulares e atividades de feedback –, o estudante desenvolve competências valorizadas em um cidadão e em um administrador profissional.

A concepção dos programas de Estágio Supervisionado e de Trabalho de Conclusão de Curso, aqui descrita, está orientada por um conjunto de princípios. Estes ajudam a desenhar o processo de execução das atividades previstas e a favorecer a convergência de ações por parte da coordenação, professores orientadores, secretaria, estudantes pesquisadores e organizações envolvidas. Pela importância que exercem, na seqüência, os mais significativos serão discriminados:

- O estudante que produz intelectualmente expressa apenas aquilo que foi capaz de aprender. Conseqüentemente, o conteúdo de seu texto não é maior nem menor do que o repertório intelectual que conseguiu desenvolver e articular até aquele momento. Sobre isso Demo (1999, p. 66) assegura, com propriedade, que "toda interpretação reduz a realidade ao tamanho do intérprete".

- As abordagens de cunho **mono**disciplinar prevalecem no desenvolvimento das disciplinas da matriz curricular. Entretanto, o Estágio Supervisionado e o Trabalho de Conclusão de Curso podem representar espaços curricula-

---

1 Este conceito será discutido ao longo do texto.

DESCRIÇÃO DE EXPERIÊNCIA CONSOLIDADA

res em que os estudantes desfrutem a oportunidade de formular e executar projetos capazes de refletir seus interesses acadêmicos e profissionais em perspectivas multi, trans e interdisciplinares. Conseqüentemente, a equipe envolvida direta ou indiretamente com o programa pode beirar a totalidade dos professores (e disciplinas) do curso e pessoas externas à IES mas envolvidas com o universo político, econômico, social, empresarial e acadêmico.

- Quanto menos a concepção do projeto pedagógico dos cursos de graduação em Administração estiver orientada por práticas educativas monodisciplinares, e sim na direção de práticas dependentes de visões multi, inter e transdisciplinares, mais seu êxito dependerá da construção de conhecimento, e não de sua mera reprodução (Thiollent, 1997; Mattos, 2004).

- A espiral que caracteriza o processo de aprendizagem começa e recomeça (já que nunca termina) no estudante. Por isso, faz-se mister conhecer ou provocar a formulação do projeto que justifica a presença do estudante na instituição e sua efetiva participação no curso e nas disciplinas que realiza (Machado, 2000).

- Não há projeto pedagógico, plano de aprendizagem, comprometimento docente, acervo de bibliotecas, qualidade de laboratórios, recursos midiáticos, avaliação de aprendizagem e institucional, tampouco didáticas inovadoras que sejam capazes de substituir o *desejo* e a determinação do estudante de aprender (Nóvoa, 2013); Trocmé-Fabre, 2004; Charlot, 2000; Meirieu, 1998; Not, 1993; Reboul, 1982).

- Na busca de ampliar as condições que favoreçam a aprendizagem do estudante, não há recursos didáticos capazes de substituir o domínio das dimensões técnicas, conceptuais, teóricas e metodológicas do professor sobre a área de conhecimento envolvida na(s) disciplina(s) que leciona (Fischer, 2003).

- A matriz de qualquer processo de aprendizagem é o conhecimento, preferencialmente o desprovido de grades ou de fronteiras, porque reconhecido como redes de significados em permanente processo de construção, desconstrução e reconstrução. Conseqüentemente, a efetiva aprendizagem do estudante depende da compreensão de *por que* (objetivos justificados) e *como* (busca de métodos de compreensão e/ou explicação) se constrói, se desconstrói e se reconstrói o conhecimento, que conhecimento é possível ser construído e com quais limitações (Ribeiro, 2004).

Caracterização dos programas como atividade curricular

No contexto da experiência relatada, os programas de Estágio Supervisionado e de Trabalho de Conclusão de Curso estão previstos na composição curricular; conseqüentemente, figuram como atividades obrigatórias para todos os estudantes quartanistas do curso de graduação em Administração. A carga horária prevista para os dois programas é de, no mínimo, 410 horas semestrais, distribuídas da seguinte forma:

- Previsão de duas disciplinas, envolvendo duas aulas semanais de 50 minutos cada, situadas entre o sétimo e oitavo semestres do curso, cujo objetivo reside em desenvolver competências técnicas e metodológicas que permitam aos estudantes imprimir caráter acadêmico às atividades e respectivos resultados. Os conteúdos explorados podem ser resumidos nos seguintes aspectos: as diferentes abordagens que podem ser exploradas em exercícios investigatórios – *abordagem qualitativa, abordagem quantitativa* e *abordagem mista* (triangulação) –; o método que melhor se ajusta às atividades de pesquisa que serão realizadas – *o método de pesquisa-ação* –; os tipos de pesquisa que têm aderência às necessidades impostas pela investigação a ser realizada – *pesquisa bibliográfica, pesquisa documental e pesquisa de campo* –; as técnicas que viabilizarão a coleta de materiais – *observação participante, entrevistas em profundidade* e *discussões em grupo* – e o recurso técnico mais adequado ao tratamento e interpretação dos materiais coletados – *análise de conteúdo*. Além disso, é no contexto dessas disciplinas que os instrumentos de coleta de materiais são desenvolvidos, testados e corrigidos – o *roteiro de entrevista* e o *protocolo utilizado nas atividades de observação* e registro.

- Previsão de atividades práticas, desenvolvidas no contexto da pesquisa de campo – por meio das técnicas de observação participante e de entrevistas em profundidade –, realizadas na organização alvo do Estágio Supervisionado e do Trabalho de Conclusão de Curso.

- Realização semanal de atividades de orientação e de supervisão técnica, conceptual, teórica e metodológica, cuja responsabilidade recai sobre a equipe de professores orientadores.

- Realização de atividades relacionadas ao processo investigatório, que permitirá ao estudante elaborar o *histórico* e o *perfil da organização* alvo do Estágio Supervisionado, além do *relatório das práticas de gestão* e a *avaliação* que resultará na elaboração do *diagnóstico organizacional*.

- Realização de atividades relacionadas ao processo investigatório, que permitirá ao estudante pesquisador elaborar, fundamentalmente, os *planos de manutenção* e os *planos de melhorias* para os aspectos da organização que

DESCRIÇÃO DE EXPERIÊNCIA CONSOLIDADA

obtiveram os melhores e os piores resultados na *avaliação* que derivou o *diagnóstico organizacional*.

Considerando que os programas reúnem atividades obrigatórias, cabe destacar que os professores orientadores adotam mecanismos de controle objetivando avaliar a participação efetiva de cada estudante em cada uma das etapas previstas. Em conseqüência disso, há:

- Controle da freqüência às aulas que objetivam capacitar os estudantes para a sistematização das atividades de localização, coleta, tratamento, interpretação e análise dos materiais que permitirão a elaboração de relatórios (parciais e final).
- Controle da presença dos estudantes às atividades de orientação do Estágio Supervisionado e do Trabalho de Conclusão de Curso.
- Controle sobre a qualidade formal dos materiais escritos desenvolvidos em cada etapa do processo. Exemplo disso é a elaboração dos instrumentos de coleta de materiais, o registro dos materiais coletados, a redação dos relatórios parciais etc.
- Avaliações dos resultados (parciais e final) obtidos pelos estudantes nas duas etapas que caracterizam o processo de evolução do Estágio Supervisionado e nas duas etapas que caracterizam o processo de evolução do Trabalho de Conclusão de Curso.
- Exames realizados ao final de cada um dos programas para identificar o domínio que os estudantes têm acerca do conteúdo do trabalho realizado.

Descrição das atividades previstas no Estágio Supervisionado

As atividades previstas no programa de Estágio Supervisionado são desenvolvidas pelos estudantes do sétimo semestre regularmente matriculados no curso de graduação em Administração. Tendo em vista a complexidade presente na realização das atividades, o fato de a grande maioria dos estudantes desempenhar atividade profissional regular e remunerada, e as exigências que a realização das atividades pressupõe, em termos de tempo e dedicação, o Estágio Supervisionado é realizado em grupos cujo número de estudantes varia de três a cinco. Eles são orientados a utilizar critérios racionais na formação dos grupos de trabalho. Observa-se que, pelo fato de estarem cursando o sétimo semestre, eles já consolidaram uma trajetória acadêmica conjunta, e isso favorece a formação dos referidos grupos e a realização de trabalhos em equipe.

Cabe aos estudantes a responsabilidade pela localização da organização que permitirá a realização do estudo. Por orientação dos professores envolvidos no referido programa, alguns critérios são utilizados na escolha da organização: organizações públicas, privadas ou organizações não-governamentais formalmente constituídas; organizações de pequeno ou médio porte cuja complexidade organizacional esteja à altura do estudante de graduação e ao mesmo tempo disponível para realizar as atividades previstas; organizações interessadas nos resultados que o estudo se compromete a alcançar, e, por isso mesmo, dispostas a colaborar com o acesso dos estudantes às informações necessárias; organizações predispostas a aprender e a investir em efetivos processos de inovação e mudança.

A meta a ser alcançada com a realização do Estágio Supervisionado é a formulação de um *diagnóstico organizacional*. Para tanto, as atividades que viabilizarão a formulação deste documento estão organizadas por bimestre, de tal forma que:

- No curso do primeiro bimestre, os grupos são formados, a organização alvo do estudo é escolhida, os estudantes são instrumentalizados e orientados para realizar pesquisas documental e de campo – por meio da aplicação de entrevistas roteirizadas –, na intenção de reunir materiais capazes de fundamentar a elaboração do *histórico* e do *perfil da organização*. Os conteúdos desenvolvidos neste capítulo serão descritos na seqüência.

- No curso do primeiro e segundo bimestres, os estudantes são orientados a investir tempo na realização de pesquisa bibliográfica capaz de contribuir para o fortalecimento da base conceitual envolvida nos *critérios de avaliação*, formulados pela FNQ e atualizados anualmente para o ciclo anual do PNQ[2]. Paralelamente, são orientados a elaborar o roteiro de entrevista que

---

2 É responsável pela instituição, gestão e atualização do PNQ. A partir de 1996 a Fundação passou a disponibilizar uma versão dos Critérios de Qualidade da Gestão, denominada *Primeiros passos para a excelência*. É esta versão que tem sido utilizada na experiência relatada neste livro, pelo fato de envolver níveis menores de complexidade e por permitir que organizações de menor porte sejam estudadas. Tal versão também tem sido utilizada, de forma simplificada, como referencial de avaliação para premiações intermediárias, com destaque para Prêmio Qualidade Rio de Janeiro, Prêmio Qualidade Rio Grande do Sul, Prêmio Qualidade Amazonas, Prêmio Gestão de Qualidade Sergipe, Prêmio Qualidade Paraíba, Prêmio Nacional Abrapp de Qualidade, Prêmio ANTP da Qualidade, Prêmio da Qualidade na Agricultura, Prêmio Paulista da Qualidade da Gestão, Prêmio Nacional da Qualidade em Saneamento e prêmios internos de várias organizações. O PNQ, na sua versão 1.000 pontos, serviu de referência para Prêmio Nacional da Gestão Pública e premiações internas, como em Furnas, na Petrobras, na Gerdau, Serpro, Senai, Siemens, Correios, Sadia, entre outras. Em 2005 a Fundação passou a publicar, em substituição aos *Primeiros passos*, os critérios de avaliação *Rumo à excelência*, documento cujo teor apresenta os instrumentos de avaliação 250 e 500 pontos, ambos derivados do PNQ (1.000 pontos). Essas versões podem, a critério de cada coordenação de curso de Administração, ser utilizadas, de acordo com características específicas de cada curso, região, setor de atividade e características das organizações investigadas.

será aplicado na organização, e cujo material resultante fundamentará a elaboração pormenorizada do *relatório referente às práticas de gestão*. Concluído esse relatório, os estudantes estão aptos a pontuar criteriosamente todos os *itens* e a reunir *evidências* que validem a identificação justificada dos pontos fortes, dos pontos moderados e dos pontos passíveis de melhoria. Com base na *síntese da pontuação* atribuída a cada *item*, os estudantes dispõem de argumentos capazes de validar o *diagnóstico organizacional*.

Cabe esclarecer que, enquanto a elaboração do *relatório referente às práticas de gestão* envolve cuidadoso exercício de descrição, o estabelecimento de critérios que permitam a pontuação dos *itens* envolve criterioso exercício de avaliação crítica (julgamento), e a reunião de *evidências* que validem a identificação dos pontos fortes, dos pontos moderados e dos pontos passíveis de melhoria pressupõe acurado exercício de interpretação, análise e avaliação. Esses exercícios promovem competências altamente valorizadas na formação de pessoas, em geral, e de administradores, em particular, que vivem a complexidade da sociedade contemporânea e que atuam em mercados exigentes, pelo fato de serem cada vez mais competitivos.

Nesse contexto, espera-se que os colaboradores disponham de competências que lhes permitam não apenas diagnosticar problemas, mas também formular alternativas de solução ajustadas às necessidades identificadas. Mais que desenvolver a capacidade de se adaptar às transformações ocorridas no ambiente organizacional, os colaboradores carecem de repertório intelectual e experiências que favoreçam a proposição de inovações que promovam transformações capazes de projetar as organizações nos cenários regional, nacional e, se possível, internacional.

Descrição das atividades previstas no programa de Trabalho de Conclusão de Curso

Grande parte do êxito alcançado com a realização das atividades previstas no Trabalho de Conclusão de Curso depende da qualidade dos resultados alcançados no Estágio Supervisionado. Por essa razão, a aprovação do Estágio Supervisionado (7º semestre) é pré-requisito para o início do Trabalho de Conclusão de Curso (8º semestre). Conseqüentemente, as atividades previstas no programa de Trabalho de Conclusão de Curso são desenvolvidas pelos estudantes do oitavo semestre, regularmente matriculados no curso de graduação em Administração.

Tendo em vista a complexidade das atividades previstas, o fato de a grande maioria dos estudantes desempenhar atividade profissional regular e remunerada, e as exigências que a realização das atividades pressupõe, em termos de tempo e dedicação, o Trabalho de Conclusão de Curso é realizado em grupos cujo número de estudantes varia de três a cinco. Considerando que as atividades previstas no programa de Trabalho de Conclusão de Curso dão continuidade ao que foi concluído no Estágio Supervisionado, nenhuma alteração na formação original dos grupos de trabalho é autorizada.

A meta a ser alcançada com a realização do Trabalho de Conclusão de Curso reside na formulação de quatro planos de ação para a organização alvo do estudo: dois planos são dedicados à manutenção da qualidade dos aspectos mais bem avaliados, e dois planos são dedicados à superação dos aspectos menos bem avaliados no *diagnóstico organizacional*. Para tanto, as atividades que viabilizarão a formulação desse documento estão organizadas por bimestre, de tal forma que:

■ No curso de primeiro bimestre, os estudantes são orientados a resgatar os resultados do *diagnóstico organizacional* e utilizar ferramenta capaz de identificar a importância das ações de acordo com sua gravidade, urgência e tendência – a Matriz de GUT –, ferramenta que contribui para o mapeamento das causas responsáveis pelos problemas identificados e, por essa razão, é reconhecida como a matriz que colabora para a identificação de prioridades – Diagrama de Ishikawa – e uma ferramenta de planejamento aplicada em desdobramentos de *planos de manutenção* – a 5W2H[3]. Os planos formulados comprometem-se a colaborar para a preservação da qualidade organizacional conquistada, e todos eles são sustentados por bases teóricas e empíricas.

■ No curso de segundo bimestre, os estudantes são orientados a resgatar os resultados do *diagnóstico organizacional* e utilizar ferramenta capaz de identificar a importância das ações em função da Matriz de GUT –, ferramenta que contribui para o mapeamento das causas responsáveis pelos problemas identificados (Diagrama de Ishikawa) e uma ferramenta de planejamento aplicada em desdobramentos de *planos de melhoria* (a 5W2H). Os planos formulados comprometem-se a colaborar para a supe-

---

3 Esta ferramenta leva seu usuário a responder, de forma argumentada, algumas questões elementares na elaboração de um plano de ação: **o que** será realizado? (*what*); **por que** será realizado? (*why*); **como** será realizado? (*how*); **por quem** será realizado? (*who*); **quando** será realizado? (*when*); **onde** será realizado? (*where*); e representando **qual volume de investimento**? (*how much*).

ração das deficiências identificadas, e todos eles são sustentados por bases teóricas e empíricas[4].

Espera-se, dessa forma, criar condições capazes de estimular os estudantes a aplicarem – de modo articulado – os conhecimentos interiorizados e desenvolvidos nas mais diferentes disciplinas do desenho curricular do curso, além de ampliar suas oportunidades de estabelecer interações entre as dimensões teóricas e práticas no exercício de compreensão e intervenção da realidade organizacional imediata. Ao arquitetar os programas de Estágio Supervisionado e de Trabalho de Conclusão de Curso, há plena consciência de que "a profissão linear não tem futuro, simplesmente porque o mundo da produtividade é cada vez menos linear" (Demo, 2002, p.133).

---

4 As ferramentas que podem auxiliar no desenvolvimento (sistematizado) das atividades previstas no Trabalho de Conclusão de Curso serão apresentadas, com explicações sobre conceitos e aplicações, no adendo digital no site da editora.

3

Descrição da Metodologia de Pesquisa

Ao término do capítulo, o leitor será capaz de solucionar as seguintes dúvidas:

- Qual é o percurso metodológico que poderá viabilizar o processo de identificação, coleta, registro, seleção e tratamento de materiais que, quando interpretados e analisados, legitimarão os objetivos de cunho acadêmico e de natureza prática associados aos programas de Estágio Supervisionado e de Trabalho de Conclusão de Curso propostos?

- Por que a credibilidade dos resultados de cunho acadêmico e de natureza prática depende da sistematização da investigação realizada?

- Por que a participação ativa dos colaboradores da organização alvo dos referidos programas corresponde a um fator determinante para a aprendizagem dos estudantes e para a legitimidade dos resultados alcançados?

- De que maneira é possível associar sofisticados recursos metodológicos de cunho acadêmico com o ferramental administrativo-gerencial disponibilizado pela Fundação Nacional da Qualidade?

- Quais são as dificuldades impostas pela metodologia de pesquisa, e de que forma é possível ultrapassá-las sem comprometer os resultados em termos pedagógicos (formação dos estudantes) e em termos acadêmicos (importância das recomendações)?

> "Os progressos da ciência não se encontram mais na busca da sofisticação dos métodos, das técnicas ou das classificações, mas na ruptura epistemológica que os cientistas têm operado em várias disciplinas, o que demonstra o sentido plural da inteligibilidade."
>
> Khalid el Andaloussi (2004, p.15).

A concepção desses programas tem sofrido alterações sucessivas à medida que as experiências vividas por professores-orientadores e estudantes-pesquisadores, a cada semestre, são objeto de auto-avaliação, identificação de problemas ou limitações e introdução de medidas corretivas que garantam o aperfeiçoamento do processo em prol da elevação dos resultados perseguidos. Depois de nove anos de implantação prevalece o sentimento de que a equipe amadureceu e o processo está bem desenhado, uma vez que tem permitido o alcance dos resultados.

Grande parte da responsabilidade por esse flagrante aperfeiçoamento dos programas se deve ao espaço atribuído aos aspectos metodológicos. Por quê? Partiu-se do princípio que, embora o conhecimento de expressivo número de metodologias e a capacidade de aplicá-las adequadamente correspondam a uma das maiores heranças que cursos de graduação podem oferecer aos seus egressos, observa-se que este é um dos pontos mais vulneráveis da formação em Administração. Além disso, esforços são empreendidos no sentido de destacar que a pertinência da base metodológica adotada em exercícios de pesquisa pode não só imprimir sistematização ao processo investigatório, mas também contribuir para ampliar a confiabilidade dos resultados alcançados, e ainda aumentar o traquejo do pesquisador com atividades que envolvam a produção de conhecimento e a utilização do acervo de conhecimento disponível (Selltiz et al., 1987).

Com a preocupação de explicitar as estratégias metodológicas exploradas no processo investigatório que caracteriza a realização dos programas de Estágio Supervisionado e de Trabalho de Conclusão de Curso, na seqüência, serão apresentados e justificados o tipo de *abordagem* metodológica adotado; o *método* de pesquisa utilizado; os *tipos de pesquisa* explorados; as *técnicas que viabilizam a coleta e registro dos materiais*; e, finalmente, os procedimentos pertinentes às *técnicas de tratamento e interpretação do material coletado.*

FIGURA 3.1

Estratégias metodológicas exploradas no processo investigatório

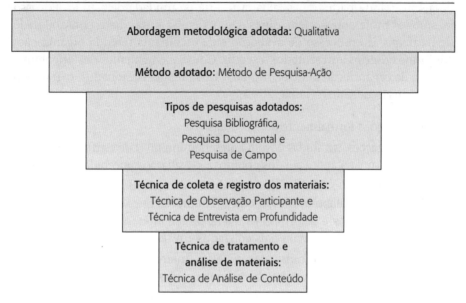

Fonte: Lima, 2005.

A abordagem metodológica adotada: abordagem qualitativa

Na medida em que as atividades previstas no Estágio Supervisionado e no Trabalho de Conclusão de Curso pressupõem a realização de estudos interpretativos acerca de uma organização real[1] – uma empresa, uma associação de classe, um sindicato, um centro de pesquisa, uma fundação, um organismo público, um hospital, um clube, uma organização não-governamental ou um estabelecimento de ensino –, os estudantes-pesquisadores trabalham com dimensões da realidade situadas no nível *meso* (aquelas que estão localizadas entre o nível *micro* e o *macrossocial*).

As restrições feitas a alguns perfis de organizações no momento da escolha da unidade social de estudo que será alvo dos programas de Estágio Supervisionado e de Trabalho de Conclusão de Curso devem-se ao fato de, no último ano da graduação, a maioria dos estudantes apresentar limitada experiência profissional na área – particularmente em cargos que pressupõem a formação de uma visão sistêmica da organização – e reduzida capacidade

---

[1] Nos limites do trabalho realizado, entende-se por organização qualquer entidade que reúna grupos sociais cujas atividades são estruturadas em processos orientados por objetivos previamente definidos (Thiollent, 1997).

de aplicação dos conceitos e metodologias explorados nas diversas disciplinas da malha curricular. Nesse contexto, a viabilidade dos programas dependerá, em grande parte, da escolha criteriosa da unidade de estudo. Por isso mesmo, os professores-orientadores não podem se furtar da responsabilidade de participar do processo de avaliação e de escolha da referida organização, conforme critérios apresentados a seguir. Conseqüentemente, eles orientam a escolha da organização onde ocorrerão o Estágio Supervisionado e o Trabalho de Conclusão de Curso (Lima, 2005):

- Organizações formalmente constituídas.

- As organizações escolhidas devem apresentar um nível de estruturação interna que permita a aplicação dos critérios de avaliação concebidos pela FNQ.

- As organizações escolhidas devem permitir o acesso dos estudantes às instalações e aos colaboradores, oferecer condições que viabilizem a coleta e registro de dados e informações, além de ter interesse em participar de discussões acerca dos materiais coletados e respectivas interpretações.

- As organizações escolhidas devem estar interessadas em formular um diagnóstico organizacional e abertas a processos de inovação e mudança.

- Evitar o envolvimento com organizações de grande porte, tendo em vista a limitação de tempo prevista no cronograma dos programas de Estágio Supervisionado e de Trabalho de Conclusão de Curso e a complexidade que a empreitada implicaria.

Em geral, a pesquisa qualitativa está orientada para processos de intervenção em face de situações consideradas insatisfatórias, isto é, presta-se a alterar as condições percebidas como passíveis de transformação (Chizzotti, 2003, p. 89). Dessa forma, pesquisadores e pesquisados assumem, voluntariamente, posições ativas no processo investigatório. Levando-se em conta que o objetivo último das atividades realizadas reside em elaborar *planos de ação* ajustados às necessidades da organização estudada, o desafio metodológico está mais orientado para o uso de recursos que explorem qualitativamente a realidade investigada[2]. Por quê? Embora os recursos metodológicos asso-

---

2 Abordagem metodológica qualitativa foi originalmente formulada na Antropologia. Observa-se que nos últimos 40 anos seus recursos têm sido igualmente explorados por pesquisadores oriundos de diversas áreas do conhecimento: sociologia, psicologia, educação, história, geografia humana, administração etc. Embora ainda persistam severas críticas a essa abordagem e os órgãos de fomento à pesquisa privilegiem a seleção de projetos orientados por abordagens quantitativas, há indício de sua progressiva aceitação no meio acadêmico. Prova disso é sua incorporação como disciplina obrigatória em diferentes cursos de pós-graduação, o expressivo número de publicações dedicadas à sua reflexão, e a existência de congressos nacionais e internacionais dirigidos à reflexão de aspectos relativos a essa abordagem.

DESCRIÇÃO DA METODOLOGIA DE PESQUISA

ciados às abordagens qualitativa e quantitativa estejam a serviço da ampliação do conhecimento, o percurso adotado por cada uma delas, na intenção de alcançar esse objetivo, é bastante diferente:

- As pesquisas de caráter *quantitativo* partem da formulação de hipóteses que serão testadas (verificadas) e da definição das variáveis. Caracterizam-se pela existência de projetos de pesquisa minuciosamente formulados, capazes de prever cada etapa do processo investigatório – identificação do universo da pesquisa; cálculo da amostra; formulação dos instrumentos de coleta; técnicas previstas para coletar, registrar, selecionar e processar os dados reunidos; recursos estatísticos explorados na interpretação, análise e generalização dos resultados. Conseqüentemente, propõe-se a utilizar instrumentos que permitam a medição objetiva dos eventos investigados e a quantificação dos dados coletados para fins de generalização estatística dos resultados alcançados.

- As pesquisas de caráter *qualitativo* partem da formulação de problemas que merecem ser investigados e que podem ser reformulados durante o processo investigatório. Caracterizam-se pelo esforço de coletar materiais em diversas fontes oriundas do ambiente natural, por meio do contato *direto, intenso* e *prolongado* entre o pesquisador e os atores sociais implicados, procurando explorar recursos metodológicos que permitam fundamentar exercícios de descrição para fins de compreensão dos fenômenos investigados, segundo a perspectiva dos participantes da situação em estudo. Nesse caso, as pessoas envolvidas nas situações investigadas não podem ser reduzidas a variáveis ou a meros informantes (Demo, 2004).

Chizzotti (2003, p. 80) corrobora essa idéia ao assegurar que os resultados de pesquisas – realizadas de acordo com a abordagem qualitativa – "não podem ser produto de um observador postado fora das significações que os indivíduos atribuem aos seus atos; devem, pelo contrário, ser o desvelamento do sentido social que os indivíduos constroem em suas interações cotidianas".

Diante do exposto, é possível afirmar que faz pouco sentido utilizar os recursos metodológicos que explorem quantitativamente a realidade investigada, na medida em que os materiais reunidos se limitariam a fundamentar rigorosos exercícios de mensuração do fenômeno investigado, enquanto os desafios presentes na realização do Estágio Supervisionado e do Trabalho de Conclusão de Curso pressupõem a reunião de materiais oriundos de diversas fontes (documentos, entrevistas, observação etc.) que permitam fundamentar os exercícios de descrição capazes de legitimar a elaboração e a validação de descrições, avaliações, diagnóstico e planos de intervenção, comprometidos com processos de melhoria.

Levando-se em conta que a construção de significado para os fenômenos humanos depende da realização de exercícios de interpretação e de compreensão dos elementos singulares que compõem o objeto e as ações sociais pesquisadas, pautados na observação participante e na descrição densa, e que esses recursos técnicos estão atrelados às abordagens qualitativas; esta é a abordagem explorada durante a realização dos referidos programas. Dessa forma, os estudantes-pesquisadores têm a oportunidade de conhecer a realidade organizacional por dentro, levando em conta não só o discurso proferido pelos atores sociais implicados, mas também suas ações e explicações acerca do que está sendo investigado. O uso combinado de diferentes fontes de informação, característico da abordagem metodológica qualitativa, tende a compensar a falta de representatividade estatística pelo aprofundamento intensivo e contextualizado da investigação que a abordagem permite[3].

Contrariamente ao que muitos pensam, as exigências que caracterizam as abordagens qualitativas são muito maiores do que as exigências que caracterizam as abordagens quantitativas (Demo, 2004; Godoy, 1995). Sobre essa questão, Barbier (2002, p. 33) afirma textualmente: "Eu sempre recomendo aos estudantes pouco arrojados trilharem caminhos mais clássicos e seguirem uma via monodisciplinar bem balizada por uma autoridade intelectualmente irrepreensível no universo da comunidade científica". Autorizado pelo domínio metodológico conquistado e pela experiência acumulada com a realização de pesquisas, o autor preocupa-se em advertir que "a pesquisa-ação não convém nem aos 'mornos', nem aos aloprados, nem aos espíritos formalistas, nem aos estudantes preguiçosos". Quatro argumentos podem contribuir para sustentar essas assertivas:

- A riqueza do material coletado na pesquisa de campo depende muito mais de características intrínsecas ao pesquisador do que da qualidade e pertinência dos instrumentos de coleta de dados e informações. Em outras palavras, ser aceito pelos pesquisados; conquistar a confiança dos envolvidos com a pesquisa; saber lidar com o conflito, com a contradição e os interesses envolvidos; saber observar e ouvir; ser conveniente ao perguntar; ter discernimento para fazer os registros do que viu e ouviu etc. não são habilidades tão simples quanto elaborar e aplicar questionários ou formulários.

- Tendo em vista que nas abordagens qualitativas a aproximação entre o pesquisador e os atores sociais é inevitável, o cultivo de condutas pauta-

---

3 Ponderando sobre as perdas e os ganhos das abordagens qualitativas, Demo (2002, p. 134) afirma que de fato *perde-se a possibilidade de representatividade estatística e de realização de reteste estrito, entretanto, se ganha com rigorosos exercícios de interpretação, sempre submetidos ao critério da discutibilidade irrestrita.*

DESCRIÇÃO DA METODOLOGIA DE PESQUISA

das pela ética, por parte do pesquisador, é condição *sine qua non* para que haja algum êxito no processo e nos resultados perseguidos e legitimidade nos resultados alcançados com a realização da pesquisa.

■ Levando-se em consideração que as abordagens qualitativas substituem a representatividade estatística pela representatividade qualitativa, a validação dos resultados alcançados depende da diversidade de fontes que foi possível cruzar ao 'tecer' o texto que descreve, interpreta e explica a realidade. Em última instância, isso pressupõe a existência de um olhar profundo e prolongado sobre a realidade investigada que permite a articulação interpretativa entre o discurso, a ação e o sentido que imprimem ao que dizem e fazem (Lima, 2004).

■ Além disso, as abordagens qualitativas partem do princípio de que a realidade é complexa e não linear. Isso equivale a afirmar que as investigações realizadas de acordo com seus postulados não se prestam a investigar os fenômenos sociais e humanos nos limites das abordagens monodisciplinares (Demo, 2002; Barbier, 2002).

O método de pesquisa-ação adotado na realização dos programas de Estágio Supervisionado e de Trabalho de Conclusão de Curso deriva da abordagem qualitativa. Na intenção de destacar os pontos de divergência existentes entre as abordagens qualitativas (norteadoras do método de pesquisa-ação) e quantitativas (norteadoras das ciências positivas), com o apoio da literatura consultada, foram reunidos no Quadro 3.1 os pressupostos que orientam as referidas abordagens.

A investigação na área de Administração começa a utilizar os recursos metodológicos oferecidos pelas abordagens qualitativas no final dos anos 1970 (Godoy, 1995)[4]. A literatura da área revela que o desenvolvimento da abordagem qualitativa é responsável pela criação de diversos métodos de pesquisa – o método etnográfico, o método de estudo de caso, o método fenomenológico e o método de pesquisa-ação são alguns exemplos disso – e de diversas técnicas de coleta de materiais – a entrevista em profundidade, a observação participante, as discussões em grupo, a história de vida, os relatos verbais e escritos etc. são exemplos do que se deseja ressaltar.

---

4 Em 2004, foi publicada uma obra colegiada dedicada aos usos de abordagens qualitativas em pesquisas voltadas para a administração (Marcelo Milano Falcão Vieira e Deborah Moraes Zouain (orgs.). *Pesquisa qualitativa em Administração*. FGV.), em que vários autores argumentaram a necessidade de a academia ultrapassar a dicotomia qualitativo *versus* quantitativo, fortalecendo os argumentos favoráveis ao uso de recursos metodológicos que explorem o potencial oferecido pela triangulação. Conceito que, de acordo com Pineau (2004), nasce do uso que a geografia física faz da trigonometria.

ESTÁGIO SUPERVISIONADO E TRABALHO DE CONCLUSÃO DE CURSO

QUADRO 3.1

Princípios que regem as ciências positivas e o método de pesquisa-ação

Pressupostos	Questões	Abordagem quantitativa	Abordagem qualitativa: método de pesquisa-ação
Ontológico	Qual é a natureza da realidade?	• A realidade é objetiva. • A realidade existe independentemente do pesquisador.	• A realidade é subjetiva, múltipla e complexa. • A realidade reflete a perspectiva dos participantes da investigação.
Epistemológico	Qual a relação estabelecida entre o pesquisador e o pesquisado? Qual o objetivo epistemológico da pesquisa?	• O pesquisador é independente do que é pesquisado. • Os grupos envolvidos com a realidade investigada são reduzidos a informantes. • Objetiva-se a predição de eventos, e estes se baseiam em proposições ordenadas hierarquicamente.	• O pesquisador é ativo, interage com a realidade investigada. • O pesquisador e os grupos envolvidos com a realidade investigada estabelecem relações de colaboração no processo investigatório. • Objetiva-se o desenvolvimento de planos para definir ações orientadas por retornos desejados.
Axiológico	Qual é o papel dos valores na investigação?	• O pesquisador é livre dos valores; conseqüentemente, a pesquisa é isenta de vieses. • Os métodos são neutros em termos de valores.	• Os métodos são construções humanas, conseqüentemente refletem os valores e a concepção de mundo de quem os adota.
Retórico	Qual é a linguagem adotada?	• A linguagem é formal, baseada em definições fixas, tratamento impessoal, uso obrigatório de termos que expressem quantidade.	• A linguagem é informal, metafórica, envolve tratamento pessoal e uso obrigatório de termos que expressem qualidade.

QUADRO 3.1

Princípios que regem as ciências positivas e o método de pesquisa-ação (continuação)

Pressupostos	Questões	Abordagem quantitativa	Abordagem qualitativa: método de pesquisa-ação
Metodológico	Qual é o processo que caracteriza a realização da pesquisa?	• Prevalece o uso do método dedutivo, comprometido em estabelecer relações de causa e efeito. • Explora recursos estatísticos. • As categorias de estudo são previamente isoladas. • Revela-se livre de contextos. • As generalizações conduzem à predição. • A responsabilidade pela interpretação da realidade investigada recai sobre o pesquisador (unilateralidade interpretativa).	• Prevalece o uso do método indutivo. • As categorias de análise são formuladas ao longo da investigação. • Quadros teóricos de referência são desenvolvidos para fundamentar exercícios de compreensão. • O exercício interpretativo é partilhado entre pesquisadores e grupos envolvidos com a pesquisa.
Perspectiva temporal	A pesquisa orienta-se para o passado, presente ou futuro?	• Observação do presente.	• Observação do presente. • Interpretação do presente com base no conhecimento do passado. • Orienta-se para o desenho de um futuro mais desejável.
Critério de confirmação	Qual o critério de validação dos resultados da pesquisa?	• Consistência lógica, predição e controle.	• Avaliação da eficácia das ações em produzir os resultados desejados.
Base para sustentar generalização dos resultados	Quais os limites do exercício de generalização?	• Ampla, universal e independente do contexto.	• Estreita, situacional e limitada pelo contexto.

Fonte: Adaptado de Susman e Evered (apud Barbier, 2002, p. 51-52).

ESTÁGIO SUPERVISIONADO E TRABALHO DE CONCLUSÃO DE CURSO

O método de investigação adotado: o método de pesquisa-ação

Renomados autores têm se debruçado no exercício da reflexão acerca da responsabilidade do pesquisador diante da sociedade, de modo geral, e diante do homem, em particular. Edgar Morin (1998, p.117) dedicou um livro ao assunto – *Ciência com consciência* –, cujo conteúdo assegura que, no contexto dos postulados que regem a concepção clássica (tradicional ou moderna – nomenclatura que varia de autor para autor) de ciência, "o pesquisador é irresponsável por princípio e profissão". Qual o raciocínio que autorizou o autor a fazer tal afirmativa? Morin (1998) assegura que a responsabilidade só tem sentido para o sujeito consciente; entretanto, na concepção clássica de ciência ocorre explícita separação entre as idéias de *fato* e de *valor*, na medida em que a competência ética é eliminada do seu meio. Além disso, a objetividade, como um dos postulados que sustentam a ciência moderna, elimina o sujeito do conhecimento científico.

Em 1955, Fred H. Blum (apud Barbier, 2002, p. 37-38) publica memorável texto pelo teor visionário – *Philosophy of science* – em que o método de pesquisa-ação[5] é reconhecido como a explicitação da "revolta contra a separação dos fatos e dos valores" (aspecto que confere alguma legitimidade à noção de objetividade nas ciências sociais); uma espécie de protesto contra a separação entre *pensamento* e *ação*; uma tentativa de subverter a especialização incorporada pelas ciências sociais e de responsabilizar os pesquisadores envolvidos com investigações acerca dos fatos sociais e humanos, uma vez que, no contexto do referido método, "o pesquisador é um participante engajado. Ele aprende durante a pesquisa. Ele milita em vez de procurar uma atitude de indiferença", valorizada pela ciência moderna em nome da objetividade (Lapassade apud Barbier, 2002, p. 60).

Passados mais de 30 anos, Dubost (1987 apud Barbier, 2002, p. 36; apud Thiollent, 1997, p. 35) elabora definição mais completa para o método sem contrariar as idéias defendidas por Blum (apud Barbier, 2002): "ação deliberada visando a uma mudança no mundo real, realizada em escala restrita, inserida em um projeto mais geral e submetida a certas disciplinas para obter

---

5 Embora haja variação na terminologia utilizada para expressar os métodos qualitativos comprometidos com a investigação de temas cujo objetivo consiste em ampliar as condições que favoreçam processos de mudança – *pesquisa-ação* (Barbier, 2002); *grupo-sujeito* (Sartre, 1960 apud Gauthier, 2004); *círculo de cultura* (Freire, 1987 apud Gauthier, 2004), *grupo-pesquisador* (Gauthier, 2004); *sociopoética* (Gauthier, 2004) –, é possível observar expressiva convergência entre os princípios que os caracterizam.

efeitos de conhecimento e de sentido". Não obstante, cabe sublinhar que a mudança em questão não é imposta de fora para dentro nem de cima para baixo pelos pesquisadores; ela é construída coletivamente pelos pesquisadores e atores sociais envolvidos com a realidade investigada. "Se por muito tempo o papel da ciência foi descrever, explicar e prever os fenômenos, impondo ao pesquisador ser observador neutro (*passivo*) e objetivo, a pesquisa-ação adota um encaminhamento oposto pela sua finalidade: servir de instrumento de mudança social" (Barbier, 2002, p. 53).

Mais recentemente, Barbier (2002, p. 119) assegura que toda pesquisa realizada com o suporte do método de pesquisa-ação retrata uma situação singular, no contexto de uma situação precisa, "concernente a um lugar, a pessoas, a um tempo, a práticas e a valores sociais e à esperança de uma mudança possível", no sentido de uma mudança desejada. Razão pela qual o autor afirma que, por trás de toda pesquisa-ação, é possível afirmar a existência de uma *sociologia da esperança* e negar a existência de um pensamento imobilizador porque fatalista.

Nesses termos, a pesquisa-ação corresponde a um método que tem como característica principal articular, simultaneamente, o exercício da pesquisa à ação sobre a realidade, objeto da investigação. Parte do pressuposto de que o(s) pesquisador(es) e os atores sociais implicados no processo investigatório são agentes complementares, na medida em que são co-responsáveis pelas etapas que caracterizam a concepção do projeto de pesquisa, a sua execução e a elaboração dos resultados alcançados, tanto em termos de produção quanto de aplicação do conhecimento, em forma de planos de ação. Tem o propósito de interpretar e explicar alguns aspectos da realidade para que, assim, seja possível intervir sobre ela, identificando problemas por meio da formulação de diagnósticos, concebendo planos de ação, avaliando eventuais efeitos indesejados e, quando necessário, aperfeiçoando as alternativas de solução com o compromisso explícito de contribuir para a transformação dessa realidade na direção desejada (Lima, 2004).

Quando aplicado ao estudo das organizações, o método de pesquisa-ação contribui para processos contínuos de aprendizagem e de mudança organizacional. A aprendizagem organizacional decorre da participação ativa dos pesquisadores e dos colaboradores na condução do processo de investigação, razão pela qual a utilização do referido método não pode ser feita à revelia dos participantes, e muito menos dos dirigentes da organização (Thiollent, 1997; 2000). Vale salientar que o envolvimento colaborativo dos membros da situação investigada amplia as condições de o diagnóstico organizacional ser satisfatoriamente contextualizado, além de conquistar elevado nível de credibilidade ao ser discutido com os interessados[6]. E a mudança organizacional decorre do compromisso de diagnosticar a realidade para poder intervir sobre ela, orientando-se por planos de ação coletivamente elaborados.

Por isso, os resultados de estudos realizados com o suporte desse método representam valioso auxílio no processo decisório, na medida em que permite tomar decisões com menor margem de erro e com maior margem de legitimidade. Com isso, eventuais manifestações de resistências às mudanças são expressivamente reduzidas (Lima, 2005).

Em face da diversidade de objetivos perseguidos, a literatura propõe diferentes classificações para o método de pesquisa-ação. No contexto do trabalho realizado em administração, uma dessas classificações desperta particular interesse: a pesquisa-ação diagnóstica. Andaloussi (2004, p. 75-76) resgata classificação proposta por Kurt Lewin e colaboradores, ao descrever essa modalidade de pesquisa-ação. Para o autor, o método de pesquisa-ação diagnóstica objetiva gerar planos de ação capazes de intervir sobre problemas coletivamente identificados. Trata-se de, em um primeiro momento, diagnosticar os problemas para, em um segundo momento, arquitetar medidas capazes, factíveis e aceitáveis – diante das pessoas implicadas – de remediá-los.

Entende-se que o caráter estratégico do método de pesquisa-ação reside em trabalhar em espiral, de tal forma que a geração de conhecimento contribua simultaneamente para a compreensão da realidade, transformação das pessoas envolvidas no processo investigatório (pesquisadores e atores sociais implicados) e formulação de ações capazes de transformar a realidade. Mais do que produzir teoria, o método preocupa-se em edificar as bases do saber que Andaloussi (2004, p.112) intitula de estratégico. Para o autor, "o saber estratégico parte da realidade dos atores implicados e permite-lhes progressiva apropriação". Esse saber é gradualmente construído à medida que avança a formulação do projeto, sua execução e a formulação dos planos de ação que se acredita capazes de resolver os problemas diagnosticados.

Nesses termos, é possível assegurar que o método em questão ajusta-se bem às preocupações que justificam a realização de pesquisas organizacionais, uma vez que – de acordo com a literatura consultada – os objetivos perseguidos por aqueles que se dedicam ao estudo dessas unidades de estudo estão orientados pelo desejo de formular diagnósticos confiáveis e planos compro-

---

6 De acordo com Barbier (2002), é compreensível que os membros de grupos envolvidos com investigações em curso estejam em melhores condições de conhecer a realidade da qual são parte do que as pessoas estrangeiras aos referidos grupos.

metidos com melhorias vislumbradas que engendrarão as desejáveis mudanças na organização. Na seqüência, foram indicadas sucintamente as etapas que norteiam o processo investigatório que faz uso do método de pesquisa-ação.

QUADRO 3.2

Procedimentos que caracterizam o método de pesquisa-ação diagnóstico
aplicado ao estudo das organizações

Aspectos retratados	O método de pesquisa-ação diagnóstico adotado em organizações
Sobre a formulação do problema que justifica a investigação	• Deriva de diagnóstico organizacional elaborado coletivamente, com a coordenação dos pesquisadores. Isto pressupõe a participação ativa de pesquisadores e representantes dos grupos implicados e a existência de um diálogo aberto entre as partes.
Sobre a coleta de dados e informações	• Os materiais coletados traduzem a realidade organizacional como um todo, e não uma amostra estatisticamente representativa dessa realidade. • As técnicas de coleta de materiais adotadas são interativas e implicativas (entrevistas em profundidade, discussões em grupo, observação participante, desempenho de papéis etc.).
Sobre a interpretação e análise dos materiais coletados	• Os materiais coletados são tratados e os conteúdos dos relatórios parciais são exaustivamente discutidos com a coletividade implicada. Objetiva-se conhecer percepções e interpretações que possam colaborar para a identificação dos problemas e para a formulação de soluções ajustadas às necessidades reais da organização.
Sobre a formulação e implantação dos planos de ação	• Tendo em vista o diagnóstico organizacional formulado, as prioridades identificadas e as condições existentes; alternativas de solução são concebidas e discutidas coletivamente no intuito de testar sua pertinência e adequação. Nesta etapa, o diálogo e a negociação são importantes para o êxito do processo decisório. • Planos de ação são formulados, primeiro em forma de piloto, e depois de maneira mais definitiva. • De acordo com o cronograma de implantação dos planos de ação, os resultados são avaliados, os impactos são identificados, e possíveis medidas corretivas são discutidas e implantadas.
Sobre a divulgação dos resultados	• A divulgação dos resultados parciais e final figura um compromisso assumido com o conjunto dos colaboradores. Por isso os relatórios parciais e final são lidos e discutidos pelos membros do grupo 'pesquisador-coletivo' na intenção de – entre outras coisas – definir o que será divulgado e como. • Freqüentemente, os pesquisadores utilizam linguagens diferentes para divulgar os resultados alcançados, uma vez que os códigos da academia não são semelhantes aos códigos das organizações.
Sobre avaliação dos resultados	• A avaliação dos resultados está associada à capacidade de os planos de ação implementarem contribuírem para a solução dos problemas identificados no diagnóstico organizacional, sem desencadear efeitos indesejados. • Caso os planos de ação implementados desencadeiem efeitos colaterais indesejados, medidas corretivas serão apontadas, discutidas e adotadas.

Fonte: Lima, 2005.

O método de pesquisa-ação e a relação construída entre os pesquisadores e os pesquisados

A adoção do método de pesquisa-ação pressupõe ativa participação *in loco* do pesquisador. Na perspectiva de Barbier (2002, p. 70), é impossível conhecer o que nos interessa se não estivermos efetivamente dispostos a ser parte integrante – *actantes* – do universo pesquisado, "sem que estejamos verdadeiramente envolvidos, pessoalmente pela experiência, na integralidade de nossa vida emocional, sensorial, imaginativa, racional". Assim sendo, o êxito do método – em grande parte – depende da composição daquilo que Barbier (2002, p. 103) intitula *pesquisador-coletivo*[7]. Considerando que a composição do pesquisador-coletivo envolve pesquisadores e atores sociais implicados na investigação, quais os cuidados que vale a pena ressaltar para a sua formação?

Faz-se mister que os pesquisadores, responsáveis pela condução do processo investigatório, localizem pessoas qualitativamente representativas do que está sendo investigado (Thiollent, 2000, p. 62), reconhecidas como líderes pelos seus grupos de referência; que sejam formadoras de opinião; que se revelem abertas ao diálogo significativo e à discussão conseqüente; que estejam interessadas em participar de atividades que desencadeiem processos de mudança comprometidos com melhorias significativas. Sobre isso, Barbier (2002, p.104) recomenda não envolver no grupo formado por *pesquisador-coletivo* aquelas "personalidades altamente ideológicas e fechadas à análise crítica de sua própria existencialidade", tendo em vista que elas pouco agregarão aos exercícios de discussão, interpretação, reflexão e proposição.

No que tange à escolha dos pesquisadores, é fundamental que eles estejam orientados por princípios éticos e, dessa forma, conquistem a confiança dos pesquisados para que sejam aceitos pelos grupos investigados. É fundamental que os pesquisadores se esforcem para superar as suas próprias limitações, principalmente ultrapassar os *pré-conceitos* que eventualmente influíram sobre o início do processo investigatório. É indispensável saberem lidar com eventuais conflitos – de interesse, de poder etc. – e com eventuais contradições – percebidas entre o discurso e a ação, entre os conteúdos das expressões verbais ou escritas dos pesquisados etc. É importante terem habilidade para julgar o momento oportuno de perguntar; terem maturidade para ouvir sem julgar; terem discernimento para fazer os registros sobre o que observaram e ouviram;

---

7 O *pesquisador-coletivo* corresponde a um grupo-sujeito de pesquisa constituído por pesquisadores iniciados – originários de organismos de fomento à pesquisa ou de instituições de educação superior – e por membros da população vinculada à investigação participante (Barbier, 2002, p. 103).

terem capacidade de respeitar o ritmo de ação e de interação do(s) grupo(s) pesquisado(s) (Andaloussi, 2004; Lima, 2005).

É nessa direção que Serva e Jaime Jr. (1995) defendem o estabelecimento de uma espécie de *contrato psicológico* entre o pesquisador e os grupos implicados na pesquisa de tal forma que a transparência, a sinceridade e a autenticidade sejam *cláusulas* presentes e respeitadas por todos.

Na medida em que o pesquisador expressa interesse pelas contribuições dos pesquisados; reconhece o domínio que os pesquisados apresentam sobre os temas tratados – fruto de experiências vividas no meio organizacional –; explicita o respeito pelas interpretações, explicações e análises elaboradas pelos pesquisados acerca do que é investigado; e declara a intenção de colaborar para processos de melhoria na organização investigada, é inevitável que haja reconhecimento da existência de expressiva convergência de objetivos, e isso contribui para que pesquisadores e pesquisados construam as bases de uma relação de complementaridade no processo investigatório, isto é, para que haja co-responsabilidade, tanto na formulação do diagnóstico organizacional quanto na elaboração de planos de intervenção.

Nesse contexto, o pesquisador não é reduzido a mero relator – passivo e neutro – dos acontecimentos, tampouco os pesquisados são reduzidos a meros informantes. A imersão do pesquisador no cotidiano da organização investigada – por meio da observação participante e da entrevista em profundidade – colabora para que desenvolva expressiva familiaridade com os acontecimentos diários e, ao mesmo tempo, amplie a percepção sobre as concepções que embasam as práticas de gestão. Nessa direção, compreende que embora os pesquisados formulem representações parciais e incompletas acerca da realidade, essas representações são construídas com relativa coerência, uma vez que derivam da experiência profissional acumulada. Logo, carecem ser levadas em conta na descrição das práticas de gestão.

Os tipos de pesquisa adotados

Na prática, o método de pesquisa-ação pressupõe a exploração de múltiplas fontes de informação; conseqüentemente, utiliza o potencial oferecido pelas pesquisas bibliográfica e documental e, muito particularmente, a pesquisa de campo. Conseqüentemente, a realização dos programas de Estágio Supervisionado e de Trabalho de Conclusão de Curso pressupõe que os estudantes-pesquisadores tenham algum domínio desses recursos metodológicos e estejam aptos a aplicá-los, com o suporte dos professores-orientadores. Por isso, na seqüência, eles serão conceituados e seu uso cuidadosamente justificado.

O espaço da pesquisa bibliográfica

Freqüentemente, o método de pesquisa-ação é reconhecido como uma concepção empirista da pesquisa social, e por isso mesmo não haveria muito espaço para elaborações de bases conceptuais e discussões teóricas entre aqueles que exploram o seu potencial. Nessa direção, critica Thiollent (2000, p. 55), "bastaria o bom senso dos pesquisadores e a sabedoria popular dos participantes na identificação de problemas concretos e na busca de soluções". Este raciocínio desconsidera que a utilização de métodos de pesquisa associados à abordagem qualitativa pressupõe expressivo domínio de bases teóricas, uma vez que elas funcionam como uma espécie de lente que permite ao pesquisador atribuir significado àquilo que capta pelo uso de seus cinco sentidos. Isto é, o quadro teórico de referência fundamenta os exercícios de interpretação e compreensão dos materiais coletados.

Tendo em vista que o método de pesquisa-ação pressupõe a realização de cuidadosa pesquisa de campo, Malinowski (*apud* Serva e Jaime Júnior, 1995, p. 35-36) sublinha a dependência existente entre a pesquisa de campo e a pesquisa bibliográfica e os riscos de o pesquisador negligenciar o trabalho de recuperação de referenciais teóricos permitidos pela pesquisa bibliográfica ao advertir que

> o pesquisador de campo depende inteiramente da inspiração que lhe oferecem os estudos teóricos [...] conhecer bem a teoria e estar a par de suas últimas descobertas não significa estar sobrecarregado de idéias preconcebidas. [...] As idéias preconcebidas são perniciosas a qualquer estudo científico; a capacidade de levantar problemas, no entanto, constitui uma das maiores virtudes do cientista.

No contexto do programa de Estágio Supervisionado e de Trabalho de Conclusão de Curso, essas lentes ajudam o pesquisador a imprimir sentido aos materiais primários, coletados com a realização de pesquisas documental e de campo. Embora haja expectativa de que o quartanista do curso de graduação em Administração disponha de expressivo repertório conceptual na área, concluída a fase dedicada à elaboração do *histórico* e do *perfil da organização* e iniciada a fase cujo objetivo reside na formulação do *diagnóstico organizacional,* é solicitada a realização de *pesquisa bibliográfica.*

A localização, leitura, seleção e interpretação do material bibliográfico deverão ser suficientes para fundamentar discussões acerca dos conceitos envolvidos nos oito critérios formulados pela FNQ – *liderança, estratégias e planos, clientes e sociedade, sociedade, informações e conhecimento, pessoas, pro-*

cessos e resultados da organização. Nesse caso, convém explicitar que os *critérios*, respectivos *itens* e *aspectos de avaliação* funcionam como uma espécie de mapa orientador do processo investigatório que resultará no *diagnóstico organizacional*, sendo capaz de favorecer a formação de visão sistêmica da organização investigada[8].

A etimologia grega da palavra *bibliografia* (*biblio* = livro; *grafia* = descrição, escrita) sugere que se trata de uma prática em que o pesquisador localiza e estuda textos impressos. Assim, pesquisar no campo bibliográfico corresponde a procurar no âmbito dos livros e periódicos (resumos, resenhas, ensaios, artigos, monografias, dissertações, teses, dicionários, enciclopédias etc.) referenciais conceituais e teóricos consistentes, que possam figurar como elementos capazes de reforçar os esquemas interpretativos, explicativos e analíticos do pesquisador (Lima, 2004). Parte-se do seguinte princípio: para que o estudante interprete a ferramenta disponibilizada pela FNQ, formule detalhado roteiro de entrevista – capaz de orientar a coleta de materiais acerca de todos os *critérios, itens* e *aspectos de avaliação* – e interprete o material reunido por meio das entrevistas e observações realizadas, é imprescindível que disponha de sólida base conceitual, resultante da revisão dos conceitos explorados pelo curso de graduação em Administração[9].

Convém destacar que o êxito do Estágio Supervisionado é proporcional à capacidade de o estudante-pesquisador formular perguntas pertinentes e interpretar de forma articulada o material resultante, uma vez que ele fundamentará o texto correspondente tanto ao *relatório das práticas de gestão* quanto à avaliação dos *critérios, itens* e *aspectos de avaliação*[10], que desaguará no *diagnóstico organizacional*.

---

8 Antes do aparecimento da escrita, o homem já elaborava mapas em ossos e peles na intenção de se localizar e registrar o conhecimento formulado acerca dos ambientes em que habitava (Swaaij e Klare, 2004, p. 10). Hoje, técnicas sofisticadas permitem mapear realidades complexas com ínfimos detalhes: do interior do corpo dos seres vivos, passando por organizações, sociedades, países, planetas, sistema solar etc. Neste texto, a idéia de mapear traduz a preocupação de elaborar representações escritas de realidades que não podem ser fragmentadamente retratadas.

9 Em épocas nas quais os cursos de graduação em Administração eram incluídos no Exame Nacional de Cursos – ENC, os estudantes do sétimo e oitavo semestres asseguravam que a realização do Estágio Supervisionado e do Trabalho de Conclusão de Curso contribuía para revisões conceituais e para a realização de exercícios que exigiam desenvolvimento de argumentos.

10 Cabe esclarecer que enquanto a versão *Primeiros passos* (FPNQ, 2005) – freqüentemente utilizada na avaliação de organizações que estão nas primeiras etapas do processo que leva à excelência – contempla *critérios, itens e aspectos*, a versão *Critérios de excelência 1.000 pontos* (FPNQ, 2005) contempla *critérios, itens, tópicos, marcadores e requisitos*.

O espaço da pesquisa documental

Há consciência de que os documentos existentes nas organizações investigadas não foram elaborados para fins de pesquisa; entretanto, a *pesquisa documental* é considerada valiosa fonte de materiais qualitativos, uma vez que pode contribuir para completar, ampliar, aprofundar ou ilustrar a compreensão do que está sendo investigado à medida que corresponde a uma fonte suplementar de informação e evidências do que é afirmado (Godoy, 1995).

A dificuldade de explorar esse recurso metodológico reside na sua dispersão, na diversidade de tipos de documentos existentes, na desconfiança acerca do uso que será feito das informações neles contidas ou da confidencialidade imputada a alguns documentos. Dificuldades expressivamente reduzidas no contexto da pesquisa-ação, uma vez que os colaboradores participam ativamente do processo de investigação e conseqüentemente estão cientes da importância da documentação disponível para os objetivos da pesquisa e do uso que será feito das informações nele contidas. Localizar, ter autorização para utilizar na pesquisa e interpretar seu conteúdo podem não ser tarefas fáceis e rápidas; mas nos estudos relativos às organizações, essas tarefas podem fazer grande diferença, na medida em que registram dados históricos e oferecem um discurso oficial de autoria daqueles que escreveram a história da organização (Lima, 2004).

No contexto do Estágio Supervisionado e do Trabalho de Conclusão de Curso, os documentos correspondem a fontes de informações cujo conteúdo traduz o discurso oficial expresso pela organização, o registro de sua história, de sua razão de existir (missão, princípios e valores), de seus projetos, regulamentos, manuais de procedimentos, processos, de suas práticas de gestão e controle, e avaliação dos resultados. Tendo em vista que as organizações apresentam graus variados de formalização – quanto maior e mais complexa, mais estruturada e formalizada – e que nem sempre estão dispostas a divulgar os documentos existentes, na pesquisa organizacional, o espaço ocupado pela pesquisa documental é bastante heterogêneo.

Godoy (1995) fortalece essa idéia ao afirmar que o acesso a documentos oficiais – leis, decretos, portarias, estatutos etc. – é sempre mais fácil do que o acesso a documentos de uso particular de uma organização. Por quê? Observa-se que os dirigentes das organizações têm receio acerca do uso que o pesquisador fará dos referidos documentos e da divulgação de informações que podem comprometer a imagem pública da organização, ou que podem ser utilizadas pelos concorrentes. Em virtude de suas características, a utilização do método de pesquisa-ação pode reduzir tais apreensões e facilitar o acesso à informação.

DESCRIÇÃO DA METODOLOGIA DE PESQUISA

Coerentes com os princípios que regem o método de pesquisa-ação, os estudantes se esforçam para reunir o maior número possível de documentos pertinentes, uma vez que os conteúdos desses documentos retratam os aspectos que estão sendo investigados pela ótica daqueles que vivem o cotidiano da organização investigada. Mas cabe lembrar que o acesso a informações documentais tem limites: uma das mais freqüentes reclamações dos investidores internacionais é a pouca transparência na gestão das organizações que operam no País, particularmente quando envolve as dimensões financeira e contábil.

O espaço da pesquisa de campo e suas respectivas técnicas de coleta de materiais

A pesquisa de campo – distintamente das pesquisas realizadas em ambientes controlados artificialmente pelo pesquisador (laboratórios, por exemplo) – está intrinsecamente associada às abordagens qualitativas na medida em que corresponde a um recurso metodológico não-intervencionista, ou seja, os atores sociais são observados e ouvidos em seu habitat, de forma interativa[11].

De acordo com Blumer (apud Godoy, 1995), do ponto de vista metodológico, a melhor maneira encontrada de captar a realidade é aquela que permite ao pesquisador compreender as situações investigadas de acordo com a perspectiva dos pesquisados, e isso pressupõe o desafio de *colocar-se no papel do outro*. A referida compreensão será ampliada, na medida em que a observação participante permite a compreensão acerca da cultura organizacional, das práticas de gestão e das experiências acumuladas pelos pesquisados, empenhando-se para compreender a significação social por eles atribuída ao meio que os circunda e aos atos que realizam. Ironizando a questão, Chizzotti (2003, p. 82) sublinha que

> essa participação não pode ser mera concessão de um sábio [o pesquisador], provisoriamente humilde, para efeitos da pesquisa [na medida em que a referida participação] supõe que o conhecimento é uma obra coletiva e que todos os envolvidos na pesquisa podem identificar criticamente seus problemas e suas necessidades, encontrar alternativas e propor estratégias adequadas de ação.

---

11 A antropologia foi a primeira ciência humana a introduzir o pesquisador como parte integrante do universo pesquisado. Do final do século XIX em diante ocorreu uma substituição dos missionários (que desempenhavam a função de informantes, tradutores bilíngües e responsáveis pela coleta dos materiais) pelo pesquisador. Este passa a assumir as responsabilidades pelo planejamento da pesquisa, coleta, tratamento e interpretação dos materiais, dando origem ao que é conhecido como *pesquisa de campo* ou *trabalho de campo* (Serva e Jaime Júnior, 1995).

Serva e Jaime Jr. (1995) afirmam que, no contexto das pesquisas de campo, opera-se flagrante inversão de *status* entre o pesquisador-observador e o pesquisado-observado, uma vez que o saber está com o observado, e o interessado em aprender é o pesquisador. Entretanto, essa dicotomia não pode ser estabelecida na pesquisa de campo, realizada por meio de observação participante, conduzida no âmbito do método de pesquisa-ação. Por quê? Porque os interesses que movem pesquisadores e atores sociais implicados na investigação são convergentes, pois ambos desejam aprender e participar na formulação e implantação de ações que promovam mudanças. Esse processo traduz claramente o que Thiollent (2000) intitula *estrutura de aprendizagem conjunta.*

No contexto retratado, ou seja, de investigações sistematizadas realizadas por estudantes de cursos de graduação, com pouca experiência de vida, reduzida experiência profissional na área e limitada experiência com pesquisas acadêmicas, dificilmente os estudantes pesquisadores teriam por que se colocar em posição de superioridade ou de *sábios,* para utilizar a mesma terminologia de Chizzotti (2003, p. 82). Não raro, eles se revelam conscientes dessas limitações, e por isso mesmo, durante todo o processo investigatório – que envolve planejamento, execução da pesquisa (coleta, tratamento e interpretação dos materiais), formulação do diagnóstico organizacional e dos planos de ação – contam com o suporte de dois professores-orientadores e dos colaboradores da organização investigada.

Em tais circunstâncias, o uso do método de pesquisa-ação é muito bem-vindo: além de o processo de investigação proporcionar aprendizado coletivo – de estudantes, colaboradores da organização e orientadores –, os resultados alcançados são capazes de promover significativas mudanças na gestão da organização. A experiência revela que, dependendo do estágio de estruturação, de consolidação e de profissionalização das organizações investigadas, a importância do estudo para a aprendizagem do estudante e dos colaboradores pode ser maior ou menor. Ou seja, por razões diferentes, os representantes de organizações grandes e microorganizações levam pouco a sério os resultados do trabalho realizado[12].

Tendo em vista que a realização da pesquisa de campo pressupõe que o pesquisador apreenda os fatos no local e no momento em que ocorrem, e da forma como ocorrem – sem manipulação da realidade –, uma de suas limita-

---

12 Enquanto os responsáveis por grandes empresas estimam que a complexidade das organizações que dirigem está muito acima da capacidade de estudantes de graduação ajudarem na compreensão, formulação de diagnósticos e de planos de ação conseqüentes, os responsáveis por microempresas se revelam absolutamente preocupados com a sobrevivência do negócio e, conseqüentemente, se desinteressam por qualquer assunto que os distanciem da saúde financeira da empresa.

ções reside em ser pouco provável que ele sempre esteja no local e no momento em que fatos relevantes acontecem. Isso equivale a afirmar que, mesmo explorando os recursos da *observação participante*, há situações que fugirão de seu campo de visão/audição, pelo fato de o estudante-pesquisador trabalhar em ambiente natural. De modo geral, as limitações encontradas no exercício da observação participante são ultrapassadas pela realização de entrevistas em profundidade (recurso metodológico explicado na seqüência do texto).

Adler e Adler (apud Barbier, 2002) classificam a técnica de observação participante em três categorias: a *observação participante periférica*, a *observação participante ativa* e a *observação participante completa*. Parece oportuno questionar: quais os limites que separam cada uma das modalidades de observação participante? De que forma essa técnica de coleta de material é explorada nos programas de Estágio Supervisionado e de Trabalho de Conclusão de Curso aqui retratados? Há prevalência no uso de alguma das modalidades descritas? Em caso positivo, por quê? A seguir, o Quadro 3.3 apresenta os tipos de observação participante.

QUADRO 3.3

Tipos de observação participante

Tipos de observação participante	Caracterização
Observação participante periférica	Para participar da pesquisa, o pesquisador aceita assumir uma implicação parcial no processo investigatório – entre outras coisas, isso significa que ele não coordena o processo investigatório.
Observação participante ativa	Ao participar da pesquisa, o pesquisador está simultaneamente dentro e fora do grupo (ou da instituição/organização investigada) e por meio de um papel desempenhado no grupo (instituição/organização) tenta conquistar algum *status* no interior desse grupo.
Observação participante completa	Ao participar da pesquisa, o pesquisador está totalmente implicado com o grupo (instituição/organização), ou porque – independentemente da pesquisa – é membro desse grupo, ou pelo fato de se tornar membro por convenção.

Fonte: Adaptado de Adler e Adler (apud Barbier, 2002, p.126).

De acordo com a literatura consultada (Barbier, 2002), os tipos de observação participante mais ajustados às exigências do método de pesquisa-ação são a *observação participante ativa* e a *observação participante completa*, justamente os tipos mais utilizados na realização dos programas de Estágio Supervisionado e de Trabalho de Conclusão de Curso. Diante da facilidade de acesso às informações e do interesse que nutrem pelos resultados, é bastante significativo o número de estudantes que se interessa por realizar a pesquisa na empresa em que trabalha ou na empresa da qual a família ou eles são proprietários. Em tais circunstâncias, o estudante faz uso da *observação participante completa*, isto é, ele é parte integrante da organização e está implicado no processo de investigação.

Entretanto, há, igualmente, um número expressivo de estudantes assalariados que, por falta de alternativa, realiza o trabalho em organizações estranhas ao seu cotidiano, utilizando-se dos recursos da *observação participante ativa*, uma vez que está simultaneamente dentro da organização – com o status de pesquisador – e fora da organização – com o *status* de estudante e de profissional júnior.

No programa de Estágio Supervisionado, um dos maiores desafios enfrentados pelo estudante-pesquisador consiste em formular perguntas cujas respostas permitam-lhe fundamentar o *relatório das práticas de gestão*, uma vez que há consciência de que a consistência desse relatório legitimará a avaliação e pontuação dos *critérios*, *itens* e *aspectos de avaliação* e a formulação do *diagnóstico organizacional*.

Observa-se que a qualidade do roteiro de entrevista influi na qualidade das informações reunidas, na credibilidade do trabalho a ser realizado e no exercício de auto-avaliação por parte dos colaboradores da organização. Além disso, é possível assegurar que contribui para a aprendizagem do estudante, uma vez que só é possível problematizar – formular perguntas ou expressar dúvidas – quando já há expressiva compreensão acerca da realidade investigada. Do contrário, não há condições de verbalizar as dúvidas de forma significativa e inteligível.

Considerando a inexperiência do estudante com a realização de pesquisas de campo e os limites de sua formação acadêmica, a elaboração desses roteiros resulta de exigente exercício intelectual. Durante as seções de entrevistas, eles funcionam como pontos de partida do diálogo estabelecido entre estudantes e colaboradores, uma vez que as respostas oferecidas pelos entrevistados desencadeiam a formulação de outras tantas perguntas, em um esforço obstinado de aprofundar, de detalhar, de esmiuçar a realidade investigada[13].

---

13 A experiência no magistério superior nos ensinou que a aprendizagem efetiva dos estudantes não decorre de abreviações de esforços. Imputamos grande importância ao estudante desenvolver condições intelectuais de problematizar sobre o extenso conjunto de aspectos explorados na avaliação – saber formular dúvidas é a primeira expressão de compreensão do assunto, tendo em vista que, quando não entendemos algo, não dispomos de elementos que permitam a formulação de dúvidas! Isso explica por que o roteiro de perguntas disponibilizado pela FNQ não é imediatamente divulgado para os estudantes.

Mesmo assim, freqüentemente, no momento da elaboração do *relatório das práticas de gestão,* os estudantes sentem a necessidade de obter esclarecimentos suplementares acerca de determinados aspectos que não foram suficientemente descritos, explicados, exemplificados ou entendidos durante a realização das entrevistas. Orientados pelo olhar de quem participa do processo investigatório, percebe-se que, embora os estudantes-pesquisadores partam de roteiros cuidadosamente elaborados, na prática a forma de coletar o material primário reflete mais as características das entrevistas em profundidade – e isso requer razoável domínio conceptual acerca do que é aprofundado nas entrevistas.

Concluído o relatório justificado dos recursos metodológicos que viabilizam a sistematização da coleta de materiais que fundamentam descrições, interpretações, avaliações propositivas, resta indicar o recurso explorado na fase de tratamento e interpretação desses recursos. É disso que tratará o próximo item do texto.

A análise de conteúdo como técnica de tratamento e interpretação do material coletado

A preocupação de introduzir recursos metodológicos que imprimam sistematização ao processo que envolve a localização, coleta e registro dos materiais é seguida da necessidade de imprimir sistematização ao processo de seleção, tratamento e interpretação do material coletado, por meio da realização de pesquisas documental e de campo. Esses cuidados vão ao encontro da preocupação de afastar a possibilidade de os estudantes pesquisadores serem seduzidos pelas facilidades da compreensão espontânea da realidade investigada, e fatalmente isso representaria um desserviço à sua formação acadêmica.

Acredita-se que a riqueza existente no universo da técnica de *análise de conteúdo* possa contribuir para o trabalho realizado no contexto dos programas de Estágio Supervisionado e de Trabalho de Conclusão de Curso, e que o nível de complexidade presente na literatura disponível sobre o assunto revele-se compatível com as possibilidades de pesquisadores iniciantes[14].

---

14 A literatura acadêmica dispõe de obra clássica sobre análise de conteúdo, de autoria de Laurence Bardin (1995), publicada (originalmente) em 1977 pela *Presses Universitaires de France* e (sua tradução em língua portuguesa) em 1995, pela Edições 70. A profundidade alcançada pela autora influi para que autores de textos cujo conteúdo trata de temas ligados à metodologia de pesquisa se apóiem na leitura da referida obra ao tratar o assunto; seriam exemplos disto os textos de Chizzotti (2003), Godoy (1995), Grawitz (1984), Lima (2004), entre outros. Na referida obra, além de a autora resgatar a origem, o crescimento quantitativo e a diversificação qualitativa do conceito e das práticas envolvidas em sua utilização, situa o recurso metodológico no contexto de diferentes áreas do conhecimento e apresenta, de forma explicativa e ilustrada, modos de aplicar a análise de conteúdo.

A análise de conteúdo emerge como técnica de tratamento e interpretação da comunicação oral e escrita no contexto da ciência clássica (moderna), em que o *rigor* e a *objetividade* são encarados como princípios norteadores de qualquer investigação formal. Por essa razão, os conceitos inicialmente formulados para *análise de conteúdo* retratam a preocupação com a quantificação – fato que colabora para a técnica limitar-se a exercícios de descrição de dados quantitativos. Coerentes com essa orientação, em 1948, Berelson e Lazarsfeld (apud Bardin, 1995, p. 19) definiam análise de conteúdo como "uma técnica de investigação que tem por finalidade a descrição *objectiva*, sistemática e *quantitativa* do conteúdo *manifesto* da comunicação" (destaques nossos). Diante do exposto, é possível afirmar que os pesquisadores confundiam cientificidade, rigor e objetividade com minuciosa análise de freqüência (Bardin, 1995). É oportuno resgatar Demo (2002), quando o autor adverte que, em ciências sociais, aquilo que o pesquisador consegue quantificar geralmente traduz as dimensões superficial, externa e secundária da realidade, porque raramente o mais mensurável coincide com o mais relevante, e o mais freqüente com o mais decisivo.

Com o tempo, a utilização da referida técnica foi ampliada para investigações oriundas de áreas de conhecimento comprometidas com exercícios de interpretação e compreensão da realidade – antropologia, comunicação, etnologia, educação, história, gerontologia, lingüística, psiquiatria, psicanálise, psicologia, sociologia, ciências políticas, entre outras. Conseqüentemente, a identificação de índices de freqüência de termos, sentenças, idéias etc. presentes nas mensagens estudadas revelou resultados insuficientes porque parciais.

É nesse contexto que emergem reflexões acerca dos limites e dos méritos da técnica e são formuladas críticas, revisões e proposições de desdobramentos à análise de conteúdo. Desse modo, a técnica conquistou expressiva flexibilidade sobre a exigência de objetividade e foi enriquecida com combinações resultantes da compreensão clínica e da estatística descritiva[15].

A variedade de materiais que podem ser submetidos à técnica em questão, associada à multiplicidade de procedimentos utilizados em sua aplicação prá-

---

15 Por mais controverso que seja entre os qualitativistas, materiais de cunho qualitativo continuam sendo tratados por alguns pesquisadores como 'dado qualitativo'. A obra de Júlio César Rodrigues Pereira, *Análise de dados qualitativos*: estratégias metodológicas para as ciências da saúde, humanas e sociais, publicada em 2004 pela Edusp, se compromete a subsidiar os pesquisadores que desejam explorar os materiais qualitativos coletados numa perspectiva quantitativa. Entretanto, afirma textualmente que "a adoção de símbolos numéricos e premissas aritméticas para a representação de algum evento habilita o pesquisador a analisar o evento com a versatilidade dos números e suas operações, mas priva-o da oportunidade de reconhecimento de manifestações que excedam o escopo da representação numérica e das premissas aritméticas" (p. 21).

DESCRIÇÃO DA METODOLOGIA DE PESQUISA

tica e à diversidade de objetivos perseguidos pelos investigadores, são fatores que contribuem para Bardin (1995) ressaltar a pertinência do uso da expressão *análises de conteúdo* e justificar a formulação de conceito mais amplo acerca do termo na tentativa de a definição expressar uma gama maior de possibilidade de análise. Em suas palavras, "a análise de conteúdo é um *conjunto de técnicas* de análise das comunicações" (Bardin, 1995, p. 31).

Assim sendo, na decodificação de determinado documento, o pesquisador pode fazer uso de diferentes procedimentos na intenção de alcançar o significado profundo das comunicações nele cifradas. Nesse caso, a escolha do procedimento mais adequado refletirá a posição ideológica e social do pesquisador; os objetivos que o pesquisador se comprometeu a alcançar com a realização da investigação (Chizzotti, 2003), a abordagem metodológica e o método escolhido, além das características do material a ser interpretado (ou analisado).

Tanto para Chizzotti (2003, p. 98) quanto para Bardin (1995, p. 34), os procedimentos em questão podem concentrar-se em determinados aspectos da análise, seja decompondo um texto em unidades léxicas (*análise lexicológica*), seja codificando-o segundo categorias previamente estabelecidas (*análise categorial*), seja desvelando o sentido de uma comunicação no momento do discurso (*análise da enunciação*), ou ainda revelando os significados dos conceitos em meios sociais diferenciados (*análise de conotações*).

Ao estabelecer o objetivo da análise de conteúdo, tanto Godoy (1995) quanto Chizzotti (2003, p.98) ressaltam a intenção de o investigador compreender criticamente o sentido das comunicações, não só em sua dimensão manifesta – como afirmam Berelson e Lazarsfeld (apud Bardin, 1995) –, mas também em sua dimensão latente. Entretanto, ao assegurar que a técnica em questão se presta a intermediar a compreensão das significações explícitas ou ocultas das comunicações, os autores aproximam os recursos da análise de conteúdo à hermenêutica.

De acordo com Bardin (1995, p. 29), a técnica de análise de conteúdo pode contribuir para o investigador *ultrapassar a incerteza* e para *enriquecer leituras* realizadas. Para ultrapassar incertezas, cabe *verificar* se o que o leitor julga identificar na mensagem está de fato retratado e se essa visão pessoal acerca do conteúdo da mensagem pode ser partilhada com outros leitores. Ou seja, dispor de argumentos que permitam justificar até que ponto a interpretação da leitura realizada é válida e generalizável. E, para alcançar o enriquecimento das leituras, cabe *interpretar* até que ponto a realização de leituras atentas pode ampliar a confiabilidade dos exercícios de compreensão sobre o conteúdo do texto, tendo em vista a possibilidade de reconhecer conteúdos e identificar estruturas que confirmam ou infirmam o que se procura demonstrar a propósito das mensagens.

55

Tendo em vista o volume e a diversidade de fontes de materiais reunidos em pesquisas de cunho qualitativo, a adoção da análise de conteúdo contribui para o pesquisador ultrapassar o exercício da descrição e alcançar o nível da compreensão da realidade, investigada por meio da interpretação do material submetido à análise de conteúdo.

A utilização da técnica de análise de conteúdo na realização do Estágio Supervisionado e do Trabalho de Conclusão de Curso respeita a existência de três fases: a) a pré-análise do material coletado; b) a proposição de uma taxonomia; c) a descrição, interpretação e análise do material selecionado e classificado (estas fases estão resumidas no Quadro 3.4). Entretanto, cabe esclarecer que a âncora do processo que envolve a realização das diferentes fases é o objetivo – principal e secundário – justificador da pesquisa em desenvolvimento. No caso dos programas em discussão, o estabelecimento prévio dos referidos objetivos ajuda os estudantes-pesquisadores a estabelecerem os critérios norteadores da seleção e da classificação dos materiais que darão suporte à descrição do histórico e do perfil da organização investigada, à descrição interpretativa das práticas de gestão, à avaliação fundamentada das práticas de gestão, à formulação justificada do diagnóstico organizacional e à elaboração fundamentada dos planos de ação.

QUADRO 3.4

Descrição das fases respeitadas na utilização da técnica de análise de conteúdo

Fases	Descrição dos procedimentos respeitados em cada uma das fases
1ª Fase: Pré-análise do coletado.	Concluída a fase de coleta dos materiais oriundos de material pesquisas documentais e de campo, resgatam-se os objetivos justificadores da realização da pesquisa para viabilizar o estabelecimento de critérios que serão utilizados na seleção dos materiais que fundamentarão os exercícios de descrição, interpretação e análise (na terceira fase).
2ª Fase: Proposição taxonomia.	Concluída a seleção criteriosa do material coletado, de uma resgatam-se os objetivos justificadores da realização da pesquisa para viabilizar o estabelecimento dos critérios que serão utilizados na classificação do material selecionado[16].
3ª Fase: Descrição, interpretação do material selecionado e classificado.	Concluída a classificação do material selecionado, e análise resgatam-se os objetivos justificadores da realização da pesquisa para viabilizar a realização de exercícios de descrição, interpretação e análise do material selecionado e classificado.

---

16 No contexto das atividades previstas nos programas de Estágio Supervisionado e de Trabalho de Conclusão de Curso não é relevante o estabelecimento de categorias, tampouco de codificação do material selecionado, uma vez que a abordagem metodológica utilizada é de cunho estritamente qualitativo.

O espaço das ferramentas auxiliares da pesquisa: a adaptação do material formulado pela FNQ às exigências da produção acadêmica

Levando-se em conta que no contexto do Estágio Supervisionado o estudante deve elaborar um *diagnóstico organizacional*, optou-se por trabalhar com as ferramentas disponibilizadas pela FNQ. Por quê? O envolvimento do curso de Administração oferecido pela IES que patrocinou essa experiência data de muitos anos. A título de ilustração, cabe destacar que na primeira metade da década de 1990, preocupada em investir na capacitação docente, a direção acadêmica da referida IES formou três turmas de professores interessados em participar de um curso de especialização (360 horas) em que o conteúdo programático de uma das disciplinas da malha curricular explorava os princípios, objetivos e práticas que orientam o trabalho realizado pela FNQ. Além disso, em seu quadro de professores constam nomes de vários profissionais dedicados à causa da excelência nas organizações e que são reconhecidos pela FNQ como *examinadores*, *examinadores relatores*, *examinadores seniores* e/ou *instrutores das Bancas Examinadoras*. Tal fato também pode ser observado em outros prêmios derivados do PNQ.

É pertinente sublinhar que o trabalho realizado pela Fundação tem reconhecimento nacional e internacional, na medida em que a formulação e a permanente atualização dos critérios de excelência que concebe e divulga resultam de estudos sistematizados, realizados em organizações públicas, privadas e não-governamentais. Esta visão é fortalecida pela leitura de Tachizawa e Andrade (1999) quando os autores asseguram que a engenharia que sustenta as diretrizes do PNQ também reflete o aprimoramento dos critérios adotados pelo Prêmio Malcolm Baldridge e pelo Prêmio Deming, sem negligenciar o que tem sido possível aprender com a experiência acumulada pela European Foundation for Quality Management – EFQM, pelo Swedish Institute for Quality – SIQ, pelo Mouvement Français por la Qualité – MFQ e pelo National Quality Institute – NQI.

4

A Arquitetura do Programa de Estágio Supervisionado e do Trabalho de Conclusão de Curso

Ao término do capítulo, o leitor será capaz de solucionar as seguintes dúvidas:

■ Qual é a arquitetura proposta para os programas de Estágio Supervisionado e de Trabalho de Conclusão de Curso?

■ Quais são os resultados parciais e finais esperados dos programas de Estágio Supervisionado e de Trabalho de Conclusão de Curso?

■ Como caracterizar a equipe capaz de viabilizar os programas de Estágio Supervisionado e de Trabalho de Conclusão de Curso nos termos descritos em capítulos anteriores?

■ Quais são as responsabilidades que devem ser assumidas pelos estudantes e pelos professores-orientadores durante o processo envolvido com a realização dos programas de Estágio Supervisionado e de Trabalho de Conclusão de Curso?

■ Qual é o sentido das atividades de orientação, como elas estão organizadas e por quê?

> "A visão do profissional sobre o real será marcada pela complexidade, pela perplexidade e não pela simplificação de problemas."
>
> André Morin (2004, p. 32)

No esforço de aproximar a concepção do Estágio Supervisionado aos objetivos do curso de Administração, foi necessário imprimir algumas adaptações aos procedimentos adotados pela FNQ, uma vez que as atividades realizadas e os resultados alcançados nos referidos programas devem estar circunscritos aos padrões da produção acadêmica, estabelecidos pela academia. Nesse sentido, por mais que os critérios formulados e anualmente atualizados pela Fundação estejam comprometidos em colaborar para a excelência da gestão das organizações – e isso represente inestimável fonte de aprendizado para os estudantes –, as atividades previstas nos referidos programas estão intrinsecamente associadas à excelência da formação do administrador; em outras palavras, ao desenvolvimento de competências valorizadas na área. Para maior compreensão acerca do processo, é pertinente esclarecer justificadamente: do material disponibilizado pela Fundação, o que é utilizado, o que é adaptado e por quê?

A Fundação instituiu um prêmio de excelência que pode ser pleiteado por organizações formalmente constituídas. As organizações interessadas em participar desse prêmio devem se inscrever apresentando, nessa ocasião, textos correspondentes ao *histórico* e ao *perfil da organização*, além do *relatório das práticas de gestão*. Para que esses documentos alcancem elevado nível de convergência e isso possibilite aos profissionais vinculados à Fundação avaliar as práticas de gestão e formular diagnóstico organizacional meticuloso, roteiros são formulados e divulgados – tanto o roteiro para elaboração do *histórico e perfil da organização* quanto o roteiro de entrevistas que devem subsidiar os autores do *relatório das práticas de gestão*.

Entretanto, julga-se que o roteiro que orienta a elaboração da primeira etapa do Estágio Supervisionado – *histórico e perfil da organização* – é insuficiente para alcançar os propósitos estabelecidos: dispor de visão geral e estruturada sobre a organização alvo da atividade, considerando, para isso, suas dimensões internas e externas. Além disso, levando em conta que a aprendizagem efetiva do estudante é a preocupação norteadora dos referidos programas, é imputada expressiva importância ao fato de ele se empenhar para formular roteiros detalhados de entrevistas, capazes de orientar a coleta de materiais que irão fundamentar a elaboração do *histórico* e do *perfil da organização,* do *relatório das práticas de gestão*[1].

Sobre a relevância da *pedagogia da pergunta,* Freire (1996, p.19) afirma que a educação da resposta pouco estimula a curiosidade indispensável ao processo cognitivo do estudante. Ao contrário, ela apenas valoriza a memorização mecânica dos conteúdos. Só uma educação pautada na pergunta aguça, estimula e reforça a curiosidade. Mas é claro que o erro da 'educação da resposta' não está na resposta em si, e sim na ruptura provocada entre a resposta e a pergunta. O erro – detalha o autor – está em a resposta ser discursada independentemente da pergunta que a provocaria. Da mesma forma, a *educação da pergunta* estaria errada se o conteúdo da resposta não se percebesse parte da pergunta. Sendo assim, Freire (1996) conclui que o exercício de perguntar e de responder são caminhos constitutivos da curiosidade – dimensão intrínseca do processo de aprendizagem.

Orientados por esse raciocínio, há expectativas de que o exercício da dúvida seja exercitado como um princípio pedagógico, exatamente porque ele é a gênese de qualquer exercício investigatório. Para maior compreensão do referido programa, o conteúdo do Quadro 4.1 sintetiza o que é solicitado no primeiro bimestre do sétimo semestre para os estudantes.

QUADRO 4.1

Síntese dos conteúdos do primeiro relatório de pesquisa (1º bimestre do 7º semestre)

Redigir os elementos pré-textuais.

■ Conceber:

- A capa do relatório parcial.
- A folha de rosto.
- O sumário.
- O índice de figuras, caso seja necessário.

Redigir os elementos textuais correspondentes à Introdução e ao Desenvolvimento.

– Parte 1: O Histórico da Organização

■ Elaborar a Introdução – o conteúdo desta seção inclui, no mínimo, a explicitação:

- Dos objetivos que o Desenvolvimento do texto pretende alcançar, adequadamente justificados.
- Dos recursos metodológicos utilizados nos processos de coleta e de tratamento dos materiais que fundamentaram os conteúdos do Desenvolvimento, suficientemente justificados.
- Da síntese dos capítulos do Desenvolvimento, de tal forma que haja precisão sobre os objetivos fixados para cada um e a fundamentação que imprimirá credibilidade a eles.

---

1 O estudante chega ao sétimo semestre habituado a responder perguntas e muito pouco estimulado a formular dúvidas. Esse exercício inicial pode contribuir para que isso seja revertido, de alguma forma.

QUADRO 4.1

Síntese dos conteúdos do primeiro relatório de pesquisa
(1º bimestre do 7º semestre)(continuação)

- Redigir a Introdução do capítulo.
- Elaborar o histórico da organização.
- Descrever a Razão Social, acompanhada da justificativa da escolha dessa organização.
- Informar o endereço completo, seguido do(s) nome(s) e cargo(s) do(s) contato(s).
- Informar o ano de fundação e caracterização dos membros fundadores.
- Descrever a natureza do negócio: setor de atividade e evolução da carteira de produtos/serviços.
- Conceituar e caracterizar o porte das instalações.

– Parte 2: O Perfil da Organização

Descrição das características internas da organização

- Identificar e descrever o perfil das lideranças: cargo, função, formação, experiência profissional etc.
- Identificar e descrever o perfil dos colaboradores: número, política de recrutamento – interno e/ou externo –, grau de escolaridade, gênero, rotatividade, política de qualificação, plano de carreira etc.
- Apresentar os departamentos: células em que a organização está estruturada, desenho e descrição justificada do conteúdo do organograma.
- Identificar e descrever a tecnologia de produção utilizada.
- Identificar e descrever os principais equipamentos.
- Identificar e descrever os principais processos.

Descrição das características externas da organização

- Apresentar os principais mercados e tipos de clientes.
- Descrever os requisitos dos clientes.
- Descrever o relacionamento com os principais fornecedores.
- Descrever os aspectos competitivos da organização.
- Descrever os principais concorrentes diretos e indiretos.
- Descrever os programas institucionais que evidenciem o envolvimento da organização com a comunidade.
- Descrever o histórico da qualidade na organização (envolvimento efetivo da organização com programas de qualidade): descrição do(s) programa(s), objetivos que persegue(m), data de implantação, departamentos envolvidos, lideranças e colaboradores envolvidos, resultados alcançados, projetos ensejados etc.

Redigir os elementos pós-textuais

- Organização de Anexos – materiais cuja responsabilidade pela elaboração cabe à organização estudada.
- Organização de Apêndices – materiais cuja responsabilidade pela elaboração cabe aos autores do relatório.
- Organizar a bibliografia consultada segundo as normas da Associação Brasileira de Normas Técnicas – ABNT.

A ARQUITETURA DO PROGRAMA DE ESTÁGIO SUPERVISIONADO...

Reconhecendo que a qualidade do conteúdo do *relatório das práticas de gestão* depende, em grande parte, do domínio conceitual que os estudantes apresentam acerca dos termos envolvidos nos *critérios*, nos *itens* e nos *aspectos de avaliação*, exige-se que a elaboração do referido relatório envolva discussões conceituais fundamentadas na literatura disponível capaz de expressar o sentido imputado aos termos explorados nas descrições. Dessa forma, percebe-se que o estudante amplia seu repertório intelectual, realiza entrevistas mais aprofundadas e aumenta a sua capacidade de interpretar o material resultante das entrevistas e das observações realizadas.

Tendo em vista que a validade das atividades de pesquisa realizadas no meio acadêmico está intrinsecamente associada à sistematização do processo investigatório, e que um dos compromissos assumidos pelos programas reside no desenvolvimento de competências típicas de pesquisador, há explícita preocupação com a formulação dos instrumentos de coleta de materiais, com o registro desses materiais, com a seleção e provável necessidade de complementação de materiais, com o tratamento e a interpretação dos referidos materiais. Sendo assim, é possível perceber que a elaboração dos relatórios – tanto parciais quanto final – reflete as características de um texto acadêmico. A título de precisão, o conteúdo do Quadro 4.2 sintetiza o que é solicitado no segundo bimestre do sétimo semestre para os estudantes.

QUADRO 4.2

Síntese dos conteúdos do relatório de Estágio Supervisionado (2º bimestre do 7º semestre)

Redigir os elementos pré-textuais

■ Conceber:
- A capa do relatório parcial.
- A folha de rosto.
- O sumário.
- O índice de figuras, caso seja necessário.

Redigir os elementos textuais correspondentes à Introdução, ao Desenvolvimento e à Conclusão

■ Elaborar a Introdução – o conteúdo desta seção inclui, no mínimo, a explicitação:
- Dos objetivos que o Desenvolvimento do texto pretende alcançar, adequadamente justificados.
- Dos recursos metodológicos utilizados nos processos de coleta e de tratamento dos materiais que fundamentaram os conteúdos do Desenvolvimento, suficientemente justificados.
- Da síntese dos capítulos do Desenvolvimento, de tal forma que haja precisão sobre os objetivos fixados para cada um e a fundamentação que imprimirá credibilidade a eles.

QUADRO 4.2

Síntese dos conteúdos do relatório de Estágio Supervisionado (2º bimestre do 7º semestre)(continuação)

Redigir os elementos correspondentes ao Relatório das Práticas de Gestão, à Avaliação e ao Diagnóstico Organizacional

■ Redigir a introdução do capítulo.

■ Elaborar texto capaz de discutir os conceitos envolvidos nos critérios, itens e aspectos de avaliação com o suporte de pesquisa bibliográfica realizada, com base em consultas a materiais publicados na forma de livros e de artigos divulgados em revistas técnicas e científicas.

■ Elaborar o relatório das práticas de gestão a partir da descrição cuidadosa das práticas de gestão adotadas pela organização. Nesta ocasião, será importante que os autores reúnam evidências sobre aquilo que estão tratando, e que o texto imprima credibilidade pela riqueza das descrições, pela capacidade de argumentação e pela ilustração resultante de exemplos. Para tanto, serão indispensáveis: a reunião de materiais resultantes da realização de entrevistas, sistematizadas e adequadamente registradas; da consulta de documentos disponibilizados pela organização, alvo da pesquisa; e de visitas realizadas.

■ Elaborar quadros correspondentes aos critérios, contendo todos os itens, pontuar cada aspecto de avaliação de acordo com o referencial presente no relatório das práticas de gestão.

■ Identificar os pontos fortes e os pontos passíveis de melhoria.

■ Justificar a pontuação atribuída a cada aspecto de avaliação, ou seja, acrescentar "observações, evidências e comentários".

■ Elaborar um quadro-síntese com a pontuação atribuída a cada aspecto avaliado.

■ Elaborar o diagnóstico organizacional cujos resultados nortearão a elaboração dos planos de melhoria e de manutenção (no contexto do Trabalho de Conclusão de Curso – oitavo semestre).

■ Elaborar a conclusão. Para tanto, resgatar as questões que justificaram a elaboração da segunda etapa do Estágio Supervisionado e respondê-las. Nesta oportunidade, será indispensável que o leitor encontre explícita articulação entre os conteúdos da Introdução e da Conclusão.

Redigir os elementos pós-textuais

■ Organização de Anexos – materiais cuja elaboração é responsabilidade da organização estudada.

■ Organização de Apêndices – materiais cuja elaboração é responsabilidade dos autores do relatório.

■ Organização da bibliografia consultada, segundo as normas da ABNT.

A arquitetura do programa de Trabalho de Conclusão de Curso

No contexto do Trabalho de Conclusão de Curso, os recursos técnicos disponibilizados pela FNQ foram ultrapassados ao fixar-se como meta a elaboração de *planos de ação* que, por um lado, estejam comprometidos com a manutenção da qualidade conquistada pela organização – *planos de manutenção* – e, por outro lado, estejam comprometidos com a superação de debilidades identificadas com a elaboração do *diagnóstico organizacional* – *planos de melhoria*. Para tanto, o estudante partirá dos resultados alcançados no *diagnóstico organizacional* e aprofundará dois aspectos que correspondam às áreas de melhoria e dois aspectos que justifiquem a elaboração de *planos de manutenção*, considerando, para isto, as áreas contempladas nas oito categorias do PNQ, conforme os *Primeiros passos para a excelência*, publicados pela FPNQ (hoje chamada FNQ) em 2004.

O exercício consiste em formular justificadamente *planos de ação* que reflitam as necessidades da organização. Sendo assim, o ponto de partida é a identificação dos pontos fortes e das áreas indicadas para a melhoria ou oportunidades de melhoria, resultante do diagnóstico organizacional, formulado no contexto do Estágio Supervisionado. Os planos de melhoria e de manutenção deverão contemplar medidas propostas para fortalecer os pontos considerados fortes e medidas propostas para enfrentar as áreas indicadas para melhorias. As propostas deverão estar pormenorizadas e justificadas em termos teóricos e empíricos. Por isso a sua realização envolve, necessariamente, os recursos derivados das pesquisas bibliográfica, de campo e documental, como já foi salientado anteriormente.

Cabe esclarecer que os grupos que, por quaisquer razões, não tenham elaborado um relatório das práticas de gestão capaz de validar o diagnóstico organizacional não conseguirão formular os planos de melhoria e de manutenção. Sendo assim, não é exagero afirmar que, em grande parte, o êxito do processo que resulta no Trabalho de Conclusão de Curso depende dos resultados alcançados com a realização do Estágio Supervisionado. Cabe esclarecer que a fundamentação dos respectivos planos pressupõe a utilização de materiais empíricos e teóricos; conseqüentemente, os autores que negligenciarem a dimensão acadêmica do Trabalho de Conclusão de Curso sentirão isso na avaliação do texto. Para elaborar o primeiro relatório parcial de pesquisa no contexto do Trabalho de Conclusão de Curso, recomenda-se respeitar as indicações do Quadro 4.3.

QUADRO 4.3

Síntese dos conteúdos do primeiro relatório de pesquisa (1º bimestre do 8º semestre)

Redigir os elementos pré-textuais:

■ Conceber:

- A capa do relatório parcial.
- A folha de rosto.
- O sumário.
- O índice de figuras, caso seja necessário.

Redigir os elementos textuais correspondentes à Introdução, ao Desenvolvimento e à Conclusão

■ Elaborar a Introdução – o conteúdo desta seção inclui, no mínimo, a explicitação:

- Dos objetivos que o Desenvolvimento do texto pretende alcançar, adequadamente justificados.
- Dos recursos metodológicos utilizados nos processos de coleta e de tratamento dos materiais que fundamentaram os conteúdos do Desenvolvimento, suficientemente justificados.

QUADRO 4.3

Síntese dos conteúdos do primeiro relatório de pesquisa
(1º bimestre do 8º semestre)(continuação)

• Da síntese dos capítulos do Desenvolvimento, de tal forma que haja precisão sobre os objetivos fixados para cada um e a fundamentação que imprimirá credibilidade a eles.

Redigir o Desenvolvimento – Parte 1: Os Planos de Manutenção

■ Elaborar a Introdução do capítulo.

■ Resgatar os resultados do diagnóstico organizacional.

■ Apresentar, conceituar e justificar o uso das ferramentas que nortearão a realização dos planos de manutenção – a elaboração desses capítulos pressupõe o domínio e a utilização de algumas ferramentas: Matriz de GUT, Masp e 5W2H.

■ Elaborar os planos de manutenção de forma justificada – tanto no plano teórico quanto no plano empírico.

Redigir o Desenvolvimento – Parte 2: Os Planos de Melhoria

■ Elaborar a Introdução do capítulo.

■ Resgatar os resultados do diagnóstico organizacional.

■ Apresentar, conceituar e justificar o uso das ferramentas que nortearão a realização dos planos de manutenção – a elaboração desses capítulos pressupõe o domínio e autilização de algumas ferramentas: Matriz de GUT, Masp e 5W2H.

■ Elaborar os planos de manutenção de forma justificada – tanto no plano teórico quanto no plano empírico.

■ Elaborar a Conclusão – resgatar as questões que justificaram a elaboração do Trabalho de Conclusão de Curso e respondê-las. É indispensável que o leitor encontre explícita articulação entre os conteúdos da Introdução e da Conclusão.

Redigir os elementos pós-textuais

■ Organização de Anexos – materiais cuja elaboração é responsabilidade da organização estudada.

■ Organização de Apêndices – materiais cuja elaboração é responsabilidade dos autores do relatório.

■ Organização da bibliografia consultada, segundo as normas da ABNT.

Equipe envolvida no Estágio Supervisionado e no Trabalho de Conclusão de Curso

O êxito alcançado com a realização das atividades previstas nos programas de Estágio Supervisionado e de Trabalho de Conclusão de Curso depende da ação integrada de uma equipe formada por:

■ Estudantes regularmente inscritos no sétimo e oitavo semestres, respectivamente.

■ Professores ligados à disciplina Estágio Supervisionado/Trabalho de Conclusão de Curso, responsáveis pelo desenvolvimento de competências exigidas de um pesquisador.

A ARQUITETURA DO PROGRAMA DE ESTÁGIO SUPERVISIONADO...

- Professores-orientadores do processo investigatório, uma vez que cada grupo conta com o suporte de dois orientadores: um é responsável pela orientação dos aspectos técnicos, conceptuais, teóricos e metodológicos (planejamento da pesquisa, execução do processo investigatório, elaboração dos relatórios parcial e final), e o outro é responsável pela orientação de questões ligadas à adoção do modelo de qualidade concebido pela FNQ e respectivas ferramentas. Não é autorizada a orientação de mais de cinco projetos por professor-orientador, tendo em vista as exigências em termos de tempo e dedicação que as atividades de orientação, correção e feedback semanais exigem.

- Um coordenador responsável pela concepção e condução dos respectivos programas.

- Um secretário que auxilia na coordenação das questões relativas à documentação de cada estudante, ao agendamento das atividades de orientação, ao recebimento protocolado dos relatórios entregues, ao registro e divulgação das médias etc.

O fato de as atividades previstas nos referidos programas serem realizadas em grupo pode suscitar alguma dúvida acerca da seriedade do processo investigatório e acerca dos resultados individuais e coletivos alcançados pelos estudantes. Sendo assim, parece pertinente a reunião de elementos que permitam alguma reflexão sobre o assunto. A aprendizagem coletiva tem sido cada vez mais reconhecida como tática para diminuir ou suprimir o esforço individual dos estudantes de determinadas turmas. Não é raro que, no ambiente educacional, alguns estudantes assumam a responsabilidade pela realização de atividades acadêmicas solicitadas que deveriam ser partilhadas pelo grupo. É freqüente que os produtos coletivos revelem-se intelectualmente mais frágeis do que os produtos elaborados individualmente. É o que Demo (2002, p. 142) intitula de *mediocridade dos consensos*, isto é, consenso pressupõe a aceitação do que é comum e não do que é brilhante, inovador, criativo etc[2]. Para inibir esses efeitos indesejados, a adoção da prática da aprendizagem coletiva pressupõe:

- A existência de processos de orientação sistemática (semanal) acerca das atividades realizadas pelo grupo, de modo que haja condições de identifi-

---

2 Para aqueles que desejam aprofundar a leitura sobre este aspecto da questão, recomenda-se a leitura do artigo intitulado "A percepção de alunos de Administração quanto ao uso de trabalho em grupo como ferramenta didática", de autoria de Filipe Campelo Xavier da Costa (vol. 2 dos Anais do II Congresso de Administração ESPM, p. 240-262, outubro de 2005).

car – simultaneamente – as contribuições de cada membro (individuais) e as contribuições do grupo (coletivas).

- Solicitar, corrigir e oferecer feedback sobre a elaboração de textos individuais antes de receber, corrigir e atribuir nota à produção de textos coletivos.

- A existência de registros (semanais) em que fique discriminado o que foi realizado no período, por quem e com quais resultados, além do que foi recomendado para ser realizado no próximo período (Por quê? Como?).

- Em consonância com os resultados parciais e final, é importante que prevaleça a avaliação do que foi realizado individualmente sobre o que foi realizado coletivamente.

Orientação envolvida nos programas de Estágio Supervisionado e de Trabalho de Conclusão de Curso

Desde a reforma da universidade alemã, proposta e implementada pela equipe coordenada por Wilhelm von Humboldt (ministro da educação na época), as atividades de *orientação* assumem centralidade no papel desempenhado pelos professores e na formação acadêmica dos estudantes, tendo em vista que o ensino e a aprendizagem eram associados às atividades de pesquisa (Lima, 2004). Nas palavras de Demo (2002, p. 141), a atividade de orientação expressa o comprometimento do professor com a aprendizagem efetiva do estudante, em sentido tipicamente maiêutico[3]. Ou seja, exercer influência sobre o estudante sem comprometer o sentido libertador intrínseco à aprendizagem. Colaborar para que o estudante assuma a autoria das idéias desenvolvidas no texto com o suporte de exercícios argumentativos consistentes[4].

Com a intenção de oferecer as condições necessárias para o estudante planejar e realizar o processo investigatório assumindo a autoria do que escreve,

---

3 Na origem, o termo *maiêutica* foi cunhado por Sócrates na tentativa de comparar seus ensinamentos com a arte de uma parteira, ou seja, o filósofo entendia que dava à luz os conhecimentos que se formavam na mente dos seus discípulos. Mais recentemente, o termo traduz o processo pedagógico socrático pelo qual se multiplicam as perguntas a fim de obter, por indução dos casos particulares e concretos, um conceito geral do objeto em questão (Abbagnano, 2000).

4 Muito oportunamente, no mais recente texto de Renato Janine Ribeiro (2003) – *A universidade e a vida atual*: Fellini não via filmes – o autor dedica o 16º capítulo à discussão das razões que justificam a universidade investir os esforços necessários para contribuir para a formação de autores. E, sobre essa questão, é importante ressaltar que sem excelentes leitores não há condições que favoreçam a formação de bons autores. Em entrevista concedida ao jornal *Valor* (1,2 e 3/10/2004), Marçal Aquino é questionado por Nelson Motta sobre as 'influências que contribuíram para a formação de seu estilo' e curiosamente, o literato responde: "acho muito complicado falar de influências, porque penso que o processo é inconsciente. *Mas não tenho dúvida de que escrevo porque leio*" (grifo nosso).

nos semestres correspondentes ao quarto ano do curso de Administração os grupos formados terão o suporte de dois professores-orientadores. Um dos professores assumirá a responsabilidade pelas orientações de caráter técnico, conceptual e teórico – referentes aos aspectos metodológicos –, e o outro, pelas orientações dos aspectos relativos à utilização do 'modelo' de excelência concebido e adotado pela FNQ. Os horários de permanência dos referidos professores são divulgados no Setor de Estágio Supervisionado e Trabalho de Conclusão de Curso, para que os grupos possam agendar e realizar semanalmente as atividades de orientação.

Os grupos de estudantes que realizam os programas de Estágio Supervisionado e de Trabalho de Conclusão de Curso devem participar das atividades de orientação com regularidade, no mínimo, quinzenal. Essa prática minimizará eventuais falhas no processo investigatório, reduzirá o retrabalho, maximizará a qualidade dos resultados alcançados (parciais e final) e dará mais elementos para os orientadores avaliarem – periodicamente e individualmente – todos os membros do grupo. Enfatiza-se que é obrigatória a presença de todos os membros dos grupos que realizam os programas às atividades de orientação. Como em qualquer outra disciplina, a tolerância de faltas a essa atividade limita-se a 25% por semestre letivo.

As atividades de orientação são registradas pelo professor-orientador e controladas pelos orientados. Esses controles são indispensáveis em um processo de orientação conjunto na medida em que facilitam a continuidade do processo de orientação, identificam quebras no processo investigatório e configuram-se justificativas de parte das notas a serem atribuídas durante o processo. Para tanto, é indispensável, no registro das orientações, o professor-orientador indicar a data em que a atividade ocorreu, a síntese do conteúdo da orientação, a sua assinatura e a assinatura dos estudantes presentes à atividade de orientação.

Caso algum professor-orientador relate formalmente à coordenação dos programas de Estágio Supervisionado e de Trabalho de Conclusão de Curso o desrespeito sistemático de algum grupo ao cronograma de orientação definido, ausência de sistematização no processo investigatório ou evolução insatisfatória do processo, isso poderá acarretar o descredenciamento do grupo, e não apenas a atribuição de notas baixas nas avaliações parciais. Caso a situação descrita se aplique não ao grupo, mas a um ou a alguns membros do grupo, a decisão de descredenciamento assumirá um caráter individual, e não grupal.

Caso sejam reunidas evidências que comprovem a impossibilidade de um professor-orientador assumir a seqüência das atividades de orientação, sob pena de comprometer o trabalho do grupo, a coordenação tomará as medidas cabíveis no sentido de substituí-lo de forma a preservar a qualidade do processo em prol dos resultados perseguidos.

Relatórios parciais e final

Nas quatro etapas que estruturam os programas de Estágio Supervisionado e de Trabalho de Conclusão de Curso, os grupos devem elaborar os relatórios (parciais e final) de pesquisa, de acordo com o que foi estabelecido no cronograma de atividades. Os relatórios escritos serão objeto de avaliação bimestral.

Em termos de apresentação formal, os conteúdos dos relatórios (parciais e final) devem, no mínimo, dispor: de capa; folha de rosto; sumário; introdução; desenvolvimento; considerações finais; anexos e apêndices (se houver necessidade); referência do material bibliográfico que imprimiu caráter acadêmico ao texto; e contracapa. A apresentação física dos relatórios elaborados deve respeitar as normas estabelecidas pela ABNT para a apresentação escrita de trabalhos acadêmicos.

5

Descrição do Processo de Avaliação da Aprendizagem

Ao término deste capítulo, o leitor será capaz de solucionar as seguintes dúvidas:

- Qual é a importância atribuída à avaliação da aprendizagem dos estudantes que realizam os programas de Estágio Supervisionado e de Trabalho de Conclusão de Curso propostos?

- Que tipo de avaliação é utilizado, e qual é a razão que justifica essa escolha?

- Quem avalia a aprendizagem, e com qual freqüência?

- Quais são os indicadores utilizados na avaliação da aprendizagem?

- Quais são os critérios que orientam a avaliação da aprendizagem?

- Quais são os instrumentos utilizados, e por que são utilizados instrumentos diferentes para avaliar as questões metodológicas e as questões técnicas?

- Por que as atividades são realizadas em grupo e a avaliação da aprendizagem é individual?

> "A razão primeira da avaliação permanente é a necessidade de se contrapor de modo permanente à tendência também permanente de decadência histórica de todo o processo qualitativo. Assim como o fenômeno histórico significa o espaço de criatividade do ser humano, representa, no outro lado da mesma moeda, o lugar onde tudo envelhece, desgasta-se, decai. Avaliação é componente intrínseco da reconstrução constante da qualidade."
>
> Pedro Demo (1999, p. 30)

A avaliação do processo e dos resultados conquistados pelos estudantes no contexto dos programas descritos merece especial atenção nesta discussão, tendo em vista que é "componente permanente, intrínseco, estrutural de todo processo comprometido com qualidade" (Demo, 1999, p. 29). Entretanto, poucos professores engajados na educação superior têm domínio teórico acerca do assunto e, por isso mesmo, tendem a modelar suas práticas de avaliação da aprendizagem de acordo com as práticas avaliativas adotadas pelos seus antigos professores.

O termo *avaliar* vem do latim *a valere* e, neste caso, expressa a idéia de 'atribuir valor a' (Luckesi, 1998). Razão pela qual, para alguns autores reconhecidos como referência no estudo de temas ligados à avaliação da aprendizagem (Tyler, Taba, Popham, Ebel, Gronlund & Ausubel apud Sousa, 1997), a finalidade da avaliação está associada à formulação fundamentada de *julgamento* – seja no sentido de julgar a distância que separa os resultados obtidos pelos estudantes dos resultados esperados pelos professores (Tyler, Taba, Popham, Ebel, Gronlund e Ausubel apud Sousa, 1997), seja no sentido de julgar a ocorrência de mudanças esperadas nos estudantes em função dos objetivos educacionais, previamente estabelecidos pelos professores e pela direção acadêmica do curso (Tyler; Bloom apud Sousa, 1997).

Nas primeiras páginas deste texto foi enfatizado o crescente número de cursos cujos objetivos estão expressos em termos de *competências* que se comprometem a colaborar para desenvolver. Neste caso, a organização das atividades curriculares e de interesse curricular, a seleção dos estudantes ingressantes no curso, a contratação de lideranças acadêmicas e de professores, o uso de recursos tecnológicos e de determinadas estratégias didáticas e a forma pela qual a avaliação da aprendizagem ocorre correspondem a meios que interferem no desenvolvimento das referidas competências. Nessa perspecti-

DESCRIÇÃO DO PROCESSO DE AVALIAÇÃO DA APRENDIZAGEM

va, a avaliação ganha o adjetivo de *formativa* e, por isso mesmo, sua prática está associada a algumas idéias que foram traduzidas por Philippe Perrenoud (1999) em texto intitulado *Avaliação – da excelência à regulação: entre duas lógicas*. Esse autor assegura que a avaliação só faz sentido quando comprometida com a ampliação de condições que favoreçam a efetiva aprendizagem do estudante. Por isso mesmo, sua prática pressupõe:

- Definição e conhecimento prévio dos objetivos que o processo educacional se compromete a alcançar;

- Formulação e conhecimento prévio dos critérios que serão adotados no processo de avaliação da aprendizagem;

- Definição e utilização de diversos indicadores de aprendizagem, passíveis de observação contínua. No caso dos programas descritos:
  - participação efetiva nas atividades propostas para serem realizadas em grupo;
  - formulação de dúvidas que expressem o esforço de quem busca superar os desafios da aprendizagem;
  - localização, leitura e interpretação de textos e documentos;
  - coleta, registro, seleção e interpretação de materiais primários obtidos por meio de entrevistas e observação;
  - organização de idéias fundamentadas e capacidade de expressá-las por escrito.

- Construção de intensa e estreita interação entre estudantes e professores para que seja possível ao professor reconhecer e respeitar as diferenças presentes entre os grupos no que tange as formas de aprender e o tempo envolvido no processo de aprendizagem.

No âmbito dessa perspectiva de avaliação – ressalta o autor –, o professor amplia as condições de aprendizagem sem a preocupação de *classificar*, de *certificar*, de *selecionar* e, muito menos, de *justificar* exclusões.

Argumentando a importância de os professores adotarem *pedagogias diferenciadas,* Perrenoud (1999) destaca que sob nenhum ponto de vista é possível considerar um grupo de estudantes homogêneo, uma vez que estes são herdeiros de culturas sociais distintas, ou seja, eles trazem para a escola um capital intelectual desigual. Conseqüentemente, tendem a apresentar variações em seus repertórios técnicos, conceptuais, teóricos e metodológicos. Sob esse prisma, não seria exagero afirmar que, quanto mais a *avaliação formativa* estiver suportada pelo uso de *pedagogias diferenciadas*, mais respeitará as dife-

73

renças existentes entre os estudantes e maior êxito alcançará[1]. Não obstante, o próprio autor alerta que, quanto mais a *avaliação formativa* depender do uso de *pedagogias fortemente diferenciadas*, mais estará confinada a projetos pedagógicos alternativos e experimentais ou reduzidos a classes-piloto.

Na prática, a *avaliação formativa* está associada à idéia de regulação dos processos de aprendizagem. Como e por que isso ocorre? Na percepção do autor (1999), cabe ao professor desenvolver uma sistemática de observação contínua na intenção de conhecer as condições em que a aprendizagem do estudante ocorre efetivamente. Só dessa forma terá onde ancorar concepções de alternativas pedagógicas de intervenção que possam garantir melhores condições de aprendizagem para o estudante. Esse procedimento, insiste Perrenoud (1999), situa-se abertamente na perspectiva de uma regulação intencional, exatamente porque objetiva determinar – simultaneamente – o caminho já percorrido por cada estudante e aquele que resta percorrer, com vistas a intervir para otimizar os processos efetivos de aprendizagem.

Porém, convém destacar que nenhuma intervenção externa – proposta pelos professores-orientadores, por exemplo – provocará mudanças se elas não forem percebidas pelo sujeito da aprendizagem – o estudante – como necessárias. Conseqüentemente, a ação educativa só logrará algum êxito se conseguir provocar processos de *auto-aprendizagem,* de *autodesenvolvimento* e de *auto-regulação* no sujeito. "Apostar na auto-regulação, em sentido mais estrito, consiste aqui em reforçar as capacidades do sujeito para gerir ele próprio seus projetos, seus progressos, suas estratégias diante das tarefas e dos obstáculos" (Perrenoud, 1999, p. 97).

Essa idéia vai ao encontro do pensamento de Charlot (2000, p. 54), quando o autor sublinha, de modo categórico, que "a educação é produção de si por si mesmo"; conseqüentemente, o processo educacional é inviabilizado se o sujeito a ser educado não investir pessoalmente no processo que o educa. Está igualmente alinhada ao pensamento de Meirieu (1998), no momento em que o autor assegura que toda educação pressupõe o *desejo* como força propulsora que alimenta todo o processo educativo. Também está presente na produção acadêmica de Demo (2002, p. 142) quando o autor adverte que "temos que ser autodidatas, porque ninguém pode aprender por nós". O pen-

---

1 Os referidos programas associam o uso dos recursos permitidos pela organização de aulas curtas e interativas, e de atividades de orientação (de acordo com as necessidades dos estudantes, essa atividade pode ocorrer semanal ou quinzenalmente). Dessa forma, os grupos e os estudantes têm oportunidade de submeter os textos parciais à avaliação, discutir as correções feitas pelos professores-orientadores, e solucionar as inevitáveis dúvidas que o processo investigatório suscita.

DESCRIÇÃO DO PROCESSO DE AVALIAÇÃO DA APRENDIZAGEM

samento de Demo é reforçado por Morin (apud Trocmé-Fabre, 2004, p. 29) quando o autor assegura que aprender pressupõe a condição de *auto-hetero-didata*. Nos termos antes enfatizados, fica claro que a autonomia intelectual do estudante não resulta de concessões – feitas por professores ou orientadores –, mas reflete a conquista resultante da construção intelectual que o estudante foi orientado a edificar no curso de sua formação acadêmica.

A convergência de pensamento existente entre Perrenoud (1999) e Charlot (2000) é igualmente percebida quando os autores afirmam que tanto o êxito quanto o fracasso – no meio educacional – são realidades socialmente construídas. Essa premissa é utilizada por Perrenoud (1999) no momento em que o autor associa a idéia de *fracasso* às *avaliações tradicionais* e a idéia de *êxito* às *avaliações formativas* utilizando, para isso, os seguintes argumentos:

- Enquanto a *avaliação tradicional* contribui para a geração do fracasso, compromete os processos de aprendizagem e induz os professores a utilizarem didáticas conservadoras e os estudantes a explorarem estratégias utilitaristas, a *avaliação formativa* estimula a renovação global da pedagogia, na medida em que está orientada pelo e para o aprendiz e contribui, igualmente, para um processo de mutação da profissão do professor, porque este ultrapassa a condição de *auleiro* para a de criador de situações de aprendizagem.

- Enquanto a *avaliação formativa* oferece informações sobre o estudante, identifica e explica eventuais erros cometidos, sugere interpretações quanto às estratégias e atitudes dos estudantes e, portanto, alimenta diretamente um processo de renovação na ação pedagógica, a *avaliação tradicional* se desvia da intervenção didática e da inovação pedagógica comprometidas com a aprendizagem.

- Enquanto a *avaliação tradicional* estimula o professor a perseguir o desenvolvimento de competências isoláveis e cifráveis, a *avaliação formativa* está comprometida em estimular o desenvolvimento de competências de alto nível, difíceis de serem circunscritas com a aplicação de testes, exames, provas ou tarefas individuais, pretensamente objetivas.

Por tudo que foi anteriormente afirmado, é possível assegurar que a avaliação realizada no meio educacional corresponde a uma *atividade contínua*, subjacente a todo e qualquer processo de ensino e de aprendizagem. Para tanto, é indispensável a adoção sistemática de múltiplos instrumentos de avaliação[2],

---

2 O texto de Tyler (apud Sousa, 1997) relaciona vários instrumentos que podem ser utilizados na avaliação da aprendizagem dos estudantes com o objetivo de inferir o desempenho alcançado: testes, escalas de atitude, inventários, questionários, exercícios, fichas de registro, entre outros.

ESTÁGIO SUPERVISIONADO E TRABALHO DE CONCLUSÃO DE CURSO

capazes de reunir informações confiáveis que, quando interpretadas, revelem até que ponto os objetivos educacionais fixados no planejamento do curso e da disciplina foram alcançados (*avaliação somativa*) ou estão sendo alcançados (*avaliação formativa*). Tendo em vista que a definição dos objetivos educacionais está intrinsecamente associada à promoção de mudanças no comportamento dos estudantes, a avaliação corresponde ao processo pelo qual determina-se o grau em que essas mudanças estão ocorrendo (Sousa, 1997).

As contribuições de Bloom, Hastings e Madaus (apud Sousa, 1997), ao mesmo tempo que reforçam essa idéia, completam-na ao assegurar que a avaliação da aprendizagem depende da coleta sistemática de variado espectro de evidências por meio das quais se determinam as mudanças observadas entre os estudantes, decorrentes dos processos de ensino e aprendizagem. Conseqüentemente, a avaliação da aprendizagem não deixa de ser um sistema de controle de qualidade pelo qual pode ser determinada, em cada etapa do processo educacional, a efetividade ou não do processo de aprendizagem. Além de defender a avaliação por processo, esses autores ainda imprimem uma dimensão diagnóstica e corretiva à avaliação da aprendizagem, uma vez que sugerem a implementação de mudanças nas práticas pedagógicas adotadas, caso os resultados das avaliações realizadas denunciem limitações na aprendizagem dos estudantes.

De forma enfática e oportuna, Gronlund (apud Sousa, 1997) associa a avaliação da aprendizagem à verificação da extensão pela qual os objetivos educacionais foram alcançados pelos estudantes – uma vez que, sem a determinação prévia dos objetivos, será impossível julgar a extensão do progresso alcançado –, e imputa credibilidade às práticas avaliatórias que estiverem fortemente associadas a processos sistemáticos, criteriosos e conhecidos e não à realização de observações informais, fortuitas e assistemáticas. Para a autora, o caráter processual e sistemático que deve ser impresso às práticas avaliativas se explica pela necessidade de acompanhar o progresso alcançado pelo estudante em face da multiplicidade de objetivos educacionais presentes no curso, em geral, e na disciplina, em particular.

Diante do exposto, a avaliação da aprendizagem no contexto do Estágio Supervisionao e do Trabalho de Conclusão de Curso assume as características da *avaliação diagnóstica*, da *avaliação formativa* e da *avaliação somativa*. O peso correspondente às notas atribuídas bimestralmente é distribuído de acordo com o que foi estabelecido no corpo do Quadro 5.1. Cabe salientar que a obtenção de média 7 no Estágio Supervisionado é pré-requisito para a inserção do estudante no programa de Trabalho de Conclusão de Curso.

QUADRO 5.1

Relatórios e respectivos pesos no cálculo das médias

Descrição das fases por bimestre	Peso da nota obtida no cálculo da média
Resultados da Fase 1 do programa de Estágio Supervisionado: Perfil e Histórico da Organização.	30% da média final
Resultados da Fase 2 do programa de Estágio Supervisionado: Relatório das Práticas de Gestão, Avaliação e Diagnóstico Organizacional.	70% da média final
TOTAL	100% da média final
Resultados da Fase 1 do programa de Trabalho de Conclusão de Curso: Elaboração dos Planos de Melhoria.	30% da média final
Resultados da Fase 2 do programa de Trabalho de Conclusão de Curso: Elaboração dos Planos de Manutenção.	70% da média final
TOTAL	100% da média final

Fonte: Lima, 2005.

Os critérios de correção dos relatórios (parciais ou final) estão estabelecidos em duas fichas de avaliação: uma das fichas reúne os critérios relativos às questões técnicas, conceptuais e teóricas da pesquisa e seus respectivos pesos, e a outra define os critérios que o professor-orientador utilizará para corrigir e avaliar os aspectos metodológicos. Elas são apresentadas e explicadas aos estudantes-pesquisadores pelos respectivos orientadores desde o início das atividades de orientação.

Em uma perspectiva diagnóstica, os registros feitos nas fichas de avaliação são bimestralmente discutidos com o grupo de estudantes, na intenção de que haja clareza sobre o que merece ser corrigido e/ou melhorado (completado, aprofundado, articulado, fundamentadamente explicado etc.). Cabe destacar que, embora os referidos programas sejam realizados em grupos, as avaliações parciais e finais são individuais. No caso das avaliações finais, um exame escrito é aplicado na intenção de identificar o domínio que cada estudante tem acerca do trabalho realizado e dos resultados alcançados. Tanto os relatórios parciais quanto os relatórios e os exames finais são avaliados e discutidos pelos dois professores-orientadores. Esse cuidado ajuda a reduzir eventuais equívocos nas avaliações realizadas. Conseqüentemente, não é raro que em um único grupo haja atribuição de notas diferentes para os membros.

QUADRO 5.2

Ficha de avaliação do Estágio Supervisionado/Trabalho de Conclusão de Curso (aspectos metodológicos)

Critérios	Peso	Nota	Justificativas
1) Existência de conformidade entre seções e capítulos quanto à seqüência, ao conteúdo e à forma.	10%		
2) Qualidade e pertinência dos materiais oriundos das pesquisas bibliográfica, documental e de campo utilizados nos exercícios de descrição, interpretação e análise.	20%		
3) Capacidade de articulação dos materiais oriundos de pesquisas bibliográficas, documentais e de campo na argumentação dos exercícios de descrição, interpretação e análise.	30%		
4) Utilização correta da terminologia técnica e conceptual que o tema exige. Qualidade do texto no que tange à ortografia. Respeito às normas da ABNT.	20%		
5) Aspectos relativos ao processo de orientação. Participação nas atividades programadas em aula (seminários, relatórios orais do processo de investigação, discussão de dúvidas etc.)	20%		

Fonte: Lima, 2005.

Ressalta-se que um dos critérios discriminados nas referidas fichas procura identificar comportamentos que favoreçam o processo de aprendizagem: assiduidade às aulas e às atividades de orientação; efetiva participação nas etapas que caracterizam a pesquisa; nível das discussões travadas no processo de orientação; esforço para superar as dificuldades encontradas na realização das diversas etapas da pesquisa; respeito ao cronograma de trabalho.

DESCRIÇÃO DO PROCESSO DE AVALIAÇÃO DA APRENDIZAGEM

QUADRO 5.3

Ficha de avaliação do Estágio Supervisionado/Trabalho de Conclusão de Curso (aspectos técnico-teóricos)

Critérios	Peso	Nota	Justificativas
1) Processo de orientação (participação, interesse, cumprimento das etapas, respeito ao cronograma etc.)	30%		
2) Domínio dos conteúdos de caráter empírico, técnico, conceitual e teórico que deram fundamentação ao texto. Capacidade de explorar esse material na fundamentação das idéias.	30%		
3) Suficiência dos resultados (parciais ou final) alcançados.	40%		

Fonte: Lima, 2005.

Os estudantes que, na soma das duas notas resultantes da avaliação das atividades previstas nas duas fases constitutivas do Estágio Supervisionado (7º semestre) e nas duas constitutivas do Trabalho de Conclusão de Curso (8º semestre), atingirem nota inferior a 7 pontos estarão automaticamente reprovados nos respectivos programas. Será aprovado o estudante que, somando as notas obtidas nas duas fases de cada programa, atingir média final igual ou superior a 7 pontos, caso sejam atendidos os critérios de freqüência às aulas, às atividades de orientação e à entrega do atestado de Estágio Supervisionado, na data fixada no cronograma.

Considerações Finais

Esta primeira parte do livro resulta de reflexões que tiveram como principal intuito modificar a prática pedagógica em prol do aprendizado significativo dos estudantes. Seu conteúdo representa a integração dos ensinamentos típicos de um curso superior de Administração, da metodologia científica e da prática que caracteriza a vida profissional, proporcionando aos estudantes do curso de Administração o desenvolvimento de competências essenciais para sua formação continuada e seu exercício profissional. Além disso, colabora para o bom desempenho das organizações que participaram diretamente dessa experiência nestes dez anos de existência dos programas de Estágio Supervisionado e de Trabalho de Conclusão de Curso, nos moldes retratados.

Essa proposta de trabalho só pôde apresentar resultados positivos porque contou com a combinação de vários elementos: a formação diferente, embora complementar, dos professores-orientadores; a atitude política de trabalharem a educação como instrumento de modificação das pessoas e da realidade; o apoio recebido da direção acadêmica do curso de Administração envolvido com a experiência; a dedicação de parte expressiva dos estudantes e a qualidade dos resultados que conseguiam alcançar a cada ano; a colaboração de organizações interessadas na repercussão que o processo e os resultados da pesquisa proposta poderiam exercer sobre suas práticas gerenciais.

Na prática, os referidos programas prestam-se a colaborar para que os estudantes articulem e apliquem o conhecimento conquistado com o aprendizado desenvolvido nos três primeiros anos do curso, de tal modo que tenham condições de avaliar a vida acadêmica, identificar as deficiências, exercer ações de superação e explorar suas potencialidades, para culminar com a geração de um trabalho escrito que, no processo de elaboração, possibilite o desenvolvimento de sua capacidade de aprender a aprender, na direção defendida por Pedro Demo, em sua extensa e intensa produção acadêmica.

Tais atividades assumem caráter interdisciplinar e permitem aos estudantes exercitar a experiência do trabalho em equipe; buscar consenso na interpretação da realidade organizacional; estabelecer interação com organizações que atuam em um mundo real; desenvolver o aprendizado resultante da formulação de diagnósticos; identificar as causas destes, com a utilização de técnicas e ferramentas de gestão; e formular alternativas de soluções úteis para a organização.

Estágio Supervisionado e Trabalho de Conclusão de Curso

Ao final dos programas de Estágio Supervisionado e de Trabalho de Conclusão de Curso, na forma proposta pelos professores organizadores da obra, os graduandos têm grande chance de sepultar a passividade que prevalece na relação tradicional estabelecida entre professores e estudantes, no contexto de aulas expositivas e de trabalhos que reproduzem, de forma acrítica, a literatura da área, e assumir o status de autor. Assumir a autoria de um texto acadêmico requer maturidade para ler, interpretar e articular as idéias dos autores lidos com a intenção de gerar um quadro de referência que permita a compreensão da realidade e a construção alicerçada de novas idéias. Esse exigente exercício fortalece processos pautados na auto-aprendizagem, autoformação e auto-regulação; afinal, "nós somos aquilo que escrevemos e escrevemos aquilo que somos"[1].

O trabalho de pesquisa desenvolvido pelos graduandos possibilita a geração de conhecimento organizacional e permite à instituição de educação superior agregar valor à vida profissional futura do egresso. Dessa forma, ampliam-se as chances de ela oferecer ao mercado um profissional com sólida competência gerencial e capaz de tomar decisões com reduzida margem de erro.

O livro contextualiza a importância que o Estágio Supervisionado e o Trabalho de Conclusão de Curso podem exercer sobre a formação de administradores, e descreve como é possível explorar e desenvolver o potencial desses programas. Na intenção de superar as limitações do universo da retórica, os organizadores do texto resgatam dois relatórios finais de pesquisa, elaborados por dois grupos de orientados que se destacaram pela qualidade do trabalho realizado no calendário escolar de 2004 – ano em que a experiência descrita completou dez anos de existência e estava madura porque teve tempo para identificar limitações e imprimir redirecionamentos ao projeto inicial.

Houve preocupação por parte dos organizadores em apresentar, de forma argumentada, uma opção para que os coordenadores dos cursos de graduação em Administração explorassem o potencial dos programas supracitados, com o propósito de fortalecer o curso e a aprendizagem dos graduandos. Entretanto, cabe lembrar que a forma didática com que o texto está apresentado poderá colaborar igualmente para as pequenas e médias empresas aprenderem a elaborar relatórios de gestão, diagnósticos organizacionais e planos de ação compatíveis com as suas necessidades.

---

1 Este texto de Gabriel Perissé – cujo título é *Ler, pensar e escrever* – está integralmente disponível no site http://www.perisse.com.br/ler_Pensar_Escrever_o_livro.htm

CONSIDERAÇÕES FINAIS

Outro desafio foi explorar ferramentas auxiliares no desenvolvimento da pesquisa, por meio da adaptação do material disponibilizado pela FNQ (atualizado anualmente desde 1992), sem comprometer o rigor requerido pela pesquisa de natureza acadêmica. Com isso, é possível assegurar que a experiência aqui relatada e o percurso metodológico utilizado podem ser amplamente adotados porque são passíveis de adaptação. Procedimento necessário quando é indispensável respeitar as diferenças regionais, as especificidades de cada setor de atividade, o nível de complexidade das organizações investigadas, as singularidades das instituições de educação superior e dos cursos de Administração que oferecem e os projetos que dão sentido à vida acadêmica dos estudantes.

Assim, a proposta apresentada visa proporcionar a completude na formação do administrador, para que ele tenha a chance de alcançar sucesso profissional[2] e gerar o melhor diferencial que uma instituição educacional almeja – o reconhecimento do egresso, das organizações e da sociedade!

---

2 Sucesso profissional, para a maioria das pessoas, significa êxito na realização de atividades profissionais desempenhadas na condição de colaboradores, empregados, funcionários, autônomos ou empresários, proporcionando realização profissional, remuneração compatível, uma vida pessoal e familiar saudável, além de contribuições significativas para as organizações e a sociedade.

Parte 2

Histórico e Perfil de uma Organização de Tecnologia de Informação

6 Histórico e perfil da organização

7 Descrição das práticas de gestão, avaliação, pontuação e identificação dos pontos fortes, moderados e passíveis de melhoria

8 Diagnóstico organizacional e formulação de planos de ação

Considerações Finais

6

Histórico e Perfil da Organização

Ao término do capítulo, o leitor será capaz de solucionar as seguintes dúvidas:

- Qual é o histórico da organização investigada: quem, quando, onde e como iniciou as suas atividades?

- Qual é o perfil da organização investigada: quem são seus dirigentes e colaboradores; como caracterizar seu processo de produção; qual é a carteira de produtos que oferece; quem são seus principais clientes, fornecedores e concorrentes; como tem trabalhado o conceito de qualidade na gestão do negócio.

Nota

De acordo com os Critérios de Excelência da FNQ, perfil corresponde a uma apresentação geral da organização em que são evidenciados aspectos do processo de transformação de insumos em produtos e serviços com valor agregado, por meio de recursos disponíveis, para atendimento a mercados-alvo, estando submetidos às influências do ambiente. Assim, o perfil busca formar uma visão global da organização inserida nos seus mercados, destacando os principais elementos do seu negócio ou atividade organizacional, as suas particularidades, bem como as de seu ramo de atuação e os seus principais desafios. Abrange aspectos sobre o relacionamento com as suas partes interessadas e uma descrição do histórico da busca da excelência.

O perfil auxilia na compreensão acerca de quem é, o que faz, o que é importante e pertinente para a organização; conseqüentemente, é fundamental no processo de avaliação. Por quê? Colabora para a determinação da adequação das práticas de gestão descritas aos requisitos da metodologia utilizada, além de determinar o grau de disseminação das práticas de gestão descritas e a relevância dos resultados dos indicadores apresentados.

Este capítulo tem por objetivo apresentar um retrato geral da empresa Genexis, evidenciando aspectos do processo de fornecimento de produtos que alavanquem valores para as empresas usuárias. Ao mesmo tempo, propiciará a visão global da organização inserida no seu mercado, destacando os principais elementos do negócio e suas particularidades, bem como as de seu ramo de atuação e os principais desafios e aspectos sobre sua relação com as partes interessadas. A fundamentação dos conteúdos desenvolvidos teve por base informações obtidas por meio de pesquisa de campo, realizada com os diretores e colaboradores da empresa em questão, usando a técnica de entrevistas estruturadas.

Nota

Dependendo do nível de formalidade presente na gestão da organização investigada, o material que fundamenta as idéias desenvolvidas neste capítulo pode derivar de pesquisas documental e de campo. Observa-se que, quanto maior a empresa, mais complexa a gestão e mais ela faz uso de registros. Porém, para a realização deste trabalho, os orientadores recomendam organizações de pequeno ou médio porte, na medida em que trabalhar com grandes organizações exige, além de domínio técnico e conceitual, experiência profissional, o que a maioria dos estudantes de graduação não possui. Além disso, grandes empresas acreditam pouco na contribuição dos resultados esperados – em virtude da complexidade da pesquisa e da imaturidade da maioria dos estudantes. Enquanto isso, o nível de estruturação das microempresas é incompatível com os recursos técnicos utilizados na investigação, e seus dirigentes estão tão imbuídos na consolidação e/ou sobrevivência do negócio que não conseguem imputar importância ao trabalho proposto. Dessa forma, o capítulo é praticamente resultado de material obtido por meio de entrevistas e visitas *in loco*.

Histórico e perfil da organização

Histórico da organização[1]

Nota

Ao iniciar o Estágio Supervisionado, o maior desafio vivido por orientadores e estudantes consiste em dispor de autorização para realizar o processo investigatório em organizações ajustadas às exigências do trabalho e dispostas a colaborar – fatores determinantes para o êxito do processo investigatório e para a credibilidade dos resultados alcançados. As idas e vindas envolvem muito tempo e o programa de Estágio Supervisionado obedece ao calendário escolar definido naquele período. Na tentativa de agilizar o início da pesquisa, influir sobre a extensão e a profundidade da coleta de dados e informações que fundamentam o texto correspondente ao histórico e perfil da organização, um roteiro discriminando os conteúdos que devem ser descritos é distribuído entre os estudantes. Sendo assim, os subtítulos deste capítulo refletem o roteiro divulgado no regulamento do programa de Estágio Supervisionado.

O objetivo deste capítulo é apresentar a organização Genexis Health Inc., proporcionando uma visão geral da corporação, ressaltando seus principais aspectos, como: propósitos, porte, produtos, processos, força de trabalho, clientes, mercado, concorrência, ambiente competitivo, sociedade e os fatos mais relevantes na busca da excelência do desempenho, incluindo os grandes marcos para sua gestão.

Os recursos metodológicos utilizados nos processos de localização e coleta de materiais que fundamentam os conteúdos do desenvolvimento deste

---

1 Todas as informações apresentadas sobre o histórico da organização foram levantadas por meio de análise documental da organização e por meio de entrevistas concedidas pelo vice-presidente de operações da Genexis Health Inc., em abril de 2004.

capítulo envolvem pesquisa documental e pesquisa de campo, realizadas por meio de entrevistas roteirizadas, observações na própria organização e levantamentos realizados em seu site.

Razão social, localização, fundação e apresentação dos fundadores

Genexis do Brasil – São Paulo: Rua Geraldo Campos Moreira, 164 – 9º andar – CEP 04571-020

Genexis do Brasil – Rio de Janeiro: Avenida Rio Branco, 122 – 5º andar – CEP 20040-001

Genexis Portugal – Quinta da Fonte – Edifício Fórum – Piso 1 – 2780.730 – Paço de Arcos – Lisboa.

A Genexis é uma empresa que atua sob as leis das Ilhas Cayman, 100% controlada pela Internet Business Partners – IBP, uma empresa que tem como controladores de suas ações um grupo de empresários brasileiros, fundadores da Server Serviços de Informação Ltda. – SSI e o Pactual Electra International – PEI, conforme a estrutura de composição societária mostrada na Figura 6.1. As atividades da organização são executadas por subsidiárias operacionais atualmente estabelecidas no Brasil, a Genexis do Brasil, e em Portugal, a Genexis Portugal. Nasceu de uma empresa fundada em 1994, a SSI Server, Sistemas e Serviços de Informação Ltda., pioneira e líder em serviços B2B para o segmento farmacêutico brasileiro. A SSI foi a primeira empresa na América Latina a fazer uso da internet como um ambiente de negócios entre empresas e operar como um marketplace, com processos de gestão da rede de valor farmacêutica e de recursos de integração eletrônica com sistemas corporativos de gestão e sistemas empregados nas empresas pertencentes ao setor.

O alvo do presente estudo está restrito à Genexis Health Inc., incluindo suas subsidiárias operacionais, Genexis do Brasil e Genexis Portugal.

FIGURA 6.1
Composição societária Genexis Health Inc.[2]

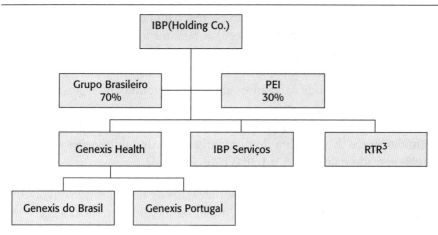

Fonte: Genexis Health Inc., 2004.

Descrição da natureza do negócio

> **Nota**
>
> Nesta fase do processo investigatório, é importante que os estudantes se limitem a descrever a realidade organizacional da forma mais próxima possível da realidade observada, ou seja, sem emitir julgamentos nem externar avaliações acerca dos aspectos tratados. Para tanto, dependem de informações divulgadas pelos contatos estabelecidos com a organização por meio de visitas, entrevistas e consultas ao site da empresa, caso exista. Espera-se que comecem a formar uma imagem da organização menos impressionista e mais realista. Ultrapassar essa visão impressionista será indispensável para a realização conseqüente das etapas posteriores do trabalho.

A organização dedica-se ao negócio de prestação de serviços de gestão eletrônica do fluxo de informações e de transações sobre a demanda, disponibilidade e movimentação de produtos, em cadeias produtivas de segmentos industriais dos setores farmacêutico, veterinário, de higiene e de limpeza.

---

2 As ilustrações constantes no documento relativas à organização foram cedidas pelo diretor de operações da Genexis.

3 RTR – Ready to Run. Trata-se de mais uma empresa controlada pela holding IBP, constituindo-se em um portal de troca de informações entre laboratórios farmacêuticos, distribuidores e farmácias que já estão conectadas à Genexis.

Setor de atividade e produtos

A atividade principal da organização corresponde à prestação de serviços e fornecimento de informações em tempo real para negócios e troca eletrônica de documentos. Os produtos oferecidos buscam fornecer um conjunto de alavancagem de valores para as empresas usuárias, como poder de compra, eficiência de processos, integração da cadeia de suprimentos da indústria, conteúdo e comunidade agregados, eficiência de marketing e gerenciamento de relacionamento de parceiros e negócios. Os produtos fornecidos e em desenvolvimento cobrem os processos que são considerados pela organização os fundamentos da estrutura de um marketplace de informações de demanda, de mercado e de negócios B2B. Os processos são:

- e-demanda: compreende todos os processos de negócios que envolvem o gerenciamento de demanda. Os produtos incluídos nesta categoria são: Demanda Censitária de Produtos – DCP, principal produto da organização: consiste em um conjunto de marketplaces corporativos de informações e de transações de comércio eletrônico que permite às empresas atender às necessidades de informações sobre vendas; Demanda de Produtos Concorrentes – DPC: produto de estudo de market-share, com periodicidade semanal de publicação das informações; CENSOR: produto de tracking que visa à redução do efeito chicote na cadeia de suprimento;

- e-negócios: compreende todos os processos de negócios que envolvem operações comerciais. Os produtos incluídos nesta categoria são: Gestão Virtual de Negócios – Pedidos Eletrônicos – GVN-P: fornece vários serviços focados nos clientes que procuram mecanismos de auxílio, com o objetivo de integrar e automatizar seus processos e atividades de vendas ou aquisição de insumos ou materiais de produção; EMPTOR: produto de Electronic Data Interchange – EDI, que congrega uma estratégia de distribuição e de integração para alinhar a demanda em tempo real com fornecedores e parceiros para melhorar a resposta dos clientes; EMPTOR COMMERCE: produto de gestão de informações e de transações comerciais entre fornecedores e compradores de cadeias de suprimentos;

- e-produção: compreende todos os processos que envolvem operações, produção, logística, desempenho e integração de processos administrativos. Os produtos incluídos nesta categoria são: EMPTOR-VMI – Vendor Managed Inverary: estoque gerenciado pelo fornecedor, produto que congrega uma estratégia de distribuição e de integração para alinhar a demanda em tempo real com fornecedores e parceiros a fim de melhorar a resposta dos clientes; EMPTOR-CMI – Vendor Managed Collaborative: estoque gerenciado pelos fornecedores e compradores, produto que permite à distribuição juntar a capacidade de rastrear a demanda no varejo e os estoques na distribuição com a otimização das operações logísticas dos canais; EMPTOR LOGÍSTICA: produto de gestão eletrônica do fluxo logístico de produtos na cadeia de suprimentos;

- e-marketing: compreende todos os processos que envolvem marketing, com ferramentas de gerenciamento de atividades como análise de campanhas, perfil de clientes, rentabilidade de clientes, retenção de clientes e análise de valor de ciclo de vida, combinados com os objetivos de marketing, usando ferramentas de comunicação on-line. Os produtos incluídos nesta categoria são: Índice Genexis de Demanda de Mercado – IGD-M: produto desenvolvido para previsão da potencialização do mercado e do comportamento demográfico potencial dos compradores; CAPTARE: produto de *tracking* do comportamento do varejo, é um produto de e-business que permite criar uma base de dados de clientes e gerenciar todo tipo de informações por meio dele, usando mecanismos de busca e identificação de conhecimento – também permite determinar padrões de atividades de clientes, bem como determinar padrões relevantes nos modelos de negócios.

Porte das instalações

Um prédio que hospeda servidores corporativos, com solução flexível de armazenamento de dados, de alto desempenho e escalonabilidade. O Data Center é composto por equipamentos de última geração em tecnologia. Uma instalação com monitoramento 24x7x365, que oferece serviços da mais alta qualidade, com processamento e armazenamento de dados, backup e restore automatizados. Conta, ainda, com um Grupo Gerador de 155 KVA (kilo volt ampère) com tempo de entrada de dez segundos, somente para o Data Center; Uninterruptable Power Supply – UPS de 35 KVA, com autonomia de três horas, até a entrada do grupo gerador; fontes redundantes de fornecimento de energia por Rack; aterramento; sistema de prevenção e combate a incêndio, com sensores inteligentes de detecção de fumaça e calor; alarmes integrados, monitorados por painéis de controle. O sistema de refrigeração é que garante a temperatura ideal para todos os equipamentos; módulos de refrigeração redundantes, com unidades de renovação de ar; insuflamento de ar através de piso elevado; 3 chillers, funcionando 2 em redundância e outro como backup, com rede própria de canalização de água gelada, independente do edifício.

O perfil da organização

Características internas

Perfil das lideranças[4]

- Fernando Cabral, 55 anos, fundador e presidente com formação e pós-graduação em Direito de Empresa pelo CEPED da Fundação Getulio Vargas/Ford Foundation, no Rio de Janeiro.

- Helcio Lima, 40 anos, sócio-fundador, vice-presidente de operações e COO com formação e pós-graduação em Tecnologia da Computação pelo ITA/Massachusetts Institute of Technology – MIT.

- Claudio Guimarães, 46 anos, sócio-fundador e vice-presidente de administração e finanças; formado em Ciências Contábeis, com vasta experiência internacional nas áreas contábil e financeira.

Perfil dos colaboradores

A organização conta com 58 colaboradores (base abril/2004), com média de 35 anos de idade. O grau de rotatividade é baixo; em 2003, alcançou aproximadamente 5%. Os quadros 6.1 e 6.2 descrevem o grau de escolaridade e a composição da força de trabalho da organização.

A organização estrutura seu departamento de RH utilizando vários processos: recrutamento, seleção e retenção de colaboradores internos e externos; desenvolvimento dos talentos humanos e habilidades interpessoais; avaliação, premiação e valorização dos talentos humanos e das habilidades interpessoais; gestão da mudança para resolução de problemas e fluxo de informações entre processos e pessoas; sistema de informações de suporte à comunicação interpessoal. As atividades mencionadas fazem parte do Processo de Apoio Gestão de Pessoas, e têm como principal objetivo garantir o alinhamento do fator humano com a estratégia da organização, focando o desenvolvimento humano e organizacional e a transformação de potencial em desempenho superior.

---

4 Todas as informações apresentadas sobre a identificação e descrição dos perfis dos líderes e dos colaboradores foram levantadas por meio de pesquisa documental no site da organização e por meio de entrevistas cedidas pelo vice-presidente de operações da Genexis Health Inc., em abril de 2004.

HISTÓRICO E PERFIL DA ORGANIZAÇÃO

QUADRO 6.1

Grau de escolaridade da força de trabalho

Grau de Escolaridade	Qtde.
Pós-graduados	28
Graduados	16
Em graduação	11
Ensino médio completo	3

Fonte: Genexis Health Inc. 2004, adaptado pelos autores.

QUADRO 6.2

Composição da força de trabalho (inclusive sem relação direta de emprego)

Área/Função	Qtde.	Área/Função	Qtde.
Presidência		**Diretoria de Tecnologia e Operações**	
Presidente	01	Diretor de tecnologia e operações	01
Vice-presidente	01	Gerente de tecnologia da informação	01
Diretoria Adm. Financeira		Supervisor de desenv. de sistemas	01
Diretor administrativo e financeiro	01	Analista de desenv. de sistemas sênior	01
Coordenador de recursos humanos	01	Programador sênior, pleno e júnior	01
Consultor de RH sênior	01	Analista de desenv. de sistemas pleno	01
Consultor de RH pleno	01	Analista de desenv. de sistemas júnior	01
Consultor de RH júnior	01	Supervisor de produção	01
Coordenador de tesouraria	01	Analista de suporte sênior	01
Analista financeiro sênior	01	Administrador de rede	01
Analista financeiro pleno	01	Analista de suporte pleno	01
Analista financeiro júnior	01	Analista de suporte júnior	01
Auxiliar de contas a pagar	01	Analista de banco de dados	01
Auxiliar de contas a receber	01	Operador de computador sênior	01
Controller	01	Operador de computador pleno	01
Analista contábil	01	Operador de computador júnior	01
Analista de custos e orçamentos	01	Gerente de qualidade da informação	01
Coordenador de suprimentos	01	Supervisor de qualidade da informação	01
Comprador técnico	01	Analista de qualidade da informação	01
Desenv. de Novos Negócios		Assistente de qualidade da informação	01
Diretor de desenv. de novos neg.	01	Operador de help-desk	01
Diretoria Médica		**Cargos comuns a todas as áreas**	
Diretor médico	01	Secretária	01

95

QUADRO 6.2

Composição da força de trabalho

Área/Função	Qtde.	Área/Função	Qtde.
Diretoria de Marketing		Coordenador administrativo financeiro	01
Diretor de marketing	01	Assistente administrativo	01
Gerente de CRM	01	Auxiliar administrativo	01
Gerente de marketing	01	Estagiário	01
Gerente de produto	01	Trainee	01
Analista de marketing	01	Copeira	01
Auxiliar de marketing	01	Auxiliar de limpeza	01
Diretoria internacional		Office-boy	01
Diretor internacional	01	Recepcionista bilíngüe	01
Diretoria da Unidade de Negócios			
Diretor da unidade de negócios	01		
Gerente de planejamento de negócios	01		
Gerente de desenvolvimento de mercado	01		
Gerente de contas	01		
Analista de negócio	01		

Fonte: Genexis Health Inc. 2004, adaptado pelos autores.

Apresentação dos departamentos[5]

A organização possui uma estrutura fortemente apoiada em processos, horizontalizada, com pouca formalização do comportamento. A formação da visão horizontal da organização foi uma maneira de aperfeiçoar as interfaces funcionais que são os pontos nos quais o trabalho que está sendo realizado é transferido de uma área para outra, onde ocorrem os erros e a perda de tempo, responsáveis pela maior parte da diferença entre o tempo de ciclo e o tempo de processamento, principal ponto fraco identificado ao bom desempenho dos processos-chave.

O modelo tem orientação fortemente voltada aos objetivos externos da organização; as pessoas são agrupadas e os recursos são alocados para produzir um trabalho completo, em que a informação deve fluir diretamente para onde é necessária, sem o filtro da hierarquia, minimizando a subdivisão dos processos de negócio, um dos grandes problemas enfrentados. Como os líde-

---

5 Todas as informações apresentadas sobre os departamentos da organização foram levantadas por meio de pesquisa documental da organização e por meio de entrevistas cedidas pelo vice-presidente de operações da Genexis Health Inc., em abril de 2004.

HISTÓRICO E PERFIL DA ORGANIZAÇÃO

res dos processos não são os chefes dos colaboradores que atuam nos seus respectivos processos, eles não podem mandar: têm de negociar e exercer influência com competência, e não com autoridade.

A estrutura da organização implica atribuições de responsabilidades de cada processo-chave a um líder. Esse líder tem como atribuição garantir o andamento apropriado ao fluxo do processo, mantendo o ritmo adequado, e eliminar falhas; assegurar a facilitação do relacionamento dos recursos aplicados ao processo, especialmente às pessoas; fazer a avaliação do funcionamento da organização na perspectiva do processo que comanda. No entendimento da organização, os processos-chave representam uma das principais fontes de competências específicas, que realmente fazem a diferença em termos de competitividade, em que buscam dar respostas às principais questões enfrentadas pela organização, e que demonstram como trabalham as pessoas no modelo de processos de negócios e processos de apoio, adotado conforme descrito a seguir:

- Presidência: tem como principal atividade a coordenação do conselho de acionistas e a coordenação das reuniões do conselho de administração, além da coordenação das atividades de gestão estratégica da organização.

- Área de Negócios: tem como principais atividades aquelas pertinentes aos seguintes processos: gestão estratégica, marketing corporativo, desenvolvimento de negócios internacionais.

- Desenvolvimento de Negócios: tem como principais atividades aquelas pertinentes aos seguintes processos: 'aquisição de clientes' e gestão do relacionamento com clientes.

- Desenvolvimento de Mercados/Produtos: tem como principais atividades aquelas pertinentes aos seguintes processos: desenvolvimento de novos negócios e alianças, desenvolvimento de produtos/serviços, gestão do relacionamento com clientes, atividades referentes ao time de negócios de produtos padronizados, atividades referentes ao time de negócios de produtos de informação, atividades referentes ao time de negócios de produtos de e-business.

- Operações & Produtos e-business: tem como principais atividades aquelas pertinentes aos seguintes processos: gestão de operação, atendimento de pedidos de serviços, gestão do relacionamento com clientes, atividades referentes ao time de negócios de produtos padronizados, atividades referentes ao time de negócios de produtos de informação, atividades referentes ao time de negócios de produtos de e-business.

ESTÁGIO SUPERVISIONADO E TRABALHO DE CONCLUSÃO DE CURSO

- Produtos de Informação: tem como principais atividades aquelas pertinentes aos seguintes processos: gestão do relacionamento com clientes, atividades referentes ao time de negócios de produtos padronizados, atividades referentes ao time de negócios de produtos de informação.

- Fontes de Informação: tem como principais atividades aquelas pertinentes aos seguintes processos: gestão de fornecedores, garantia da qualidade, atendimento de pedidos de serviços, gestão do relacionamento com clientes, atividades referentes ao time de negócios de produtos padronizados, atividades referentes ao time de negócios de produtos de informação.

Tecnologia da produção[6]

A tecnologia de produção usada pela organização contempla as tecnologias que dão suporte a produtos e serviços de e-business. Essas tecnologias são divididas em produção de implementação comum e específica.

Tecnologias de produção de implementação comum atendem a quaisquer tipos de organizações que sejam clientes da Genexis. Na produção dos serviços de e-business existem grupos de tecnologias de produção: das aplicações usadas em e-business; de banco de dados para apoio na produção dos serviços de informação e de e-business; de produção dos serviços de portais B2B; de produção dos serviços de integração e de comunicação de dados; de produção dos serviços de informação e e-business por intermédio da web; de produção orientada a dar segurança às organizações usuárias dos produtos e serviços Genexis. Essas tecnologias são utilizadas tanto para serviços de informações quanto para serviços de e-business.

As tecnologias de produção de implementação específica são próprias das funcionalidades a serem franqueadas aos clientes Genexis, e tratam de particularidades dos negócios de cada organização usuária. Na produção de serviços de informação e de e-business existem grupos de tecnologias: produção de serviços de comércio eletrônico; relacionamento com os clientes; marketplace de leilões eletrônicos; gestão da cadeia de suprimentos e de demanda; produção de informações de mercado. Essas tecnologias são especificamente desenvolvidas pela Genexis e adquiridas de terceiros para atender aos requisitos de seus clientes.

---

6 Todas as informações apresentadas sobre a tecnologia da produção foram levantadas por meio de entrevistas cedidas pelo vice-presidente de operações da Genexis Health Inc., em abril de 2004.

Principais equipamentos[7]

A organização conta com conjunto de recursos de infra-estrutura tecnológica, com investimentos da ordem de US$ 6 milhões: um total de 23 servidores, da linha DL580, DL380 e Proliant, em que os 'tops' são os P8500, equipamentos estes de alta disponibilidade e desempenho, com 8 Gb de memória e 8 processadores cada, fornecidos e assistidos 24x7x365 pela Compaq.

Os equipamentos de rede são fornecidos pela Cisco Systems, a qual foi responsável também pelo projeto de implantação da referida rede. Essa infra-estrutura garante alto nível de desempenho e contingência, gerenciamento e monitoramento dos equipamentos, escalabilidade para o futuro.

O portal Genexis é protegido pelo protocolo Pretty Good Privacy – PGP, para autenticação e validação dos usuários fornecidos pela Network Associates. Há ainda o Socket Security Layer – SSL, com chave de encriptação de 128 bits que visa proteger os dados de serem capturados quando da transmissão via internet. Os componentes de segurança são: proxy, firewall, VPN (Virtual Private Network), detectores de intrusos, autenticação, criptografia, segurança de conteúdo. No que se refere à comunicação, a organização possui link com a Embratel com uma capacidade de transmissão de, no mínimo, 5 Mbit/s, e pode crescer mais 3 Mbit/s, e ainda com um Backbone de 157 Mbit/s. Principais prestadores de serviços: Internet, em Fibra, Embratel, em Rádio, DIVEO, como contingência, Dialer Nacional Embratel, VIP Fone Embratel, VPN da AT&T.

A organização opera com um sistema de armazenamento de dados que tem como principal característica sua alta disponibilidade – Non Stop –, cuja capacidade atinge 18 terabytes de disco e 32 GB de memória. O sistema é todo fornecido pela EMC Corporation. Os softwares são desenvolvidos exclusivamente para este fim; ou seja, não é apenas uma solução de hardware, existe toda uma inteligência no gerenciamento do armazenamento. Utiliza ferramenta ETL, ferramenta de extração, transformação e carga, que confere competitividade em relação ao mercado, possibilitando a captura de arquivos em qualquer formato (DBF, Excel, TXT etc.) e também em qualquer layout, o que proporciona facilidade aos clientes, pois eles não precisam despender seu tempo fazendo uma aplicação no layout padrão Genexis; eles simplesmente enviam os dados necessários da maneira que for mais conveniente.

---

7 Todas as informações apresentadas sobre os principais equipamentos foram levantadas por meio de pesquisa documental no site da organização e por meio de entrevistas cedidas pelo vice-presidente de operações da Genexis Health Inc., em abril de 2004.

Principais processos[8]

A organização adota um design organizacional e a operação acontece com vários grupos de trabalho que são responsáveis por todo o processo de produção da companhia. Como produção deve ser entendido o processo que tem início no instante em que um novo cliente/projeto é obtido pela área de negócios da organização até o conjunto de atividades que garantem a manutenção, a fidelização e a satisfação dos clientes de cada uma das áreas de negócio da organização. Esse modelo representa a presença de toda a produção da organização em partes (grupos), de tal forma que passa a ser possível a efetiva administração, como forma de identificação dos problemas, com determinação das causas e avaliação das conseqüências da estrutura atualmente em uso.

A organização possui dois grupos de processos: os processos de negócio e os processos de apoio ao negócio. Os processos de negócio são os que reúnem atividades diretamente ligadas às competências essenciais da empresa, e devem ser executados pelos seus próprios colaboradores. Os processos de apoio contemplam atividades importantes para os processos de negócio, mas não diretamente ligadas ao core business e que não demandam suas competências essenciais.

Processos de negócios

O negócio da Genexis está estruturado em um total de cinco processos de negócio que se apresentam de forma consistente e estruturada e estão diretamente relacionados à criação de valor para os seus clientes. São eles: Gestão Estratégica, que analisa de forma contínua, sistemática e estruturada o contexto competitivo, originando diretrizes e ações estratégicas, estabelecendo um fluxo de comunicações; Desenvolvimento de Novos Negócios, Alianças e Aquisições, que tem como objetivo expandir continuamente os negócios da organização; Desenvolvimento de Negócios Internacionais, que visa expandir os negócios da organização em outros países; Aquisição de Clientes, que busca expandir continuamente os negócios das unidades; e Gestão do Relacionamento com Clientes, que tem como objetivo maximizar a satisfação dos clientes, por meio de ações de agregação de valor percebido.

Processos de apoio

A Genexis conta com oito processos de apoio que dão suporte aos processos de negócios e aos fatores internos à empresa. São eles: Garantia da Qualidade,

---

8 Todas as informações apresentadas sobre os processos de negócios e processos de apoio das operações da Genexis Health Inc. foram levantadas por meio de pesquisa documental da organização e por meio de entrevistas cedidas pelo vice-presidente de operações da Genexis Health Inc., em abril de 2004.

HISTÓRICO E PERFIL DA ORGANIZAÇÃO

que permite a integridade da informação ao cliente; Gestão da Operação, que garante atendimento dos requisitos do negócio e dos clientes de forma eficiente e eficaz; Desenvolvimento de Produtos/Serviços, que contribui para a expansão dos negócios e das unidades da organização por meio da inovação em produtos e serviços; Marketing Corporativo, que gerencia a identidade corporativa, colaborando para alavancar negócios por meio da administração da imagem institucional (foco externo) e garantindo a consistência do portfólio (foco interno); Gestão de Fornecedores, que garante o modelo de gestão, por meio da integração dos parceiros, dos custos e da qualidade no fornecimento; Atendimento de Pedidos de Serviços, que agrega valor, por meio de geração de receita e melhoria dos produtos; Planejamento e Controle, que garante consistência econômico-financeira da organização e provê informações para a tomada de decisão; e Gestão de Pessoas, que garante o alinhamento do fator humano com a estratégia da organização, focando o desenvolvimento humano e organizacional.

Características externas

Principais mercados

O contexto em que se insere o negócio da organização é o de gestão de cadeias produtivas, em particular as que movimentam produtos por meio de canais de distribuição, além da realização da venda direta ao consumidor final. Nessa cadeia, os principais participantes são as entidades representadas no diagrama da Figura 6.2. Tais mercados englobam atualmente Brasil e Portugal, objetivando a expansão para os mercados da Espanha e México.

O relacionamento existente entre os participantes das comunidades de organizações e a Genexis, bem como entre seus próprios membros, divide-se em informações de demanda, de mercado, de fluxo de informações inerentes à cadeia produtiva e em transações B2B e/ou B2C entre os diversos participantes dessa comunidade. Para o atendimento dessas necessidades de negócio, identificadas junto a esse mercado, a proposta da organização reside em fornecer soluções de negócios colaborativos eletrônicos, atendendo aos seguintes processos de interesse do mercado: gestão de informações da cadeia de valor, gestão da cadeia de demanda, gestão da cadeia de fornecimento e gestão do relacionamento B2B.

FIGURA 6.2

Diagrama de contexto de negócios Genexis

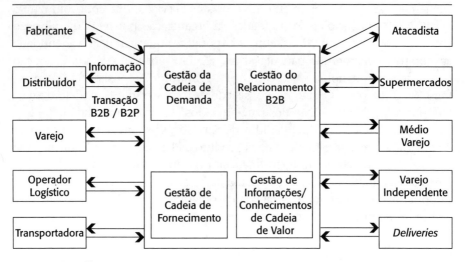

Fonte: Genexis Health Inc., 2004.

Clientes

Tipos de clientes

Os clientes atuais da organização são os fabricantes da indústria farmacêutica, no Brasil e em Portugal, da indústria de consumo e prestadores de serviços de operação logística. Tais clientes são subdivididos em grandes grupos, tais como:

- Farmacêutico:
  - fabricantes multinacionais:
    - produtos com proteção de patentes e reconhecimento de marca;
    - produtos Over the Counter – OTC;
    - produtos genéricos.
  - fabricantes nacionais:
    - produtos similares;
    - produtos OTC;
    - produtos genéricos.

Os clientes potenciais e atuais em novos segmentos para a organização são classificados da seguinte forma:

- Empresas que compõem os canais de distribuição farmacêuticos – distribuidores exclusivos, distribuidores não exclusivos, atacadistas, redes de varejo;

- Empresas fornecedoras para os fabricantes da indústria farmacêutica – fornecedores de matéria-prima, fornecedores de insumos, fornecedores de produtos de manutenção e operação;

- Empresas do setor veterinário – fabricantes, distribuidores exclusivos, distribuidores não exclusivos, atacadistas, redes de varejo;

- Empresas do setor de higiene e limpeza – fabricantes, distribuidores exclusivos, distribuidores não exclusivos, atacadistas, redes de varejo;

- Empresas do setor de produtos de consumo – fabricantes, distribuidores exclusivos, distribuidores não exclusivos, atacadistas, redes de varejo.

Principais clientes

A organização classifica como principais clientes: Allergan, Astra Zeneca, Banescaixa, Biolab Sanus, Biosintética, Boehringer Ingelheim, Eli Lilly, Farmalab Chiesi, Farmoquímica, Glaxo Wellcome, Janssen-Cilag, Pfizer, Pro Odonto, Pharmacia, Procter & Gamble, Ranbaxy, Roche, Sadincremental, Samp, Schering-Plough, Smithkline, TRB, Pharma, UCI Farma, União Química, Whitehall Farmalab e Chiesi, Gross, GSK, Grupo SEM, IMS Health, MSD, Novartis, Valda e Wyeth.

Necessidades dos clientes

As necessidades dos clientes da organização podem ser divididas em dois grandes grupos. No primeiro grupo, necessidades de informações referentes ao mercado em que possam conhecer sua própria demanda, a demanda do mercado em que atua com seus concorrentes, além de informações adicionais que influenciem o fato gerador dessa demanda. Com base nessas informações, publicadas e atualizadas diariamente, os usuários podem apoiar suas decisões de negócios. No segundo grupo, necessidades de gestão de processos de logística, administração e certificação da rede de fornecedores, controle dos lançamentos de produtos com subseqüente aferição de resultados, planejamento, previsão e gestão da demanda, das vendas e controle dos níveis de inventário.

Fornecedores

O relacionamento é regido pelo alto poder de barganha existente, favorecendo aos fornecedores, em função do alto grau de concentração deles. Trata-se de fornecedores de infra-estrutura de telecomunicações, equipamentos necessários à operação de Internet Data Centers, bem como os softwares necessários ao seu adequado funcionamento. Problemas eventuais ocorrem principalmente quando da negociação e renegociação dos contratos de manutenção, com periodicidades desde anuais até trianuais; tais fornecedores fazem uso desse mecanismo e dessa necessidade, para forçar a organização a substituir ou atualizar seu parque instalado, ou os serviços contratados, provocando a obsolescência dos produtos e serviços atualmente em operação.

Atualmente, os fornecedores da indústria na qual a Genexis atua apresentam índice de concentração maior do que os compradores, de modo que essa alta concentração contribui para o aumento do poder de barganha desses fornecedores, pois não existem opções no que tange a fornecedores de infra-estrutura em telecomunicações, como também em fornecedores de software e outros produtos e serviços específicos. No que tange a substitutos dos fornecedores atuais, a Genexis possui poucos substitutos, ou eles são inexistentes, o que também contribui para um alto poder de barganha.

Os fornecedores dividem-se em categorias: hardware – Compaq, EMC, Cisco, Sun Microsystems; software – Microsoft, Oracle, Sybase, Sun Microsystems, Cisco, EMC, Veritas, CheckPoint, NAI, Business Objects, Borland, MapInfo, WebMethods & i2; telecomunicações – Embratel, Telefônica, AT&T; aplicações – Microsiga, Pampabytes. Dados & informações – distribuidores, atacadistas e redes de varejo dos mercados farmacêuticos – CPG, IBGE, Indicador, Toledo & Associados, Instituto Eugênia Paezani, MultiSpectral; serviços de manutenção – Planus, Sistenac; auditoria – Bearing Point (antiga KPMG); consultoria – Accenture, PWCoopers.

Aspectos competitivos da organização

Os aspectos competitivos da organização podem ser caracterizados de acordo com as suas capacitações. São elas: capacidades estratégicas – são as habilidades inerentes aos executivos e profissionais da organização para a implantação das estratégias necessárias ao conhecimento do negócio de seus clientes, bem como do próprio negócio da organização; capacidades funcionais – são as habilidades desenvolvidas pela organização na elaboração, implantação e gestão dos processos de negócio necessários à operação nos segmentos de informações de mercado em tempo real e de e-marketplaces B2B; capacidades operacionais – são as habilidades desenvolvidas pela organização para a captura, armazenamento, processamento, controle de qualidade, disponibilização, personalização e, principalmente, operação de grandes volumes de informações de mercado e transações de e-business, com periodicidade diária, em tempo real, integrando empresas com sistemas de informação e gestão heterogêneos, via internet.

Tais capacitações combinadas definem os aspectos competitivos da organização e suas competências essenciais, permitindo a criação de vantagens para seus clientes, como: agilidade – competência responsável pela disponibilização de produtos e serviços, desde informação de demanda e de mercado em tempo real até a implantação de projetos de e-business em períodos inferiores a 30 dias; flexibilidade – capacidade de personalização de produtos e serviços, além de grande competência na adaptação a mudanças das necessidades dos clientes, bem como modificações ocorridas no ambiente de mercado, permitindo total liberdade na customização ou criação de novos produtos e serviços pelos próprios clientes, combinando-os com os já fornecidos pela organização; interoperabilidade – capacidade de integração entre os produtos e serviços oferecidos aos sistemas heterogêneos dos clientes, plataformas distintas e fluxos de atividades e de práticas que necessitam operar harmonicamente sem a necessidade de padronização de atividades, regras e modelos de negócio e de receitas; e conectividade – capacidade de conectar e operar um amplo e extenso número de empresas e sistemas interligados, compostos por vários elos da cadeia produtiva (como fabricantes, canal de distribuição e varejo), dando a qualquer usuário dos produtos e serviços oferecidos pela organização a oportunidade de obter ganhos de escala e efeitos de conectividade em rede imediatos. Apresenta como síntese dos aspectos competitivos: conhecimento do mercado, do negócio e das suas melhores práticas em informações em tempo real e de gestão de redes de suprimentos; informação em tempo real; atualização tecnológica com completa infraestrutura de tecnologia da informação e de aplicações state-of-the-art (estado da arte) para redes de suprimentos conectadas por meio de soluções de e-business.

Principais oponentes[9] diretos e indiretos

Não existem oponentes diretos, com o mesmo formato de serviço (informação em tempo real e gestão da rede de suprimentos), mas a organização considera como oponente toda empresa, pessoa ou entidade que possa suprir as mesmas necessidades a que ela propõe-se a atender. Para considerar as ameaças do mercado, a organização enumera os oponentes em grupos. São eles:

---

9 Termo utilizado pela Genexis Health Inc. quando se refere a concorrentes.

ESTÁGIO SUPERVISIONADO E TRABALHO DE CONCLUSÃO DE CURSO

- Empresas de informação – existem no mercado empresas que oferecem informações de mercado, mas o tempo de disponibilização das informações ocorre entre 30 a 60 dias, e essas empresas utilizam métodos de amostragem e tecnologias de EDI, ultrapassadas e de custo elevado. No entanto, essas empresas possuem grande tradição no mercado de saúde, bons relacionamentos, marketing agressivo e alcance global.

- Sistemas próprios de EDI – laboratórios e distribuidores que decidem por sistemas próprios de coleta, troca e armazenamento de dados.

- Marketplaces voltados ao setor de saúde – apesar de atuarem apenas em parte do tipo de negócio como o da Genexis, marketplaces que ofereçam soluções de e-commerce são potenciais concorrentes de peso.

Comparados aos produtos dos oponentes, as funcionalidades dos produtos Genexis são incontestáveis; enquanto seu mais importante oponente fornece informações amostrais com uma defasagem de pelo menos três meses entre a captação dos dados e o seu fornecimento, a Genexis oferece uma informação sobre a demanda dos produtos farmacêuticos em tempo real, possuindo uma vantagem de alto valor, de grande utilidade para seus clientes, o que promove grande diferencial da organização em relação aos seus oponentes.

A seguir, a descrição sintética do perfil dos principais oponentes, que são:

- Web – provedor horizontal de serviços B2B, focado em suprimento indireto, tal qual um mercado horizontal.

- Proceda – provedor de serviços com valor agregado, sem experiência na indústria farmacêutica, iniciando o fornecimento de WebEdi, atendendo fabricantes que desejam ter seu próprio site de operação B2B.

- Mercado Eletrônico – empresa operando leilão reverso e e-procurement, com compradores e fornecedores do mercado químico e outros segmentos, incluindo a indústria farmacêutica. Não opera ainda por meio de aplicativos pela web.

- IMS – empresa com mais de trinta anos de experiência e operando em mais de noventa países. É o líder mundial como provedor de informações e soluções para a indústria farmacêutica de saúde, e ainda não está operando pela web no Brasil. O produto principal do IMS é o PMB, Mercado Farmacêutico Brasileiro, com o propósito de avaliar o desempenho desse mercado mundial.

Descrição de programas institucionais

A Genexis financia uma unidade de negócios pertencente ao mesmo grupo empresarial, a IBP, com programa assistencial (conhecido como Comunidade Fácil) que atua em comunidades carentes da cidade do Rio de Janeiro, nas favelas do Morro do Alemão e da Rocinha. Esse programa leva para as populações das classes C, D e E postos de atendimento comunitário que operam como correspondentes bancários, operados pela própria comunidade, empregando pessoas dessa mesma comunidade, permitindo que seus moradores possam pagar suas contas, adquirir cidadania por meio da abertura de contas populares; todo o risco das operações financeiras e bancárias é suportado pelo grupo IBP. Ainda de acordo com os procedimentos da organização, as empresas têm de cumprir o compromisso de sobreviver no mercado, cumprindo com as suas obrigações tributárias e legais, oferecendo condições de trabalho com investimentos no desenvolvimento intelectual de seus colaboradores; a organização acredita que este seja o principal meio de envolvimento com a sociedade. Além disso, todo fim de ano, a organização efetua doações de brinquedos a creches indicadas de forma aleatória pelos seus colaboradores. Essas doações não são estruturadas.

Histórico da busca pela excelência[10]

O histórico da busca pela excelência da organização teve seu início em 1994, com a criação da primeira plataforma de troca eletrônica de documentos, usando recursos de microcomputadores e redes locais, diferenciando-se das grandes empresas prestadoras de serviços, como IBM, Interchange e Embratel, que tinham seus serviços amparados em computadores de grande porte (*mainframes*), tornando assim os serviços mais caros e atrasados tecnologicamente, quando comparados à inovação trazida pela SSI. Com isso, a SSI promoveu grande salto de qualidade, tanto para seus próprios processos quanto para o serviço prestado a seus clientes, aumentando significativamente a produtividade da organização (R$ faturados / R$ investidos).

Em 1995, venceu a concorrência da indústria farmacêutica para integrar laboratórios, distribuidores e redes de farmácias. Com isso, inovou, trazendo para a indústria de serviços o primeiro site B2B (business-to-business) do Brasil, proporcionando a seus clientes o uso de recursos disponíveis pela tec-

---

10 Todas as informações apresentadas sobre o histórico pela busca da excelência foram cedidas pelo vice-presidente de operações da Genexis Health Inc., levantadas por meio de entrevista em abril de 2004.

nologia de internet, os quais passaram a permitir novamente um incremento da qualidade dos serviços prestados pela SSI e consumidos por seus clientes, bem como a socialização do acesso às informações e às transações disponibilizadas pelo primeiro marketplace B2B para esse segmento.

Em 1996, a SSI implementou o primeiro sistema de controle de qualidade da informação existente no mundo, para o tratamento de grandes bases de dados inter-organizacionais, desenvolvendo os primeiros modelos econométricos (conceito adequadamente utilizado) de gestão da qualidade semântica de informações organizacionais, com a colaboração da Fundação Vanzolini.

Em 1997, a SSI iniciou suas atividades de comércio eletrônico por meio do site www.server200.com.br, desenvolvendo projetos de gerência via internet e e-commerce, ligando as empresas, seus distribuidores e seus revendedores. Além disso, à SSI inaugurou sua primeira aliança estratégica e tecnológica com a Microsoft, tornando-se um parceiro estratégico no desenvolvimento de novos produtos para o mercado latino-americano, proporcionando a SSI o acesso privilegiado a tecnologias emergentes e o compartilhamento de conhecimento com centros de excelência de desenvolvimento de software e aplicações com a maior empresa de software do mundo.

O ano de 1999 foi marcado pelo início das negociações com o fundo de investimentos Pactual-Electra, buscando investimentos que seriam aplicados na total reformulação das infra-estruturas tecnológica, de pessoas e de capital intelectual corporativo, visando à globalização de suas operações, bem como à expansão de suas atividades para outros segmentos de indústria, além do farmacêutico.

Tais investimentos foram, na mesma época, também demandados em função das atividades pertencentes ao processo de certificação – ANO2000 – desenvolvido pela Fundação Vanzolini, por solicitação da Pfizer Incorporated. Como resultado, a SSI passou a ser o único fornecedor de serviços B2B certificado pela Fundação, bem como pela Pfizer; isso capacitou a SSI como organização Bug Free (livre de erros) para o ano de 2000. Neste mesmo ano, o fundo investiu US$ 15,5 milhões na IBP, principal controladora da SSI. A SSI adquiriu participação no portal Healthlink, e surgiu o portal B2B Genexis. A Genexis Health Inc. implementou a reformulação em sua infra-estrutura, contemplando tecnologia, gestão de pessoas e de processos, contando com a colaboração das organizações de consultoria Accenture (antiga Andersen Consulting), Bearing Point (antiga KPMG) e Price Waterhouse Coopers para elaborarem e implementarem os planos diretores infra-estruturais descritos anteriormente.

Em 2001, a Genexis iniciou suas operações transnacionais, com o início de suas atividades em Portugal, tornando-se a primeira empresa brasileira B2B a instalar-se fora do Brasil. Em 2002, a Genexis implementou o método de gestão de operações de serviços, com a orientação e consultoria da Corrêa e Associados, empresa presidida pelo professor doutor Henrique Corrêa, obtendo em 2003 o reconhecimento *Year´s Case* (caso do ano) das Universidades de Miami, Harvard e Warwick, passando a ser adotado em suas escolas de gestão e de *operations management* como o exemplo de sucesso em gestão de redes de suprimentos para cadeias B2B. Além disso, a Genexis implantou no ano de 2002 a gestão de projetos, baseada em Project Management Book of Knowledge – PMBOK e Project Management Institute – PMI. O objetivo da implantação foi dar maior produtividade ao desenvolvimento dos novos produtos e da implementação dos novos projetos em escala internacional, e com um portfólio de bens e serviços de software amplo o bastante para demandar tais práticas de gestão. O Quadro 6.3 ilustra isto.

QUADRO 6.3

Resultados alcançados

ANO	PRÊMIO	PUBLICAÇÃO
2001	Nº 6 no Brasil por volume de transações	*INFO Exame*
2001	Nº 1 no Brasil em e-marketplace farmacêutico	*B2B Magazine*
2002	Nº 4 no Brasil por volume de transações	*INFO Exame*
2003	Nº 1 no Brasil por volume de transações	*INFO Exame*
2004	Nº 1 no Brasil por volume de transações	*INFO Exame*

Fonte: Genexis Health Inc., abril 2004, adaptada pelos autores.

7

Descrição das Práticas de Gestão, Avaliação, Pontuação e Identificação dos Pontos Fortes, Moderados e Passíveis de Melhoria

Ao término do capítulo, o leitor será capaz de solucionar as seguintes dúvidas:

- Em que termos é possível descrever as práticas de gestão adotadas pela empresa investigada?

- Que pontuação é possível atribuir aos itens que integram os oito critérios de avaliação concebidos pela FNQ?

- Concluídas a avaliação e a pontuação dos referidos itens, quais são as evidências que justificam os pontos fortes, os pontos moderados e os pontos passíveis de melhoria identificados?

Nota

Esta etapa do trabalho corresponde ao segundo bimestre e, ao ser finalizada, marcará o término do Estágio Supervisionado. A experiência permite assegurar que é a etapa mais exigente, porque é a mais complexa do todo o processo que envolve os programas de Estágio Supervisionado e de Trabalho de Conclusão de Curso, na medida em que: a) exige muito tempo dos entrevistados; b) pressupõe que os entrevistados tenham substantivo conhecimento em gestão para poder interpretar as questões e respondê-las adequadamente (satisfatoriamente); c) depende de elevado domínio técnico, conceptual e teórico por parte dos estudantes para permitir a elaboração de roteiros de entrevistas conseqüentes, explicação acerca do sentido de algumas questões para o entrevistado, interpretação do material resultante das entrevistas, criatividade para buscar meios que permitam completar e/ou corrigir informações recebidas, de outro modo. Além disso, requer organização de texto técnico cujo conteúdo descreva satisfatoriamente as práticas de gestão, traduza a avaliação e a pontuação das práticas de gestão descritas e reúna justificativas consistentes sobre a pontuação atribuída. Dessa forma, os estudantes estão construindo o alicerce que sustentará o diagnóstico organizacional.

Nesta segunda etapa do Estágio Supervisionado, serão mobilizados os esforços necessários com os seguintes objetivos: discutir os conceitos-chave, presentes nos critérios formulados pela FNQ (esses conceitos estão baseados em pesquisa bibliográfica a materiais publicados na forma de livros e artigos divulgados em revistas técnico-científicas); elaborar o Relatório da Gestão da Genexis, a partir da descrição de suas práticas de gestão, obtidas por meio de pesquisa de campo realizada com o suporte de entrevistas concentradas em diretores e colaboradores da organização; identificar, a partir do relatório, os pontos fortes, os moderados e os pontos passíveis de melhoria; pontuar os critérios e aspectos e estabelecer a Síntese da Pontuação de acordo com a FNQ; e, finalmente, elaborar o Diagnóstico Organizacional.

Avaliação dos critérios de excelência

O objetivo deste capítulo é a elaboração do Relatório da Gestão e do Relatório de Avaliação, seguida do Diagnóstico Organizacional da organização alvo do estudo, com base nos requisitos da FNQ, versão Primeiros Passos.

O Relatório da Gestão apresenta as práticas de gestão utilizadas, os respectivos padrões de trabalho dessas práticas, incluindo os responsáveis e a periodicidade de realização, além da aplicação das práticas e padrões, evidencian-

DESCRIÇÃO DAS PRÁTICAS DE GESTÃO, AVALIAÇÃO, PONTUAÇÃO E IDENTIFICAÇÃO DOS PONTOS...

do, inclusive por meio de exemplos, a disseminação e a continuidade de tais práticas. O Relatório da Gestão, além de apresentar informações sobre os enfoques aplicados no sistema de gestão, apresenta os resultados alcançados, de acordo com que é solicitado pelos critérios.

O Relatório de Avaliação das práticas de gestão adotadas e os resultados obtidos pela organização, com base nos critérios propostos pelo modelo, têm como objetivo determinar uma pontuação e identificar os pontos fortes, os pontos moderados e as oportunidades para melhoria do sistema de gestão, tendo como objetivo maior fornecer um instrumento para o desenvolvimento do Diagnóstico Organizacional.

No Diagnóstico Organizacional com base no Relatório da Gestão e Relatório de Avaliação, é apresentada a pontuação global da organização, apontando os pontos fortes, os pontos moderados e as oportunidades para melhoria e o estágio em que a organização está.

Esta parte tem como início pesquisas bibliográficas para suporte a elaboração de texto conclusivo do entendimento teórico de cada um dos oito critérios de excelência da FNQ. A finalidade é proporcionar confiabilidade ao exercício de definição dos conceitos básicos envolvidos em cada um desses critérios.

Nota

A estrutura deste capítulo está fortemente orientada pelos oito critérios do PNQ – Liderança, Estratégias e Planos, Clientes, Sociedade, Informação e Conhecimento, Pessoas, Processos e Resultados – e os Fundamentos de Excelência traduzidos nas práticas de gestão descritas nos critérios 1 a 7 e nos resultados apresentados no critério 8.

Liderança

Orientar e dirigir outras pessoas a fim de alcançar metas produz um impacto importante nas tomadas de decisão das organizações, porque os líderes têm a capacidade de motivar ou a autoridade de incentivar e recompensar as pessoas e impor o cumprimento de regras e diretrizes da organização, bem como de seus próprios pontos de vista. Os líderes devem unir duas preocupações a fim de conseguir resultados eficazes: a primeira é a relacionada com a atenção à produção (tarefa), e a segunda é a relacionada com a atenção às pessoas. Estas duas preocupações são complementares e não mutuamente excludentes, com o líder sendo capaz de administrar a atenção dependendo das necessidades das partes interessadas (sejam elas internas ou externas) da organização.

Para Chiavenato (2002, p. 53), "o comportamento da liderança deve enfatizar o desempenho de alta qualidade e as melhorias do desempenho atual, demonstrando confiança nos subordinados e ajudando-os na aprendizagem de como alcançar objetivos elevados para melhoria contínua".

Liderança é a capacidade de conduzir um grupo de pessoas, influenciando seus comportamentos e ações, para atingir objetivos e metas de interesse comum desse grupo, de acordo com uma visão de futuro, com base em um conjunto coerente de idéias e princípios. Para Chiavenato (2002, p. 51), "liderança é a capacidade de influenciar de maneira simbólica e não coercitiva as pessoas. O líder deve ser capaz de alcançar objetivos por intermédio dos liderados". Um sistema de liderança eficiente ajudará no sucesso da força de trabalho, que ajudará no sucesso das partes interessadas e, conseqüentemente, no sucesso da organização. A ação da alta direção e dos demais líderes deve conduzir ao equilíbrio no atendimento das necessidades de todas as partes interessadas, promovendo o desenvolvimento da organização de forma harmônica, sustentada e virtuosa. Conforme o tipo do liderado e a ocasião, o líder tende a agir de diferentes maneiras: ordena, comanda, motiva, persuade, dá exemplos pessoais, compartilha problemas e ações, ou delega e cobra resultados, alterando a forma de agir de acordo com a necessidade de cada momento e com o tipo de liderado, com vistas a alcançar os objetivos da organização. Segundo a FPNQ (2003, p. 55), "sistema de liderança corresponde a um conjunto de atividades e práticas que caracterizam como a liderança é exercida, isto é, os procedimentos, os critérios e a maneira como as principais decisões são tomadas, comunicadas e conduzidas, em todos os níveis da organização".

Os líderes são decisivos para influenciar a cultura da excelência das organizações. O líder precisa não só do respeito dos seus seguidores, mas também prover um padrão de conduta ética aos liderados. Chiavenato (2002, p. 55) argumenta que "o estilo de liderança da organização influencia a maneira de agir da força de trabalho. A participação pessoal, ativa e continuada da alta direção cria clareza e unidade de propósito na organização e nas pessoas, direcionando-as para a busca da excelência". Para a FPNQ (2003, p. 51), "a excelência corresponde à situação excepcional da gestão e dos resultados obtidos pela organização, alcançada por meio da prática continuada dos fundamentos do modelo sistêmico". A força propulsora da excelência organizacional está embasada na capacidade e no comprometimento da alta direção em liderar um sistema de gestão eficaz, que estimule as pessoas a um propósito comum e duradouro, considerando os valores, as diretrizes e as estratégias da organização e comprometendo-as com os resultados. A organização deve seguir um conjunto de orientações (diretrizes organizacionais), como a missão, a visão, os valores, os credos, as políticas, os códigos de conduta, dentre outros. Segundo Dessler (1997, p. 165), "a criação do comprometimento requer um programa administrativo abrangente e de múltiplas práticas, que consiste em um pacote de ações, políticas concretas. Se uma organização deseja o comprometimento dos funcionários, é preciso que haja missão e valores com os quais se comprometer". Para o autor (1997, p. 171), missão é a razão de ser de uma organização, e visão corresponde ao estado que a organização deseja atingir no futuro. Os valores organizacionais correspondem aos entendimentos e expectativas que descrevem como os profissionais da organização se comportam, e sobre os quais todas as relações organizacionais estão baseadas.

Para a organização, é essencial estabelecer um processo efetivo de comunicação da cultura da excelência para as partes interessadas; isso facilita o fluxo de informações entre as pessoas e entre as diversas áreas, e se estabelecem, assim, as condições necessárias à fluidez efetiva dos processos inerentes aos negócios da organização. A integração entre os colaboradores promove maior aproximação entre eles, e, acima de tudo, define melhor quem é quem, quem faz o quê, por que faz, como faz etc. Segundo Dessler (1997, p. 167),

> o comprometimento é formado com base em confiança, e esta requer um diálogo de mão dupla. A liderança deve esforçar-se para criar um forte sentimento comunitário entre os colaboradores da organização; em outras palavras, para criar comprometimento com a cultura da excelência, a liderança deve estimular uma sensação de comunhão (coesão, posse e participação em um todo).

A FPNQ (2003, p. 13) esclarece que "a busca da excelência do desempenho e o êxito na missão requerem uma forte orientação para o futuro e disposição de assumir compromissos de longo prazo com todas as partes interessadas, demonstrando a intenção de continuidade das atividades da organização". Por meio do comportamento ético, das suas habilidades de planejamento, comunicação e análise crítica do desempenho, e sua capacidade de estimular a motivação nas pessoas, a liderança serve de exemplo para todos, desenvolvendo um sistema de liderança em todos os níveis, capaz de manter o engajamento das pessoas na causa da organização. Dessa forma, há um claro senso de direção quanto aos rumos do negócio da organização, promovendo engajamento e comprometimento das pessoas. A definição clara dos objetivos de cada um e o que a organização espera deles, o enxugamento dos processos com a eliminação de muitos elos, estabelece um processo de gestão e comunicação mais ágil.

Relatório da gestão

> **Nota**
>
> Com base nas respostas obtidas com a realização de entrevistas com os representantes da organização investigada, tendo como guia roteiros detalhados, previamente elaborados pelos estudantes (ver material complementar no site do livro), levando em consideração os requisitos propostos pelos critérios (oito), itens (dois ou três, por critério) e expressos por meio dos aspectos de avaliação (cinco por item) presentes nos procedimentos propostos pelo PNQ, os estudantes descrevem, avaliam, pontuam e identificam os pontos fortes, moderados e passíveis de melhoria. Cabe esclarecer que o desdobramento dos itens em Aspectos de Avaliação é procedimento específico em avaliações que envolvem 500 pontos; conseqüentemente, não está previsto em avaliações orientadas por 1.000 pontos.

Sistema de liderança

O Sistema de Liderança apóia-se na composição da alta administração, conforme apresentado no Perfil da Organização, com a respectiva relação nominal, e na estrutura de comitês que enfatiza a atuação multifuncional e a orientação por processos.

O Sistema de Liderança tem como base um conjunto estruturado de reuniões formais, com periodicidade mensal[1], por meio das quais são operacionalizados os objetivos estratégicos e conduzidos os assuntos relativos ao alto desempenho organizacional. É por meio dessas reuniões mensais que a alta direção da organização verifica se os padrões de trabalho do Sistema de Liderança estão sendo cumpridos, tendo como base indicadores de desempenho dos Processos de Negócios e Processos de Apoio e pelo alcance dos objetivos globais, definidos em seu balanced scorecard – BSC. Avalia a melhoria de acordo com o resultado da análise crítica relativa a cada indicador, gerando relatórios denominados funis, instrumentos gerenciais, que qualificam e quantificam as não-conformidades e solicitações de ação corretivas.

A estrutura da alta administração é composta pelo comitê estratégico, formado pelos acionistas, CEOs e diretores; todos fomentam, apóiam e aprovam

---

1 Essa sistemática de Controle e Aprendizado, referente ao Sistema de Liderança, também é aplicada aos itens Cultura da Excelência e Análise Crítica do Desempenho Global, deste critério.

as estratégias estabelecidas, que são encaminhadas para as respectivas áreas de negócios, com periodicidade mensal.

A interação e o comprometimento da alta direção com as partes interessadas é o ponto de partida para as ações realizadas na busca pela excelência nos processos e produtos, e têm início com a inclusão das necessidades de tais partes na cultura organizacional, formalmente expressa em sua missão, visão e valores.

A interação e o comprometimento com os clientes são promovidos pela criação e manutenção do Processo de Negócio Gestão do Relacionamento com Clientes, que tem como objetivo maximizar a satisfação dos clientes, por meio de ações de agregação de valor percebido, e por pesquisas de mercado, realizadas semestralmente por empresas selecionadas e contratadas, tendo como objetivo a identificação das necessidades atuais e potenciais.

Com os colaboradores, o comprometimento ocorre diariamente em um ambiente favorecido por contatos pessoais diários, cumprimento das obrigações previstas na legislação trabalhista, benefícios oferecidos por liberalidade e transparência nas reuniões periódicas, realizadas semanalmente entre os membros das equipes de trabalho e quinzenalmente com as equipes de processo. A organização compartilha os resultados obtidos de acordo com o Plano de Avaliação e Premiação, e há programas intensivos de treinamento, devidamente estruturados e apoiados pela área de recursos humanos. O comprometimento da alta direção também tem como base as atividades inerentes ao Processo Gestão de Pessoas, que tem como objetivo garantir o alinhamento do fator humano com a estratégia da organização, focando o desenvolvimento humano e organizacional e a transformação do potencial em desempenho superior.

O comprometimento e a interação com os fornecedores são evidenciados por meio de parcerias por intermédio do Processo Gestão de Fornecedores, que tem dois objetivos: garantir a consistência do modelo de gestão, por meio da integração dos parceiros, e custo e qualidade ótimos no fornecimento. A organização possui um plano de comunicação com seus fornecedores, executado pelo Processo de Marketing Corporativo. Com os acionistas o comprometimento ocorre em reuniões trimestrais, para a apresentação dos resultados alcançados pela organização; os resultados são acompanhados por auditoria externa, atualmente a KPMG.

Na criação e no desenvolvimento de um ambiente propício para a busca da excelência, a organização busca o equilíbrio entre estratégia, estrutura, tecnologia, envolvimento, necessidades das partes interessadas e atendimento dos resultados e objetivos organizacionais. Para atingir esse equilíbrio adota a gestão de projetos, baseada em PMBOK e PMI. O objetivo da implantação é proporcionar maior produtividade ao desenvolvimento dos novos produtos e à implementação dos novos projetos em escala nacional e internacional, e com um portfólio de bens e serviços de software amplo o bastante para demandar tais práticas de gestão.

Para estimular a força de trabalho ao alcance de metas e resultados, o Sistema de Liderança é estruturado em um processo de remuneração variável, que tem como base o Plano de Avaliação, Premiação e Valorização dos Talentos Humanos, mais o Plano de Carreira para o desenvolvimento de talentos humanos. Outra forma de reconhecimento e incentivo é o Processo de Recompensa. Para tanto, a alta direção tem, dentre muitos objetivos, de prover meios para que os colaboradores sejam altamente qualificados e detentores do conhecimento do negócio em que a organização atua.

Os líderes são identificados pelo atendimento de qualificações técnico-profissionais, atributos de lideranças e aspectos coerentes com a cultura organizacional. Para avaliação e desenvolvimento das competências, a organização adota o Processo de Avaliação e Medição do Desempenho, aplicado a diretores e gerentes e também aos demais colaboradores. O processo tem como objetivo conhecer os recursos humanos disponíveis pela medição do desempenho, identificando necessidades de treinamento, promoções e gratificações salariais e, se for preciso, desligamento do profissional. Como exemplo de implementação de inovação em decorrência do processo de controle e aprendizado, a organização redimensionou o seu desenho organizacional (*downsizing*), criando uma estrutura funcional também orientada a processos, atribuindo aos líderes identificados nesse modelo de gestão posições funcionais adequadas, dotando-os de autoridade compatível com a responsabilidade exercida de fato por esse líder. Em termos quantitativos, representou uma redução de aproximadamente 50% no número de colaboradores, aumentando em 52% a margem de contribuição dos produtos e serviços da organização (base: primeiro semestre de 2004).

Relatório de avaliação

Nota

Nesta etapa, com base nos procedimentos propostos pelo PNQ, os estudantes ponderam a aderência existente ou não entre as práticas de gestão e os requisitos expressos em cada um dos cinco aspectos. Na intenção de facilitar o exercício analítico exigido na identificação de pontos fortes e passíveis de melhoria, os orientadores propuseram o seguinte:

- O aspecto será classificado como ponto forte (+) apenas quando a descrição das práticas de gestão apontar total aderência com os requisitos propostos. Conseqüentemente, esse aspecto receberá a pontuação máxima (20%) e os estudantes reunirão evidências que legitimem a avaliação e a pontuação registradas.

- O aspecto será classificado como ponto moderado (+ / -) apenas quando a descrição das práticas de gestão apontar parcial aderência com os requisitos propostos. Conseqüentemente, esse aspecto receberá a pontuação média (10%) e os estudantes reunirão evidências que legitimem a avaliação e a pontuação registradas.

- O aspecto será classificado como ponto passível de melhoria (-) apenas quando a descrição das práticas de gestão apontar inexistência de aderência com os requisitos propostos. Conseqüentemente, esse aspecto receberá a pontuação nula (0%) e os estudantes reunirão evidências que legitimem a avaliação e a pontuação registradas.

A soma das porcentagens dos cinco aspectos avaliados em cada item corresponde ao percentual alcançado pela organização. Para determinar a pontuação do item avaliado, os estudantes deverão multiplicar o percentual total alcançado pela pontuação total atribuída ao item. Exemplificando no contexto da Tabela 7.1: 90% x 15 = 13,5.

TABELA 7.1

Sistema de liderança (15 pontos)

Aspectos de Avaliação	Pontuação		
	0%	10%	20%
1 A alta direção interage e demonstra comprometimento com todas as partes interessadas, e procura atender às necessidades dessas partes.		X	
2 A alta direção atua na criação e no desenvolvimento de um ambiente propício para a busca da excelência das práticas de gestão e dos resultados da organização.			X
3 Os líderes atuais são avaliados e desenvolvidos com relação às competências de liderança definidas.			X
4 A organização verifica se os padrões de trabalho das práticas de gestão relativas aos sistemas de liderança estão sendo cumpridos.			X
5 A organização avalia e melhora as práticas de gestão e os respectivos padrões de trabalho relativos aos sistemas de liderança.			X
Percentual do Item		90%	

Fonte: FPNQ, 2003.

Pontos fortes

Aspecto 2

(+) A alta direção atua na criação e no desenvolvimento de um ambiente propício para o alcance da excelência das práticas de gestão e dos resultados da organização, com a busca do equilíbrio entre estratégia, estrutura e tecnologia, e adotando a gestão de projetos, baseada em PMBOK e PMI. Existe o Plano de Avaliação, Premiação e Valorização dos Talentos Humanos, mais o Plano de Carreira, que estimulam a força de trabalho e o desenvolvimento de seus talentos.

Aspecto 3

(+) Os líderes atuais são avaliados e desenvolvidos com relação às competências de liderança definidas de acordo com as habilidades demandadas por cada um dos processos de negócio da organização. Além disso, demanda competências adicionais na medida em que seus líderes devem possuir habilidades para gerenciar os processos de apoio executados por terceiros. Para avaliação e desenvolvimento das competências, a organização adota o Processo de Avaliação e Medição do Desempenho, aplicado tanto aos diretores e gerentes quanto aos demais colaboradores.

Aspecto 4

(+) A organização verifica se os padrões de trabalho das práticas de gestão relativas aos Sistemas de Liderança estão sendo cumpridos por meio de reuniões mensais.

Aspecto 5

(+) A organização avalia as práticas de gestão e os respectivos padrões de trabalho relativos ao Sistema de Liderança com base nos indicadores de desempenho de cada processo de negócio e processo de apoio, e pelos objetivos globais definidos em seu BSC e pela melhora de acordo com o resultado da análise crítica relativa a cada indicador de desempenho e alcance dos objetivos globais, gerando relatórios que qualificam e quantificam as não-conformidades e solicitações de ação corretiva. A organização também apresenta exemplo de ação tomada em decorrência dessa avaliação, que consiste no redimensionamento de seu desenho organizacional, criando uma estrutura funcional também orientada a processos.

Pontos moderados

Aspecto 1

(+/–) A alta direção interage e demonstra comprometimento com as partes interessadas, iniciando pela inclusão destas em sua cultura organizacional e, também, com a criação e manutenção dos processos relativos aos clientes, aos fornecedores e aos colaboradores, além de participação constante e ativa, com visitas e viabilização de sugestões. A organização considera a sociedade, de forma geral, como beneficiária dos produtos e valores gerados, não atendendo ao solicitado no item interação com a sociedade para abranger os temas ligados diretamente a ela.

Cultura da excelência

Os valores e as diretrizes organizacionais para promover a cultura da excelência, o atendimento das necessidades e a criação de valor para todas as partes interessadas estão intimamente ligados à caracterização do negócio da organização, explicitados em sua missão, visão, valores e objetivos globais.

Desde a concepção da organização, a alta direção realizou estudos aprofundados para definir a sua missão, visão, valores e objetivos globais, visando conquistar sua atual e desejada posição competitiva. Para a organização, esses aspectos constituem o pilar de sustentação de sua cultura organizacional, tendo como ponto fundamental a manutenção, o incentivo e o desenvolvimento dos recursos essenciais. Estes recursos, além de tecnologias de última geração, são pessoas altamente qualificadas e detentoras do conhecimento do negócio em que atuam, dado que um dos aspectos essenciais de sucesso para a organização é o capital intelectual de seus colaboradores. Com base nessas decisões empresariais, definiu as principais características de seu negócio, conforme demonstrado abaixo, em sua missão, visão e valores. São eles:

- Missão Genexis: "prover valor, reduzir ineficiências e aumentar a competitividade de nossos clientes, pertencentes a cadeias produtivas de segmentos industriais, oferecendo serviços de gestão do fluxo de informações e de transações da movimentação de produtos nas cadeias produtivas, integrando eletronicamente os clientes em redes de suprimentos, através de tecnologias de e-business e de captura, armazenamento, processamento e entrega de informações de mercado em tempo real".

- Visão Genexis: "ser reconhecida como a organização de melhor qualidade de informação e serviços, independente dos padrões de conectividade e integração, e ser reconhecida como a organização mais ágil no provimento de soluções de e-business aplicados à gestão das redes de suprimentos".

Os valores assumidos pela organização são agrupados em três atributos: inovação, conhecimento e essencialidade. A inovação promovida no atendimento das necessidades de seus clientes permite que se diferencie da concorrência; a necessidade, atendida pela organização, de obtenção, gestão e difusão do conhecimento, essencial e específico de cada negócio, para cada cliente pertencente a redes de suprimentos, é fornecida por meio da gestão do fluxo de informações e de transações que enriquecem a capacidade competitiva de seus clientes, conferindo rapidez e confiabilidade no processo dinâmico de tomada de decisões de negócio. Tais atributos representam o DNA da empresa, a essência da sua marca, e são aplicados na equação de composição do valor agregado para todas as partes interessadas, incentivando, dessa forma, o comprometimento de todos com a excelência.

A organização também fomenta outros valores igualmente importantes ao seu negócio, como: flexibilidade na aproximação a novos mercados; habilidade para identificar e atender novas necessidades, construindo ofertas inovadoras e com rapidez; formação de colaboradores com espírito empreendedor, conscientes do espírito de inovação e de diferenciação da empresa para com seus mercados e clientes; contar com colaboradores orgulhosos de pertencer à empresa onde a pessoa é igualmente importante; compartilhar parte dos resultados com seus principais colaboradores, tornando-os parceiros e sócios do seu sucesso. A cultura organizacional é orientada aos colaboradores, objetivando o desenvolvimento das habilidades necessárias para as práticas de melhoria contínua em tudo o que é realizado, partindo da exploração do conhecimento adquirido e desenvolvido à inovação, sendo executada como um processo sistemático. Tais práticas são conduzidas segundo um conjunto de subsistemas estratégico, humano-cultural, tecnológico, estrutural e administrativo, que culminam no Plano de Avaliação e Premiação, que tem, dentre outros muitos objetivos, compartilhar parte dos resultados com seus principais colaboradores. Esses subsistemas precisam estar em equilíbrio entre suas partes componentes e o ambiente em que vive a corporação.

A disseminação ocorre com o envolvimento da alta direção e as demais lideranças buscando, em todos os contatos com seus colaboradores, fortalecer a importância da internalização e cumprimento da cultura organizacional. Há diversos quadros informativos, em todas as áreas físicas da organização, nos quais os valores e diretrizes são apresentados, e o uso da tecnologia da informação como mecanismo de comunicação interpessoal entre os executivos e os colaboradores, em que também ocorre a divulgação de valores e diretrizes.

A verificação e avaliação dos padrões de trabalho das práticas de gestão relativas à cultura da excelência seguem sistemática única. Há realização de reunião mensal, tendo por base indicadores de desempenho de cada Processo de Negócio e Processo de Apoio, e pelo alcance dos objetivos globais, definidos em seu BSC. Como exemplo de aprendizado referente à Cultura da Excelência, a organização estabeleceu aliança com a Fundação Getulio Vargas para a criação do Centro de Estudos Avançados de Informações de Gestão de Redes de Suprimentos, como conseqüência da excelência dos resultados obtidos pelos projetos implantados com seus clientes.

Relatório de avaliação

TABELA 7.2

Cultura da Excelência (20 pontos)

Aspectos de Avaliação	Pontuação		
	0%	10%	20%
1 A organização possui valores e diretrizes organizacionais que promovem a cultura da excelência e o atendimento das necessidades e a criação de valor para todas as partes interessadas.		X	
2 Os valores e diretrizes organizacionais são disseminados, e a organização assegura que eles são entendidos e aplicados.			X
3 A organização incentiva o comprometimento de todos com a excelência.			X
4 A organização verifica se os padrões de trabalho das práticas de gestão relativas à cultura da excelência estão sendo cumpridos.			X
5 A organização avalia e melhora as práticas de gestão e os respectivos padrões de trabalho relativos à cultura da excelência.			X
Percentual do Item		90%	

Fonte: FPNQ, 2003.

Pontos fortes

Aspecto 2

(+) Os valores e diretrizes organizacionais são disseminados, e a organização assegura que eles são entendidos e aplicados por meio do envolvimento da alta direção e as demais lideranças buscando, em todos os contatos, fortalecer a importância da internalização e o cumprimento da cultura organizacional. Há, também, diversos quadros informativos e de divulgação dos valores e diretrizes organizacionais, além da adoção de tecnologia da informação como mecanismo de comunicação interpessoal entre executivos e colaboradores.

Aspecto 3

(+) A organização incentiva o comprometimento de todos com a excelência, objetivando o desenvolvimento das habilidades necessárias para as práticas de melhoria contínua em tudo que é realizado, partindo da exploração do conhecimento adquirido e desenvolvido à inovação, sendo executada como um processo sistemático. Dentre outros incentivos, existe na organização o Plano de Avaliação e Premiação, que visa compartilhar parte dos resultados com seus principais colaboradores.

Aspecto 4

(+) A organização verifica se os padrões de trabalho das práticas de gestão relativas à cultura da excelência estão sendo cumpridos por meio de reuniões mensais.

Aspecto 5

(+) A organização avalia as práticas de gestão e os respectivos padrões de trabalho relativos à cultura da excelência por meio de reuniões mensais de análise dos indicadores de desempenho de cada processo de negócio e processo de apoio, e os objetivos globais definidos em seu BSC e melhora de acordo com o resultado da análise crítica relativa a cada indicador de desempenho, gerando relatórios que qualificam e quantificam as não-conformidades e solicitações de ação corretiva. Como exemplo de ação corretiva, a organização estabeleceu uma aliança com a Fundação Getulio Vargas, para a criação do Centro de Estudos Avançados de Informações de Gestão de Redes de Suprimentos.

Pontos moderados

Aspecto 1

(+/–) A organização possui valores e diretrizes organizacionais que promovem a Cultura da Excelência e o atendimento das necessidades, e a criação de valor para as partes interessadas, ligados à caracterização do seu negócio explicitada em sua missão, visão e valores. A organização considera a sociedade, de forma geral, como beneficiária dos produtos e valores gerados, não atendendo ao solicitado no item interação com a sociedade para abranger os temas ligados diretamente a ela.

Análise crítica do desempenho global

O desempenho global da organização é analisado criticamente pelos indicadores de desempenho de cada Processo de Negócio e Processos de Apoio, pelo alcance dos objetivos globais, definidos em seu BSC (ver Planejamento da Medição do Desempenho), em que os indicadores estabelecidos e as relações de causa e efeito são alinhados ao planejamento estratégico e às necessidades das partes interessadas.

A sistemática de Análise Crítica Global baseia-se em reunião mensal, com a participação da alta direção e demais lideranças, tendo como finalidade verificar, analisar, avaliar e, conseqüentemente, implementar as ações previstas nos planos de melhoria, de planejamento estratégico e de desempenho da organização, tendo por base o sistema de medição de desempenho organizacional, que consiste nos indicadores de desempenho de cada Processo de Negócio e Processo de Apoio e alcance dos objetivos globais, definidos em seu BSC. Os resultados obtidos são analisados pela alta direção e, quando necessário, com assessoria de consultores externos, resultando em um plano de ações de melhoria. Como exemplo de ação tomada em decorrência dessa avaliação, a organização redefiniu seus objetivos de resultados para o segundo semestre, em função do alcance daqueles que haviam sido elaborados para a primeira metade do ano de 2004, superando-os em 98%.

Na análise crítica do desempenho global são avaliados os resultados obtidos no período para cada um dos indicadores dos processos e objetivos globais. Estes são estruturados de tal forma que possam ser identificadas as correlações existentes entre eles, permitindo correções ou estímulos do desempenho individual de cada indicador, e possibilitando a maximização dos resultados da organização. Como a gestão da organização é embasada em processos, e cada processo possui seus indicadores, o desempenho global é constantemente acompanhado, avaliado, compensado e medido. Também são analisados, por meio do Processo de Negócio Gestão Estratégica, o contexto externo em que a organização opera, incluindo informações sobre macroambiente, política econômica, concorrência, mercado e tecnologia.

Os resultados da Análise Crítica do Desempenho Global são materializados/consolidados em atas de reuniões de forma que sejam claramente identificadas a sua finalidade, as informações utilizadas, as conclusões alcançadas e as ações definidas, contendo prazos e responsáveis. As atas são distribuídas a cada uma das áreas de negócios da organização, para que todos tenham conhecimento do que foi discutido e das decisões tomadas. O acompanhamento das ações estabelecidas ocorre nas reuniões de análise crítica seguintes, garantindo um monitoramento constante das razões de sucesso e insucesso de cada ação tomada. Quando uma ação de melhoria ou de implantação é mais complexa, é estabelecida uma equipe de trabalho para execução do projeto.

Relatório de avaliação

TABELA 7.3

Análise do desempenho global (15 pontos)

Aspectos de Avaliação	Pontuação		
	0%	10%	20%
1 O desempenho global da organização é analisado criticamente por meio de indicadores de desempenho, com a participação da alta direção.			X
2 A análise crítica considera as informações qualitativas, as informações comparativas e as variáveis do ambiente externo.			X
3 A alta direção comunica as decisões da Análise Crítica do Desempenho Global a todos os níveis da organização, e acompanha a implementação das ações decorrentes dessa análise.			X
4 A organização verifica se os padrões de trabalho das práticas de gestão relativas à Análise Crítica do Desempenho Global estão sendo cumpridos.			X
5 A organização avalia e melhora as práticas de gestão e os respectivos padrões de trabalho relativos à Análise do Desempenho Global.		X	
Percentual do Item		90%	

Fonte: FPNQ, 2003.

Pontos fortes

Aspecto 1

(+) O desempenho global da organização é analisado criticamente por meio de indicadores de desempenho de cada Processo de Negócio, de cada Processo de Apoio e pelo alcance dos objetivos globais, definidos em seu BSC, com a participação da alta direção e, quando necessário, com assessoria de consultores externos, resultando em um plano de ações de melhoria.

Aspecto 2

(+) A análise crítica considera as informações qualitativas, as informações comparativas e as variáveis do ambiente externo, e tem como finalidade analisar, verificar, avaliar e conseqüentemente implementar as ações previstas nos planos de melhoria, de planejamento estratégico e de desempenho organizacional e os resultados das avaliações. Nas Análises Críticas do Desempenho Global são avaliados os resultados obtidos no período para cada um dos indicadores dos processos e objetivos globais, sendo estes estruturados de tal forma que possam ser identificadas as correlações existentes entre eles, permitindo correções ou estímulos do desempenho individual de cada indicador, maximizando os resultados da organização.

Aspecto 3

(+) A alta direção comunica as decisões da Análise Crítica do Desempenho Global a todos os níveis da organização por meio de consolidação em atas de reuniões, de forma que são claramente identificadas as suas finalidades, as informações utilizadas, as conclusões alcançadas e as ações definidas, contendo prazos e responsáveis. Essas atas são distribuídas a cada uma das áreas de negócios para o conhecimento de todos. O acompanhamento da implementação das ações decorrentes dessa análise acontece por meio de reuniões de análise crítica seguintes, conduzidas de forma que garanta o monitoramento constante das razões de sucesso e insucesso de cada ação definida. Quando uma ação de melhoria ou de implantação é mais complexa, é estabelecida uma equipe de trabalho para execução do projeto.

Aspecto 4

(+) A organização verifica se os padrões de trabalho das práticas de gestão relativas à Análise Crítica do Desempenho Global estão sendo cumpridos por meio de reuniões mensais.

Pontos moderados

Aspecto 5

(+/–) A organização avalia as práticas de gestão e os respectivos padrões de trabalho relativos à Análise Crítica do Desempenho Global por meio de reuniões mensais, tendo como base indicadores de desempenho de cada Processo de Negócio e Processo de Apoio e os objetivos globais definidos em seu BSC, e melhoria de acordo com o resultado da análise crítica relativa a cada indicador de desempenho, gerando relatórios que qualificam e quantificam as não-conformidades e solicitações de ação corretiva. A organização também apresenta exemplo de ação tomada em decorrência dessa avaliação, mas falta clareza no exemplo de ação corretiva tomada, que consiste na redefinição de seus objetivos de resultado para o segundo semestre, em função do cumprimento dos que haviam sido elaborados para a primeira metade do ano de 2004.

Estratégias e planos

Estratégia é um conjunto de decisões que orientam a definição das ações a serem tomadas pela organização, elaborada a partir dos objetivos de curto, médio ou longo prazos que a organização deseja alcançar; em outras palavras, as estratégias são alternativas, posições, caminhos que a organização estabelece como forma de buscar o que se propôs (objetivos e metas). Conforme a FPNQ (2003, p. 51), "estratégia é o caminho escolhido para posicionar a organização de forma competitiva e garantir sua sobrevivência no longo prazo, com subseqüente definição de atividades e competências inter-relacionadas para entregar valor de maneira diferenciada às partes interessadas". A principal intenção da estratégia é permitir que a organização obtenha vantagens competitivas no mercado, potencializando o que ela tem de melhor e se protegendo das principais ameaças existentes. A organização está sempre se preparando para competir com seus concorrentes, reformulando e/ou criando estratégias, pois o mercado competitivo é muito dinâmico, e a estratégia tem sucesso quando leva a organização a alcançar seus objetivos. Segundo Boar (2002), as estratégias são formuladas com o principal objetivo de posicionar a organização de forma competitiva no mercado, e que ela se mantenha e busque melhorias em relação aos seus concorrentes e ao próprio mercado em que está inserida.

O planejamento estratégico é a atividade que leva ao desenvolvimento de uma missão organizacional clara, bem como de objetivos e de estratégias que possibilitem o alcance dessas metas. De acordo com Boar (2002, p. 4), "o planejamento estratégico da empresa é o nível mais alto de tomada de decisão para a empresa. Ele oferece direção, foco e finalidade enquanto uma organização executa ações, continuamente, para chegar mais perto de sua intenção estratégica". A organização analisa adequadamente seu ambiente interno e externo, identificando com clareza suas oportunidades e ameaças, aproveitando seus pontos fortes e minimizando os pontos fracos, construindo um cenário com uma resposta competitiva e eficaz. De acordo com Tavares (2000), a formulação estratégica resulta de influências de executivos, perspectivas apresentadas pelo cenário macroambiental elaborado para a organização, análise de desempenho de seu setor e de sua configuração interna. No contexto externo, sua elaboração busca explorar as oportunidades e neutralizar ou minimizar ameaças presentes ou futuras à atuação da organização. No contexto interno, consiste em explorar pontos fortes, além de neutralizar pontos fracos ou transformá-los em fortes.

Os planos de ação transformam os objetivos estratégicos em realidade, e eles serão executados por equipes interdependentes; para tanto, a organização desdobra suas estratégias em planos de ação, pois assim facilita a compreensão para sua implementação. Conforme Oliveira (2004), plano de ação corresponde ao conjunto das partes comuns dos diversos projetos quanto ao assunto que está sendo tratado; e Porter (1999) afirma que embora a seleção e implementação de uma estratégia estejam longe de ser simples, elas são, contudo, os caminhos lógicos para vantagem competitiva que devem ser investigados em qualquer ramo de atuação. Após serem implantados na organização, os planos de ação são avaliados e seus resultados medidos para verificar sua eficácia dentro da organização, e isso pode e é feito por meio dos levantamentos dos resultados apresentados pelos indicadores de desempenho. Essa avaliação e medição garantem o acompanhamento dos planos e, dessa forma, buscam os resultados esperados. Segundo Beuren (2000), as formas de avaliação de desempenho revelam-se importantes no momento de avaliar o grau de aderência entre o plano e sua execução, na análise dos desvios ocorridos, no estabelecimento de ações corretivas e na preparação de novos planos para a organização.

Relatório da gestão

Formulação das estratégias

A organização conta com o Processo de Negócio Gestão Estratégica como o primeiro passo para a formulação de suas estratégias. Dessa forma, o conjunto de atividades referente à formulação das estratégias é iniciado por meio do monitoramento das variáveis ambientais críticas externas e internas, as quais permitem que a organização possa identificar oportunidades e ameaças (ambiente externo) no contexto em que opera, bem como, no ambiente interno, possa identificar quais são seus pontos fortes e fraquezas no que diz respeito às suas competências, potencialidades e fragilidades, permitindo melhor orientação na formulação de suas estratégias de capacitação de pessoas.

Dentre as variáveis ambientais críticas externas selecionadas para serem monitoradas, cinco são as principais, em decorrência do grau de importância para o sucesso da organização e também do grau de incerteza de seu comportamento futuro. São elas: maturidade do mercado – grau de maturidade dos principais mercados-alvo e de seus integrantes; economia – taxa de juros, taxa de câmbio, PIB, taxa de inflação, resultado da balança comercial e governo; legislação tributária, política externa, lei dos genéricos; compartilhamento de informações – grau de disponibilidade da informação; lei de patentes – registros e garantias de direito ao uso exclusivo de tecnologias e soluções proprietárias desenvolvidas pela empresa.

Em relação às variáveis ambientais críticas internas, oito merecem destaque. São elas: recursos humanos – recursos humanos contratados pela companhia, conhecedores do negócio, detentores de conhecimento tecnológico atualizado, do conhecimento de processos de negócios B2B e da aplicação de produtos e serviços de e-business para aumento da eficiência das empresas; atualização tecnológica – grau de utilização de tecnologias do 'estado-da-arte' nos produtos e serviços Genexis em termos de infra-estrutura de hardware, software, networking, storage e telecomunicações; serviços ao cliente – habilidade da equipe interna em resolver problemas de operação e solução de dúvidas dos usuários dos produtos oferecidos pela empresa, habilidade em capacitar os clientes a utilizar as ferramentas oferecidas e fazer com que tenham percepção de todas as potencialidades das soluções; qualidade da informação – melhores práticas para incrementar a disponibilidade, freqüência, precisão, valor da informação capturada, armazenada, processada, disponibilizada e publicada nos produtos de informação, e-commerce, e-business; imagem – conhecimento da marca Genexis e das marcas de suas unidades de negócios, mensuráveis por meio de pesquisas e avaliação das associações que são feitas medindo a eficácia das estratégias de comunicação da empresa e percepção de qualidade dos produtos oferecidos pela empresa aos seus públicos-alvo; qualidade de processos – capacidade gerencial baseada em processos; recursos financeiros – capacidade da empresa de disponibilizar recursos financeiros (cash/contratação de crédito) para o custeio de ações previstas pelo planejamento estratégico; política de comercialização – preços, condições comerciais e prazos aplicados, direcionados e proporcionais ao tamanho e capacidade de investimentos em informações e tecnologia da informação para as empresas da cadeia produtiva farmacêutica.

O segundo passo na formulação das estratégias da organização está embasado na metodologia das cinco forças competitivas, que passa pela discussão e análise da concorrência de Michael E. Porter de avaliação de grupos estratégicos em que, a partir da análise da indústria na qual atua, a organização elabora uma matriz de suas potencialidades, fragilidades, oportunidades e ameaças – PFOA, considerando os aspectos solicitados pela metodologia. São eles: grau de rivalidade dos participantes da indústria, ameaça de novos entrantes, ameaça de produtos substitutos, poder de barganha do comprador, poder de barganha do fornecedor, acrescido do aspecto disponibilidade de complementadores.

Essa análise se dá, contemplando a Genexis como um grupo estratégico isolado, por não possuir nessa indústria um concorrente direto, com o mesmo formato de serviço (informações de mercado em tempo real e gestão de redes de suprimentos) concorrendo com os demais. A análise dos principais grupos estratégicos, as forças que neles atuam, encontra-se detalhada no adendo digital, com o nome de Anexo I – Análise estratégica Genexis.

Para que a coerência entre as estratégias e as necessidades das partes interessadas seja assegurada, a organização mantém monitoramento constante do ambiente empresarial, e avalia freqüentemente seu tipo de negócio, uma vez que, para negócios diferentes, devem ser praticadas estratégias diferenciadas.

Tanto para o negócio de informações de mercado em tempo real quanto para o negócio de gestão de redes de suprimentos, é fundamental a definição do conjunto de necessidades que o negócio visa atender, para qual conjunto de clientes, por meio de tecnologias, esses negócios estão orientados. Com isso, mantém-se a coerência entre as estratégias e as necessidades das partes interessadas.

Informação de mercado em tempo real visa atender aos clientes de segmentos industriais que operam em cadeias ou redes de suprimentos, com sua logística efetuada por canais de distribuição e que têm a necessidade de identificar diariamente que produtos foram vendidos em quais pontos-de-venda, por quais canais de distribuição, em que quantidade, a que preço, em que região do país, em que dia da semana e do mês.

Gestão de Redes de Suprimentos tem como objetivo atender aos clientes também de segmentos industriais que operam em cadeias ou redes de suprimentos, com sua logística efetuada por canais de distribuição e que têm a necessidade de minimizar um fenômeno conhecido como 'efeito chicote' (*bullwip effect*), que tem como característica aumentar a variabilidade dos estoques na medida em que ocorre o afastamento do consumidor final, ao longo da cadeia de suprimentos. Tal efeito promove grandes ineficiências para os componentes da cadeia de suprimentos, em decorrência do fato de não existir nenhum mecanismo de gestão da rede de suprimentos, provendo, além de informações do mercado em tempo real, instrumentos de gestão para o acompanhamento do fluxo de produtos ao longo de toda a cadeia de suprimentos, informando censitariamente o que foi demandado, o que foi vendido e o que foi estocado, além daquilo que está em trânsito entre um elo da cadeia e seu respectivo parceiro comercial.

Em decorrência desses dois tipos de negócio, a organização adota, dentre os diferentes tipos de estratégia genérica de competição, a estratégia de diferenciação, dado que para os dois tipos de negócios que atendem a mais de um segmento de mercado (informação de mercado em tempo real e gestão da rede de suprimentos) há necessidade de mais de um marketing mix, para atender às diferentes necessidades, dos diferentes tipos de clientes com diferentes tipos de tecnologia. Com base nessa decisão empresarial, a organização criou processos de negócio adequados ao atendimento da sua estratégia competitiva.

Os Processos de Negócio, Gestão Estratégica; Desenvolvimento de Novos Negócios, Alianças e Aquisições; Desenvolvimento de Negócios Internacionais; Aquisições de Clientes e Gestão do Relacionamento com Clientes, em particular o Processo de Gestão Estratégica, são responsáveis por coordenar a ligação entre as necessidades dos clientes e o respectivo atendimento de tais necessidades, sempre dependentes do ambiente empresarial, dos tipos de negócio e da estratégia genérica de competição, a de diferenciação.

Para dar suporte aos Processos, tanto de Negócio quanto de Apoio, a organização adota uma estrutura organizacional totalmente voltada às atividades inerentes a cada processo. Essa foi a forma encontrada para poder explorar seus limites competitivos contra grandes empresas, não apenas multinacionais, mas monopolistas em seus respectivos mercados.

Como há uma ligação muito forte entre os tipos de negócio em que a organização opera e o tipo de estratégia de competição adotada (a de diferenciação), seus processos e sua subseqüente estrutura foram implementados para atender a tais requisitos. Um subproduto obtido com a abordagem processual foi a adoção da tecnologia da informação como mecanismo de comunicação interpessoal entre os executivos e colaboradores, sejam os conteúdos comunicados de caráter vocacional ou de caráter estratégico, possibilitando assim o conhecimento da estratégia competitiva por todos os níveis da estrutura organizacional. As atividades referentes à comunicação são realizadas em eventos mensais, nos quais os responsáveis por cada processo reúnem-se para avaliar os resultados obtidos e programar as próximas atividades, mesmo que as ações sejam inerentes a resultados de médio e longo prazos.

Estratégia genérica de competição

A estratégia genérica de competição adotada pela organização é a de diferenciação, assumindo o posicionamento por variedade, uma vez que se fundamenta em duas categorias de produtos e serviços (informações em tempo real e gestão do fluxo eletrônico de informações e transações sobre a movimentação de produtos em cadeias produtivas – gestão de redes de suprimentos).

O posicionamento da organização insere-se no contexto em que, apesar de existir um grande avanço das empresas nas tarefas de otimização de seus processos internos, os processos compartilhados ao longo da cadeia de valor, aqueles que envolvem interações entre parceiros de negócio, estão completamente desorganizados e ineficientes. E, dado que o posicionamento baseado na variedade não se fundamenta em nenhuma diferença na execução das atividades

DESCRIÇÃO DAS PRÁTICAS DE GESTÃO, AVALIAÇÃO, PONTUAÇÃO E IDENTIFICAÇÃO DOS PONTOS...

para seus clientes, e sim nas diferenças da forma de se executar as atividades, de maneira exclusiva e valiosa para esses clientes.

Estratégia de crescimento

A estratégia de crescimento da organização no Brasil contempla as seguintes dimensões: estratégia de penetração de mercado – o crescimento pretendido tem como direção a comercialização dos produtos de comércio eletrônico (tendo como maior foco os fabricantes do segmento farmacêutico) para os outros elos da cadeia produtiva, como fornecedores de matéria-prima, transformadores de matéria-prima, distribuidores, varejistas e operadores logísticos; estratégia de desenvolvimento de mercado – o crescimento pretendido nessa dimensão tem como sustentação o desenvolvimento de várias alianças estratégicas que permitam a colocação em novos mercados dos produtos atualmente existentes, tanto para produtos de informação quanto de comércio eletrônico; estratégia de desenvolvimento de produto – o desenvolvimento de novos produtos, complementares aos já existentes e em uso pela indústria farmacêutica, é o mecanismo de crescimento definido pela organização nessa dimensão de análise, sejam eles produtos próprios ou decorrentes de desenvolvimentos conjuntos com parceiros estratégicos. Cobrem fundamentalmente os outros processos de negócio inerentes à gestão do fluxo eletrônico de informações e de transações sobre a demanda, disponibilidade e movimentação de produtos ao longo da cadeia produtiva.

Para a operação em Portugal, as estratégias de crescimento possuem as seguintes dimensões: estratégia de penetração de mercado – o crescimento pretendido tem como direção a ampliação da comercialização dos produtos de comércio eletrônico, limitados a fabricantes do segmento farmacêutico português, alavancado pelas parcerias estratégicas estabelecidas no país, aumentando, assim, o market-share nesse segmento. Tais parcerias contemplam empresas tanto de informações de mercado como de operação logística; estratégia de desenvolvimento de mercado – o crescimento pretendido tem como sustentação, à semelhança da estratégia brasileira, o desenvolvimento de várias alianças estratégicas que permitam a colocação em outros países da Europa, os produtos atualmente existentes no Brasil ou mesmo em Portugal, para processos de comércio eletrônico e por meio de alianças, os produtos de informação de mercado com publicação diária, inexistentes no mercado europeu; estratégia de desenvolvimento de produto – semelhante à estratégia adotada no Brasil.

A descrição das estratégias, tanto de crescimento quanto de competição, aborda critérios de prioridade e estimativas de prazo, as quais adotam as seguintes convenções: prioridade alta – estratégia urgente e importante, com implementação imediata, tão logo existam recursos disponíveis, tem prioridade sobre todas as outras estratégias; prioridade média – estratégia importante, mas não

133

urgente, que tem prioridade subseqüente às classificadas com prioridade alta; prioridade baixa – estratégia urgente, mas de baixa importância em relação às anteriores. Os critérios inerentes ao prazo de implementação adotam as seguintes convenções: curto prazo – implementação entre um e três meses; médio prazo – implementação entre três e seis meses; longo prazo – implementação superior a seis meses. Os quadros 7.1, 7.2, 7.3 e 7.4 ilustram de forma resumida as estratégias, seus objetivos, prioridade, justificativa e prazo.

QUADRO 7.1

Estratégias de maximização das oportunidades e dos pontos fortes

Estratégia	Objetivo	Prioridade	Justificativa	Prazo
Desenvolvimento	Otimização da Cadeia Produtiva	Média	Necessidade de redução de custos	Longo
Desenvolvimento	Expansão da participação no mercado	Alta	Necessidade de aumento da receita	Curto
Desenvolvimento	Desenvolvimento de Produtos de Informação em Tempo Real	Alta	Fragilidade da concorrência	Curto
Desenvolvimento	Aumento da presença no mercado externo	Média	Alternativa ágil de baixo custo	Médio

Fonte: Genexis Health Inc., 2004.

QUADRO 7.2

Estratégias de maximização das oportunidades e de minimização dos pontos passíveis de melhoria

Estratégia	Objetivo	Prioridade	Justificativa	Prazo
Crescimento	Otimização da Cadeia Produtiva	Média	Necessidade de melhoria da qualidade da informação	Longo
Crescimento	Expansão na participação de mercado	Alta	Necessidade de melhoria da imagem corporativa da Genexis	Médio
Crescimento	Desenvolvimento de Produtos de Informação em Tempo Real	Alta	Necessidade de melhoria da qualidade da informação	Curto
Crescimento	Aumento da presença no mercado externo	Média	Necessidade de melhoria do atendimento ao cliente e da imagem corporativa da Genexis	Médio
Crescimento	Otimização da Cadeia Produtiva	Média	Necessidade de melhoria da qualidade da informação	Longo

Fonte: Genexis Health Inc., 2004.

QUADRO 7.3

Estratégia de minimização das ameaças e maximização dos pontos fortes

Estratégia	Objetivo	Prioridade	Justificativa	Prazo
Manutenção	Compartilhamento das capacitações com atualização técnica	Alta	Necessidade de redução de investimentos	Curto
Manutenção	Desenvolvimento de produtos e serviços personalizados	Alta	Necessidade de evitar a adoção pelo mercado de soluções próprias	Médio

Fonte: Genexis Health Inc., 2004.

QUADRO 7.4

Estratégia de minimização das ameaças e dos pontos passíveis de melhoria

Estratégia	Objetivo	Prioridade	Justificativa	Prazo
Sobrevivência	Criação do consórcio com as fontes de informação	Alta	Necessidade de manutenção do acesso à informação	Longo
Sobrevivência	Desenvolvimento de produtos e serviços com: controle estatístico automatizado de qualidade da informação, plano de comunicação integrado, serviços diferenciados e personalizados de atendimento, off-line, on-line, pull & push	Alta	Necessidade de evitar a adoção pelo mercado de soluções próprias	Curto

Fonte: Genexis Health Inc., 2004.

A organização verifica se os padrões de trabalho e as práticas de gestão relativas à formulação das estratégias estão sendo cumpridos em reuniões mensais[2], tendo como base indicadores de desempenho, e o alcance dos objetivos globais, definidos em seu BSC, e obedecem às etapas do Processo de Negócio Gestão Estratégica; avalia e melhora de acordo com o resultado da análise crítica relativa a cada indicador de desempenho, gerando relatórios denominados Funis de Negócios, instrumentos gerenciais que qualificam e quantificam as não-conformidades e solicitações de ação corretiva. Como exemplo de ação tomada em decorrência dessa avaliação, a organização remodelou completa-

---

2 Esta sistemática de Controle e Aprendizado, referente à Formulação das Estratégias, é também aplicada aos itens Desdobramento das Estratégias e Planejamento de Medição do Desempenho, deste critério.

mente sua rede de alianças e de parcerias, em virtude das alterações do cenário competitivo no mercado de informações em tempo real, fazendo um investimento de US$ 3 milhões em aquisição de dados de 100% do mercado de produtos farmacêuticos, cosméticos e de higiene pessoal, que irá permitir que a empresa passe a competir em outros segmentos nos quais, até então, apenas participava em parceria com alguma outra organização.

Relatório de avaliação

TABELA 7.4

Formulação das estratégias (15 pontos)

Aspectos de Avaliação	Pontuação		
	0%	10%	20%
1 A organização possui um processo para formulação de estratégias, que utiliza informações íntegras e atualizadas.			X
2 A organização assegura a coerência entre as estratégias e as necessidades das partes interessadas e determina os aspectos que são fundamentais para seu êxito.		X	
3 As estratégias são comunicadas às partes interessadas pertinentes.			X
4 A organização verifica se os padrões de trabalho das práticas de gestão relativas à formulação das estratégias estão sendo cumpridos.			X
5 A organização avalia e melhora as práticas de gestão e os respectivos padrões de trabalho relativos à formulação das estratégias.			X
Percentual do Item		90%	

Fonte: FPNQ, 2003.

Pontos fortes

Aspecto 1

(+) A organização possui o Processo de Negócio Gestão Estratégica como primeiro passo para a formulação de suas estratégias. O conjunto de atividades referente à formulação das estratégias é iniciado por meio do monitoramento das variáveis ambientais críticas externas e internas, as quais permitem a identificação de oportunidades e ameaças (ambiente externo) no contexto em que a organização opera; dessa forma, utiliza informações íntegras e atualizadas. Adota, como segundo passo, a análise da indústria na qual atua, seguindo a metodologia das cinco forças de avaliação de grupos estratégicos, de Michael E. Porter.

Aspecto 3

(+) As estratégias são comunicadas às partes interessadas pertinentes, por meio do mecanismo de comunicação interpessoal (tecnologia da informação, um subproduto obtido com a abordagem processual). As atividades referentes à comunicação são realizadas em eventos mensais, nos quais os responsáveis por cada processo reúnem-se para avaliar os resultados obtidos e programar as próximas atividades, mesmo que as ações sejam inerentes a resultados de médio e longo prazos.

Aspecto 4

(+) A organização verifica se os padrões de trabalho das práticas de gestão relativas à formulação das estratégias estão sendo cumpridos, por meio de reuniões mensais.

Aspecto 5

(+) A organização avalia as práticas de gestão e os respectivos padrões de trabalho relativos à formulação das estratégias, por meio de reuniões mensais de análise dos indicadores de desempenho e os objetivos globais definidos em seu BSC, melhora de acordo com o resultado da análise crítica relativa a cada indicador de desempenho, gerando relatórios que qualificam e quantificam as não-conformidades e solicitações de ação corretiva. A organização também apresenta exemplo de ação tomada em decorrência dessa avaliação, que consiste no remodelamento de sua rede de alianças e parcerias, em virtude dos cenários competitivos no mercado de informação em tempo real e gestão de redes de suprimentos, fazendo um investimento de US\$ 3 milhões em aquisições de dados.

Pontos moderados

Aspecto 2

(+/−) A organização assegura a coerência entre as estratégias e as necessidades das partes interessadas e determina os aspectos fundamentais para o êxito das estratégias, por meio de monitoramento constante do ambiente empresarial, avaliando freqüentemente e identificando o seu tipo de negócio. A organização também apresenta suas principais estratégias. A organização considera a sociedade, de forma geral, como beneficiária dos produtos e valores gerados, e não abrange o item Interação com a Sociedade para abranger os temas ligados diretamente a esta.

Desdobramento das estratégias[3]

As estratégias da organização são desdobradas em planos de ação, guiadas pela determinação de seus respectivos objetivos estratégicos, definidos para cada tipo de negócio em que a organização opera (informações de mercado em tempo real e gestão de redes de suprimentos).

Ações estratégicas

Segundo as diretrizes estratégicas de crescimento estabelecidas nas dimensões de expansão produto/mercado, as ações estratégicas respeitam as seguintes atividades: penetração de mercado – implementação no Brasil, para o segmento farmacêutico, do canal de distribuição e venda dos produtos existentes de comércio eletrônico, para o atendimento de empresas nos níveis da cadeia produtiva, por meio do estabelecimento da rede de alianças estratégicas com empresas atuantes no setor de fornecedores de matéria-prima, transformadores de matéria-prima, distribuidores, varejistas, operadores logísticos; implementação no Brasil, para o segmento farmacêutico, de novos canais de distribuição e venda dos produtos existentes de informação de mercado, por meio do estabelecimento de uma rede de alianças estratégicas com empresas atuantes no setor; implementação em Portugal, para o segmento farmacêutico, do canal de distribuição e venda dos produtos existentes de informação de mercado, para o atendimento dos laboratórios farmacêuticos portugueses, por meio do estabelecimento da rede de alianças estratégicas com empresas européias atuantes no setor. Desenvolvimento de mercado – implementação, no Brasil, de novos canais de distribuição e venda dos produtos existentes de informação de mercado e de comércio eletrônico, por meio do estabelecimento de uma rede de alianças com empresas atuantes nos setores de indústria de saúde animal, higiene pessoal, produtos de limpeza, cosméticos. A mesma estratégia aplica-se ao mercado português, por meio de alianças estratégicas com empresas atuantes no mercado europeu, novos canais de distribuição e venda dos produtos existentes de informação de mercado e comércio eletrônico para Espanha, Polônia, Hungria, Turquia.

Plano de ações estratégicas

O processo de desdobramento das estratégias da organização em planos de ação tem início no primeiro semestre de cada ano, intitulado Programação da

---

3 A sistemática de Controle e Aprendizado, referente ao Desdobramento das Estratégias, segue metodologia apresentada no item Formulação das Estratégias, deste critério.

Implementação das Ações Estratégicas, e é composto pelos seguintes planos: plano de marketing, plano de estratégia de vendas, plano de alianças estratégicas, plano de promoção e publicidade, plano de relações públicas, plano de identidade da marca, plano de gestão, plano de gestão de responsabilidades e limites de alçada, plano de avaliação e de premiação e plano de comunicação integrada.

A organização não apresentou o desdobramento dos planos de ação e os recursos alocados por considerar tais informações confidenciais, apresentando somente os objetivos de seu plano de marketing, divididos em objetivo geral e objetivos específicos. São eles:

- Objetivo geral – projetar, desenvolver, implantar e disponibilizar para comercialização, ao final de cada trimestre, novos produtos e/ou novas versões de produtos existentes, da categoria de produtos de informação e de e-business, orientados para a indústria farmacêutica e de consumo;

- Objetivos específicos – disseminar o uso dos novos produtos. Obter o mindshare junto às categorias de usuários potenciais de inteligência de mercado, marketing e de administração de vendas de empresas de segmentos industriais, segundo os seguintes critérios de interesse comum à Genexis: participação dos novos produtos para aumento nas vendas da Genexis; abertura de novas janelas de oportunidade em novos segmentos de mercado, segmentos de usuários, segmentos de indústria; ROI (*return on investment* – retorno sobre o investimento) em até 12 meses; ajuste e suporte às estratégias de negócio futuras e aos negócios atuais; aumento das barreiras de entrada; diferenciação e reposicionamento dos produtos de informação em tempo real e dos produtos de e-business; posicionar o produto (fase de introdução); maximizar a participação de mercado (fase de crescimento); maximizar a lucratividade e defender a participação de mercado (fase de maturidade); reduzir gastos e tirar o máximo proveito do produto (fase de declínio).

Os recursos necessários à implementação dos planos de ação são devidamente alocados e disponibilizados por meio das atividades inerentes ao Processo de Negócio Gestão Estratégica, responsável por avaliar, definir, desdobrar, comunicar e monitorar ações estratégicas.

Como exemplo de inovação e melhoria em decorrência do processo de controle e aprendizado, a organização tomou a decisão de explorar os mercados latino-americano e espanhol, como resultado do desdobramento do plano de ações estratégicas orientado à realização de alianças com empresas que

ESTÁGIO SUPERVISIONADO E TRABALHO DE CONCLUSÃO DE CURSO

detivessem competências complementares à da Genexis, o que, nesse caso, é representado pelo grupo espanhol Moviltek, por meio de uma de suas empresas na América Latina – a Texline.

Relatório de avaliação

TABELA 7.5

Desdobramento das estratégias (15 pontos)

Aspectos de Avaliação	Pontuação		
	0%	10%	20%
1 As estratégias da organização são desdobradas em planos de ação pelos seus diversos setores e os planos são comunicadas à força de trabalho.		X	
2 Os recursos necessários à implementação dos planos de ação estão devidamente alocados e disponibilizados.			X
3 A implementação dos planos de ação é acompanhada.			X
4 A organização verifica se os padrões de trabalho das práticas de gestão relativas ao desdobramento das estratégias estão sendo cumpridos.			X
5 A organização avalia e melhora as práticas de gestão e os respectivos padrões de trabalho relativos ao desdobramento das estratégias.			X
Percentual do Item		90%	

Fonte: FPNQ, 2003.

Pontos fortes

Aspecto 2

(+) Os recursos necessários à implementação dos planos de ação são devidamente alocados e disponibilizados por intermédio do Processo Gestão Estratégica, que possui as seguintes atividades: avaliar e definir ações estratégicas, desdobrar ações, comunicar e monitorar.

Aspecto 3

(+) A implementação dos planos de ação é acompanhada / monitorada mensalmente pelo comitê estratégico, responsável pelas atividades inerentes ao Processo de Negócio Gestão Estratégica.

Aspecto 4

(+) A organização verifica se os padrões de trabalho das práticas de gestão relativos ao desdobramento das estratégias estão sendo cumpridos por meio de reuniões mensais.

Aspecto 5

(+) A organização avalia as práticas de gestão e os respectivos padrões de trabalho relativos ao desdobramento das estratégias por meio de reuniões mensais de análise dos indicadores de desempenho de cada processo de negócio e de apoio e os objetivos globais definidos em seu BSC, e melhora de acordo com o resultado da análise crítica relativa a cada indicador de desempenho, gerando relatórios que qualificam e quantificam as não-conformidades e solicitações de ação corretiva. Como exemplo de ação tomada em decorrência do processo de aprendizado, a organização decidiu explorar os mercados latino-americano e espanhol, como resultado do desdobramento do plano de ações estratégicas.

Pontos moderados

Aspecto 1

(+/–) As estratégias da organização são desdobradas em planos de ação, guiadas pela determinação de seus respectivos objetivos estratégicos, definidos para cada tipo de negócio. Os planos de ação são comunicados à força de trabalho por intermédio das atividades inerentes ao Processo de Negócio Gestão Estratégica, responsável por comunicar as ações estratégicas. A organização apresentou seus principais planos de ação considerados de curto prazo, mas não apresentou seus desdobramentos e os recursos alocados por considerar tais informações confidenciais.

Planejamento de medição do desempenho[4]

A organização adota gestão embasada em processos e desenvolve, para cada um deles, o BSC (ver Gestão das Informações Comparativas), objetivando o monitoramento das estratégias por meio de indicadores de seu desempenho.

Os processos possuem os seguintes indicadores de desempenho: Processos de Negócio – Gestão Estratégica, número de ações estratégicas definidas, número de ações estratégicas executadas, impactos das ações executadas em resultados, impacto das ações executadas no posicionamento competitivo; Desenvolvimento de Novos Negócios, Alianças e Aquisições, número de oportunidades identificadas, número de oportunidades efetivadas, tempo de conversão (oportunidade – resultado) e impacto nos resultados; Desenvolvimento de

---

4 A sistemática de Controle e Aprendizado, referente ao Planejamento de Medição do Desempenho, segue metodologia apresentada no Item Formulação das Estratégias, deste Critério.

Negócios Internacionais, número de oportunidades identificadas, número de oportunidades efetivadas, tempo de conversão (oportunidade – resultado) e impacto nos resultados; Aquisição de Clientes, número de clientes adquiridos, receita adicional proveniente de novos clientes, percentual de faturamento com clientes novos sobre faturamento total; e Gestão de Relacionamento com Clientes, número de consultas recebidas, número de consultas atendidas, índice de satisfação do cliente; processo de Apoio – Garantia da Qualidade, número de melhorias implantadas, ciclo de implantação de melhoria, índice de satisfação do cliente, índice de reclamações, índice de inconsistências; Desenvolvimento de Produtos/Serviços, número de pedidos recebidos, número de desenvolvimentos aprovados/reprovados, número de desenvolvimentos concluídos (aceitos pelos clientes), percentual de receitas de novos produtos/serviços sobre receita total, prazo de desenvolvimento, ROI dos novos produtos/serviços; Gestão de Fornecedores, número total de fornecedores, número de parceiros homologados (integrados ao modelo de gestão); Planejamento de Controle, fluxo de caixa, lucro líquido, geração de caixa e relatórios gerenciais pertinentes a cada área; Gestão de Operação, indicador de custo operacional, indicadores de eficácia e eficiência operacionais, tempo médio para atendimento de solicitação de manutenção, números de paradas para manutenção, duração total de paradas para manutenção; Marketing Corporativo, top of mind; Atendimento de Pedidos de Serviço, número de pedidos recebidos, número de pedidos atendidos, número de inconsistências, ciclo médio de atendimento de pedidos, receita proveniente de atendimento de pedidos; e Gestão de Pessoas, turnover, absenteísmo, horas de treinamento-ano, tempo médio de contratação, programas novos implantados.

A organização faz uso do BSC com o objetivo de minimizar os riscos inerentes ao atingimento das metas globais. Para isso, elegeu como indicadores globais o crescimento das vendas e o crescimento da produtividade. Ambos apóiam as metas estabelecidas e contidas no Plano de Avaliação e Premiação, que podem ser de curto, médio ou longo prazo.

O Plano de Avaliação e Premiação visa dirigir os esforços das pessoas para objetivos capazes de servir ao negócio da organização e aos interesses individuais das pessoas, na melhor forma possível de integrar objetivos organizacionais e individuais. O Plano objetiva viabilizar a participação dos funcionários e colaboradores, em resultados financeiros, em função do alcance de objetivos, metas, indicadores globais, setoriais e de desempenho individual, definidos por meio de um programa e divulgados a todos a cada período-base em que o plano seja aplicado. Em contrapartida, o plano visa fornecer oportunidades de crescimento financeiro e de carreira a todos os funcionários e colaboradores da organização.

A classificação dos indicadores também é feita de acordo com as perspectivas do BSC, sob a perspectiva financeira, perspectiva do cliente, perspectiva interna e perspectiva de crescimento & aprendizado, integrando-os de forma a maximizar o lucro líquido, Earning Before Interest Rates, Taxes, Depreciation and Amortization[5] – EBITDA – e, conseqüentemente, o ROI realizado pelos seus acionistas.

Dessa forma, a organização consegue, por meio do monitoramento de cada indicador inerente a cada perspectiva, convergir seus esforços para a obtenção da meta traçada para a companhia de forma global. Qualquer desvio em algum indicador pode ser identificado mediante sua respectiva análise, e pode, portanto, possibilitar a avaliação sobre que impacto global esse indicador provocará nos resultados da organização dentro do prazo estabelecido, seja ele curto, médio ou longo.

A verificação de tais indicadores é realizada pelo responsável por cada processo e/ou área competente, em que os indicadores de desempenho são integrados e correlacionados, permitindo dessa forma identificar quaisquer desvios em relação aos padrões estabelecidos; isso possibilita um benchmark, seja ele do próprio indicador, seja ele o resultado de agrupamento de outros indicadores, podendo dar à organização uma visão sobre o seu desempenho perante outras empresas que concorram no mesmo segmento, ou mesmo empresas com as quais pretende ser comparada.

A verificação dos padrões de trabalho das práticas de gestão relativas ao planejamento de medição do desempenho ocorre mediante reuniões mensais, nas quais a organização avalia permanentemente, na periodicidade exigida pelo processo ou pelo ambiente empresarial, as práticas de gestão em uso para a administração de seus indicadores, e pode promover correções de rumo ao atingimento das metas inicialmente estabelecidas, ou até mesmo a reavaliação desses parâmetros ao longo do tempo, adequando os resultados da organização em função de fatores não controlados do ambiente externo no qual está permanentemente inserida em seus dois negócios básicos. Como exemplo de ação tomada em decorrência do processo de aprendizado, a organização passou a aplicar seu Plano de Avaliação e Premiação trimestralmente.

---

5 Lucros Antes dos Juros, Imposto de renda, Depreciação e Amortização – LAJIDA.

ESTÁGIO SUPERVISIONADO E TRABALHO DE CONCLUSÃO DE CURSO

Relatório de avaliação

TABELA 7.6

Planejamento de medição do desempenho (15 pontos)

Aspectos de Avaliação	Pontuação		
	0%	10%	20%
1 A organização possui indicadores de desempenho relacionados a clientes e mercado, finanças, pessoas, fornecedores, sociedade, produto, processos relativos ao produto e processos de apoio e organizacionais.		X	
2 Os indicadores de desempenho são classificados, integrados e correlacionados para apoiar a Análise Crítica do Desempenho Global.			X
3 Os principais indicadores de desempenho global possuem metas de curto e de longo prazo.		X	
4 A organização verifica se os padrões de trabalho das práticas de gestão relativas ao planejamento da medição do desempenho estão sendo cumpridos.			X
5 A organização avalia e melhora as práticas de gestão e os respectivos padrões de trabalho relativos ao planejamento da medição do desempenho.			X
Percentual do Item		80%	

Fonte: FPNQ, 2003.

Pontos fortes

Aspecto 2

(+) Os indicadores de desempenho são classificados, integrados e correlacionados de acordo com as perspectivas do BSC sob a perspectiva financeira, do cliente, perspectiva interna e perspectiva de crescimento & aprendizado, para apoiar a Análise Crítica do Desempenho Global por cada responsável de cada processo e/ou área competente, permitindo, dessa forma, identificar quaisquer desvios em relação aos padrões estabelecidos.

Aspecto 4

(+) A organização verifica se os padrões de trabalho das práticas de gestão relativas ao planejamento da medição do desempenho estão sendo cumpridos, mediante reuniões mensais.

Aspecto 5

(+) A organização avalia as práticas de gestão e os respectivos padrões de trabalho relativos ao planejamento da medição do desempenho por meio de reuniões mensais de análise crítica dos indicadores de desempenho de processos e os indicadores globais definidos em seu BSC, e melhora de acordo com o resultado da análise crítica relativa a cada indicador de desempenho, gerando relatórios que qualificam e quantificam as não-conformidades e solicitações de ação corretiva. Um exemplo de inovação decorrente do aprendizado dessa avaliação é a aplicação trimestral do Plano de Avaliação.

Pontos moderados

Aspecto 1

(+/–) A organização possui indicadores de desempenho relacionados a clientes e mercado, finanças, pessoas, fornecedores, produto, processos relativos ao produto e processos de apoio e organizacionais. Não possui indicadores relativos à sociedade; a organização considera a sociedade, de forma geral, como beneficiária dos produtos e valores gerados, e não atende ao solicitado no item Interação com a Sociedade para abranger os temas ligados diretamente a ela.

Aspecto 3

(+/–) A organização faz uso do BSC, que possui como indicadores globais o crescimento das vendas e o crescimento da produtividade. Ambos apóiam as metas estabelecidas e contidas no Plano de Avaliação e Premiação, que podem ser de curto, médio ou longo prazo; o alcance das metas é definido da seguinte forma: alcance das metas globais, por unidade de negócio, sendo a unidade de medida a receita anual recebida. Metas setoriais: têm como base os indicadores dos Processos de Negócios e de Apoio, em que cada diretoria, com o apoio do RH, define, quantifica e negocia com os seus respectivos gestores de áreas, o(s) indicador(s) pelo(s) qual(is) será(ão) avaliado(s). A organização não apresentou suas metas de curto, médio e longo prazos, apresentando somente suas unidades de medidas.

Clientes

Cliente é o termo utilizado para significar pessoas consumidoras de bens e/ou serviços. Qualquer ramo de negócio necessita de consumidores para os seus produtos. Para entender os interesses dos consumidores, a organização busca conhecê-los segmentando-os, e mesmo as estratégias adotadas para a identificação, interpretação e compreensão das suas necessidades devem ser feitas de forma separada e exclusiva para os consumidores atuais e os potenciais. Essas estratégias, bem definidas e executadas, ajudam a organização a antecipar-se a essas necessidades. Os consumidores potenciais são os clientes que a organização necessita buscar; isso requer, primeiramente, estratégias direcionadas a conquistá-los para depois incluí-los em estratégias para retê-los. Já os consumidores atuais são os clientes que pertencem à organização que, por isso, adota estratégias direcionadas para mantê-los. Então, para o sucesso e a sobrevivência de uma organização, é de grande importância a segmentação dos clientes-alvo; e, quando um cliente faz uma compra, não está simplesmente comprando um produto ou serviço, está comprando um conjunto de benefícios esperados para atender a suas necessidades e expectativas. Para Meireles (2001, p. 25), "clientes são a razão de sobrevivência da empresa e, portanto, devem ser conquistados e preservados; para tal, devem ter suas expectativas atendidas e superadas. Os clientes são a razão de existir a organização".

Um fator de grande importância é o foco no mercado que mantém a organização atenta às mudanças que ocorrem à sua volta, principalmente com relação aos concorrentes e à movimentação dos clientes em relação a novas demandas e necessidades. Estas preocupações são fundamentais para o aumento da competitividade da organização. Essa deve atentar para o conhecimento do mercado, pois assim é possível criar uma imagem positiva, possibilitando que os interessados conheçam a organização, divulgando de forma transparente e clara seus produtos, atividades e buscando novas oportunidades; desse modo a organização fortalece sua imagem positiva e oferece uma boa impressão, tornando-se cada vez mais conhecida. Segundo Kotler (1998, p. 26), "imagem é a maneira pela qual o público percebe a empresa ou seus produtos"; e, afirma Montcel (1972, p. 155), "a imagem da empresa é a impressão geral causada por uma empresa ao seu pessoal e ao público, baseada na apresentação das suas atividades e na representação dos seus produtos".

Um outro aspecto fundamental é a forma pela qual a organização se relaciona com os seus clientes: é uma das formas mais diretas de contato. Para o relacionamento com o cliente, é importante que a organização disponibilize canais nos quais os clientes possam formalizar sugestões, críticas para a busca de excelência nas prestações de serviços, e também para que possam ser atendidas e solucionadas suas necessidades ou suas insatisfações. Conforme Kotler (1998, p. 124), "o relacionamento com os clientes tem que ser muito agradável. Numa empresa, tudo tem de ser feito pensando-se em primeiro lugar no cliente". Saindo desse pressuposto, "a qualidade é intrínseca ao produto, porém o cliente é quem faz o julgamento final, partindo de suas próprias percepções. Essas percepções se formam por meio de características e atributos, que adicionam valor para os clientes, intensificam sua satisfação, determinam suas preferências e os tornam fiéis à marca, ao produto ou à organização. O foco no cliente é um conceito estratégico, voltado para a conquista e a retenção de clientes". Assim, as organizações focadas no cliente adotam ações claras, e suas iniciativas visam desenvolver e oferecer produtos diferenciados, podendo ser utilizadas para a criação de novos segmentos, e até mesmo surpreender os mercados existentes. As estratégias, planos de ação e processos orientam-se em função da promoção da satisfação e da conquista da fidelidade dos clientes. Quando há interação com esse indicador, a organização busca conquistar a fidelidade de seus clientes, gerando oportunidades de manutenção e de melhorias para os clientes.

Imagem de conhecimento do mercado

Relatório da gestão

A organização adota os seguintes critérios para segmentar o mercado, agrupar seus clientes e definir seus clientes-alvo:

- Demográfico
  - microssegmentação horizontal: farmacêutico, produtos de consumo geral, saúde animal, cosméticos & perfumaria, higiene pessoal, limpeza;
  - microssegmentação vertical: unidades de negócio – fornecedor de matéria-prima, transformador, fabricante, distribuidor, varejista, operador logístico;
  - porte do cliente: grande, médio, pequeno;
  - localização geográfica: Rio de Janeiro, São Paulo, Goiânia, Lisboa.

- Operacional
  - status: clientes, não-clientes;
  - taxa de uso: alta, moderada e baixa;
  - score: freqüência e volume dos clientes, e prospects.

- Por abordagem de compra
  - critérios: preço, valor, personalização;
  - relacionamentos: prospectar o cliente que mais interessa *versus* aquele de melhor relacionamento.

- Por fatores situacionais
  - urgência: entrega dos serviços e/ou projetos no curto prazo;
  - necessidades: estratégicas – crescimento de vendas, lucros, melhoria do nível de serviço; operacionais – planejamento, estruturação organizacio-

nal, controle/redução de custos; funcionais – tecnologia, características funcionais do produto;

- tamanho do contrato.

■ Por características pessoais
- fidelidade;
- afinidade comprador/vendedor;
- atitude em relação ao risco.

As diretrizes estratégicas, referentes ao posicionamento dos produtos, seguem os seguintes critérios:

■ Posicionamento dos produtos – análise dos diferentes segmentos e mercados, selecionando o que será atendido pelo produto/oferta; identificação dos atributos do produto mais valorizados pelos clientes; identificação do que está sendo oferecido pela concorrência, em relação aos atributos valorizados pela sua oferta – posicionamento da concorrência –; definição do posicionamento do produto diante das vulnerabilidades da concorrência nos atributos importantes; comunicação do posicionamento ou reposicionamento ao segmento de mercado a ser atendido.

■ Estratégias de posicionamento dos produtos: por função única – enfatizando na comunicação as características mais importantes; por benefício único – enfatizando na comunicação os benefícios mais importantes; por preço-qualidade – enfatizando na comunicação o maior valor do produto, ou seja, a melhor relação preço-qualidade em comparação com os concorrentes; por concorrente – enfatizando os atributos e benefícios do produto que superam o do concorrente comparado; por categoria de usuário – enfatizando que o produto foi feito para ele, pois atende ao que ele mais procura, estabelecendo uma imediata identificação com o produto.

■ Estratégia de posicionamento por atributos – identificar os atributos relevantes para os clientes, além das respectivas variações desses atributos para o produto em questão; comparar os atributos desse produto em relação à concorrência, nas dimensões de análise selecionadas; selecionar os segmentos de mercado que demonstrem oportunidades para esse produto, em função do atributo selecionado; adaptar e/ou lançar o produto com o atributo diferenciado para o segmento selecionado.

■ Estratégia de posicionamento dos preços – obtenção de altas margens, possíveis a cada segmento de clientes; atração e retenção de uma grande base de clientes. O valor do produto é determinado por: produto básico, serviço agregado, pacote de informação, acesso, serviços complementares.

Com base nesses pontos, a organização criou, por meio da utilização da internet, o seguinte conjunto de ofertas para o atendimento das necessidades dos clientes, atuais e potenciais:

- Informações de demanda – essas atividades fornecem ao usuário a condição de ter conhecimento censitário e diário da demanda de mercado para produtos e serviços comprados e vendidos pelos participantes. Com esse conhecimento, esses participantes podem tomar suas decisões de negócios.

- Automação de transações de e-commerce – colocando vendedores e compradores juntos, usando uma plataforma tecnológica e operacional de serviços única, mas que mantém as características de personalização das regras particulares de negócios entre os parceiros comerciais e de transações seguras em ambiente web para reduzir custos.

- Soluções para a cadeia de distribuição – incluindo soluções para atender ao gerenciamento de logística, gerenciamento de redes de suprimentos, lançamento de produtos, certificação de vendedores, planejamento, previsão e gerenciamento de demanda.

- Comércio colaborativo – indo além de comprar e vender, e chegando até o desenvolvimento e lançamento de produtos, o planejamento de marketing para encurtar o tempo para início de comercialização, além da criação e do controle de planos de vendas elaborados conjunta e dinamicamente entre os diferentes parceiros das comunidades de comércio interconectadas.

Para identificar, analisar e compreender as necessidades dos clientes atuais, potenciais e dos ex-clientes, a organização adota o Processo de Negócio Aquisição de Clientes e Gestão do Relacionamento com Clientes; ambos têm como práticas de apoio à sua gestão instrumentos gerenciais que permitem à organização identificar, analisar e compreender as necessidades dos mercados para os quais aponta a sua missão, independentemente de estarem em prospecção, serem clientes ou já terem adquirido algum produto ou serviço. Tais instrumentos dividem-se em dois grupos: os chamados funis e os relatórios Target Account Selling – TAS, ambos utilizados por aqueles que possuem algum contato com clientes.

O TAS tem como objetivo fundamental mapear as oportunidades e necessidades junto aos clientes, além de permitir um estudo do posicionamento da organização perante o cliente potencial, bem como perante aqueles que estiverem concorrendo à mesma oportunidade. O resultado do TAS – que pode ser entendido como um microplano de negócios, diante daquele cliente em estudo – é um conjunto de ações que irão ao encontro das necessidades levantadas, objetivando maximizar as competências da organização no ambiente competitivo, além de protegê-la das fraquezas que tenham sido identificadas no TAS.

O funil tem como principal função dar conseqüência às ações programadas no TAS, permitindo o cumprimento de todo o ciclo de venda, acompanhando-o ao longo de todo o processo. Isso possibilita à organização identificar correções de rumo e implementar ações corretivas, objetivando completar o ciclo de venda iniciado.

Uma situação prática a ser exemplificada quando da aplicação desses instrumentos pode ser ilustrada por um fato ocorrido no final do mês de maio de 2004. A organização identificou por meio de seu plano de negócios, sucedido pela elaboração do TAS, uma enorme ameaça ao seu negócio, em virtude da possibilidade de não obter acesso irrestrito às informações de mercado, fornecidas pelos canais de distribuição. Isso provocaria grande perda de competitividade da organização, além de reduzir em grande parte o valor agregado que suas soluções têm como potencial, diante do mercado eleito para ser trabalhado.

Como decorrência do resultado do TAS diante dessa situação, foi elaborado um plano de ações para o estabelecimento de uma aliança operacional e de divisão de receitas entre a organização e as respectivas fontes de informação dos canais de distribuição. O acompanhamento desse plano foi feito por intermédio de um Funil de Implantação de Parcerias, no qual cada movimentação de cada mudança de status era acompanhada por todos, permitindo à organização finalizar a sua aliança, antes de qualquer outro concorrente atual ou potencial, possibilitando ainda a antecipação de suas vendas, baseadas no produto futuro a ser comercializado no instante do fechamento da parceria.

Para divulgar os seus produtos, as suas marcas e as suas ações de melhoria aos clientes e ao mercado, a organização adotou o Plano de Comunicação Integrada, composto pelos seguintes instrumentos: institucional impresso, institucional CD-ROM, eventos, newsletters ou impressos sazonais, anúncios institucionais para lançamentos de produtos.

As estratégias de comunicação com os clientes, atuais e potenciais, visam: à fixação da marca perante seus públicos-alvos; ao melhor modelo de relacionamento com os clientes, de modo a obter altos índices de fidelidade; ao suporte aos clientes, de modo a garantir a utilização de todo o potencial das soluções e serviços oferecidos e aumentar a percepção da proposta de valor da companhia. A organização possui os seguintes indicadores de acompanhamento do relacionamento com os clientes: reconhecimento da marca, núme-

DESCRIÇÃO DAS PRÁTICAS DE GESTÃO, AVALIAÇÃO, PONTUAÇÃO E IDENTIFICAÇÃO DOS PONTOS...

ro de clientes perdidos, quantidade de renovações de contratos, tempo médio de atendimento de uma ordem de serviço.

Para promoção e publicidade do plano, as empresas selecionadas para essas finalidades foram: Publicidade: Leo Burnett e MidiaSite; Marketing direto: Rapp Collins; Relações Públicas: RMA Comunicações.

Os Processos de Negócio Aquisição de Clientes e Gestão do Relacionamento com Clientes são responsáveis pela gestão das atividades inerentes à imagem e conhecimento de mercado da organização, e o comitê de cada um dos processos, por meio de reuniões mensais[6], verifica se os padrões de trabalho das práticas de gestão estão sendo cumpridos, tendo como base indicadores de desempenho de cada processo, e avalia e melhora de acordo com o resultado da análise crítica do desempenho de cada indicador, gerando relatórios denominados funis, instrumentos gerenciais, que qualificam e quantificam as não-conformidades e solicitações de ação corretiva.

Relatório de avaliação

TABELA 7.7

Imagem e conhecimento de mercado (15 pontos)

Aspectos de Avaliação	Pontuação		
	0%	10%	20%
1 A organização possui critérios para segmentar o mercado e agrupar seus clientes e definir seus clientes-alvo.			X
2 A organização identifica, analisa e compreende as necessidades dos clientes, atuais e potenciais, e dos ex-clientes.			X
3 A organização divulga os seus produtos, as suas marcas e as suas ações de melhoria aos clientes e ao mercado.			X
4 A organização verifica se os padrões de trabalho das práticas de gestão relativas à imagem e conhecimento de mercado estão sendo cumpridos.			X
5 A organização avalia e melhora as práticas de gestão e os respectivos padrões de trabalho relativos à imagem e conhecimento de mercado.			X
Percentual do Item		100%	

Fonte: FPNQ, 2003.

---

6 Essa sistemática de Controle e Aprendizado, referente à Imagem e Conhecimento de Mercado, é aplicada também ao Relacionamento com Clientes, deste critério.

Pontos fortes

Aspecto 1

(+) A organização possui critérios para segmentar, agrupar seus clientes e definir seus clientes-alvo, e também apresenta suas diretrizes referentes ao posicionamento de seus produtos.

Aspecto 2

(+) A organização identifica, analisa e compreende as necessidades dos clientes, atuais e potenciais, e dos ex-clientes, por intermédio do Processo de Negócio Aquisição de Clientes e Gestão do Relacionamento com Clientes; ambos possuem ferramentas de apoio à sua gestão, instrumentos gerenciais chamados funis e os relatórios TAS.

Aspecto 3

(+) Para divulgar os seus produtos, as suas marcas e as suas ações de melhoria aos clientes e ao mercado, a organização adota o Plano de Comunicação Integrada e possui estratégias de comunicação com os clientes atuais, potenciais e ex-clientes, avaliados por indicadores de desempenho.

Aspecto 4

(+) A organização verifica se os padrões de trabalho das práticas de gestão relativas à imagem e conhecimento de mercado estão sendo cumpridos em reuniões mensais.

Aspecto 5

(+) A organização avalia as práticas de gestão e os respectivos padrões de trabalho relativos à imagem e conhecimento de mercado em reuniões mensais de análise crítica dos indicadores de desempenho de processos, e melhora de acordo com o resultado da análise crítica relativa a cada indicador de desempenho, gerando relatórios denominados funis, instrumentos gerenciais, que qualificam e quantificam as não-conformidades e solicitações de ação corretiva. A organização também apresenta exemplo de ação tomada em decorrência dessa avaliação, que consiste no estabelecimento de uma aliança operacional e de divisão de receitas entre a corporação e as respectivas fontes de informação dos canais de distribuição.

Relacionamento com clientes[7]

Os canais de comunicação entre os clientes e a organização são tratados por dois processos: Gestão do Relacionamento com Clientes e Aquisição de Clientes.

Tanto o Processo de Gestão do Relacionamento com Clientes como o Processo de Aquisição de Clientes têm como instrumentalização o Contact Center – centro de atendimento ao cliente –, formado por uma equipe de atendimento 24x7x365. Essa equipe tem a função de atender à solicitação do cliente, seja ela registrada por telefone, e-mail ou por uma requisição do gerente de negócios. A solicitação é transformada em uma ocorrência que pode ou não se tornar uma ordem de serviço, caso demande algum trabalho suplementar das equipes que apóiam o atendimento dado pelo Contact Center. Caso contrário, essa ocorrência será resolvida pela própria equipe do atendimento, treinada com o objetivo de finalizar até 95% dos chamados nesse primeiro nível de contato.

As ocorrências são registradas em um sistema de informação denominado PRC – Programa de Relacionamento com os Clientes-Genexis, que não só registra as ocorrências, mas também centraliza todo e qualquer contato com os clientes e prospects da organização. O PRC tem como principais inputs as ocorrências registradas pelo atendimento, e o funil de negócios, um relatório gerencial planilhado, único e centralizado instrumento de registro de todo o ciclo de venda até a passagem da etapa de negociação para a de cliente adquirido (negócio fechado) pela organização. Os estágios administrados pelo funil de negócios são os de contato inicial, que é a primeira reunião e interesse adicional pelo produto ou serviço, encaminhamento de material promocional, negociação e envio da proposta comercial, discussão de condições da proposta comercial, e finalmente fechamento ou perda do negócio.

O funil de negócios tem como uma de suas dimensões de avaliação e análise o cálculo do tempo de vida de determinado cliente como um cliente atual, ou do potencial de duração do contrato esperado quando do fechamento do negócio em questão. Com isso, a organização mede, quantitativa e qualitativamente (além de medir também financeiramente), a satisfação, a fidelidade e o compromisso de seus clientes com sua oferta de valor.

---

7 A sistemática de Controle e Aprendizado, referente ao Relacionamento com Clientes, segue metodologia apresentada no item Imagem e Conhecimento de Mercado, deste Critério.

ESTÁGIO SUPERVISIONADO E TRABALHO DE CONCLUSÃO DE CURSO

A organização promove reuniões gerenciais periódicas e extraordinárias quando necessário, com a equipe de atendimento, a equipe comercial e todas as equipes envolvidas nas atividades de suporte ao ciclo de vendas, para discussão do funil de vendas e das atividades necessárias à evolução do status da oportunidade de negócios, tendo como objetivo a assinatura do respectivo contrato.

Para garantir a compatibilidade entre as diretrizes estratégicas, ou seja, a forma harmônica sobre como elas se relacionam, alguns outros pontos também importantes são adotados. São eles: entregar exatamente aquilo que foi prometido ao cliente, possibilitando que ele tenha, repetidamente, uma boa experiência, e mantendo o sentimento de confiança do cliente quanto ao desempenho do negócio; desenvolver e manter novas alianças estratégicas com empresas complementares, tanto de informações de mercado e pesquisa quanto empresas orientadas à integração e gestão da cadeia de suprimentos; desenvolver e manter os pontos fortes do negócio, como desenvolvimento do mercado baseado na plataforma de serviços 100% operado pela plataforma internet, inovação continuada, excelência operacional com grande integração dos produtos Genexis, de seus aliados estratégicos e, principalmente, das soluções internas dos clientes; preservar e expandir a marca Genexis, considerada pelo Board (conselho de administração) da empresa seu principal patrimônio, fortalecendo cada vez mais a essência de sua marca traduzida em inovação e conhecimento; anunciar em mídia especializada os maiores negócios, as maiores vendas, divulgando os contratos assinados que contemplam grandes volumes de produtos, bem como as maiores alianças estratégicas.

A verificação dos padrões de trabalho, avaliação e implementação de inovações, quando pertinentes, seguem sistemática única. Como exemplo de inovação implementada em decorrência do processo de aprendizado, a organização adotou um desenho organizacional (organograma) 100% voltado aos processos, permitindo, por exemplo, que medidas como o uso do PRC por toda a organização pudessem ser viabilizadas.

Relatório de avaliação

TABELA 7.8

Relacionamento com clientes (15 pontos)

Aspectos de Avaliação	Pontuação		
	0%	10%	20%
1 A organização seleciona e disponibiliza canais de relacionamento que permitem aos clientes realizar negócios, reclamar, sugerir e solicitar assistência, e as sugestões e reclamações são tratadas de forma pronta e eficaz.			X
2 A organização acompanha as transações junto aos clientes, inclusive as mais recentes, com novos clientes e novos produtos entregues, para evitar problemas de relacionamento, permitindo uma realimentação rápida e capaz de gerar ações.			X
3 A organização avalia a satisfação, a fidelidade e a insatisfação dos clientes, e as informações obtidas são usadas para intensificar sua satisfação, obter referências positivas e assegurar a fidelidade.			X
4 A organização verifica se os padrões de trabalho das práticas de gestão relativas ao relacionamento com clientes estão sendo cumpridos.			X
5 A organização avalia e melhora as práticas de gestão e os respectivos padrões de trabalho relativos ao relacionamento com clientes.			X
Percentual do Item		100%	

Fonte: FPNQ, 2003.

Pontos fortes

Aspecto 1

(+) Os canais de comunicação entre os clientes e a organização são tratados por dois processos, Gestão do Relacionamento com Clientes e Aquisição de Clientes. Ambos têm como instrumentalização o Contact Center, que permite aos clientes realizar negócios, reclamar, sugerir e solicitar assistência, efetuar sugestões e reclamações, que são tratadas de forma pronta e eficaz.

Aspecto 2

(+) A organização acompanha as transações junto aos clientes, inclusive as mais recentes, com novos clientes e novos produtos entregues por meio do Contact Center, e também conta com o PRC, que não só registra as ocorrências, mas também centraliza todo e qualquer contato com os clientes e prospects da organização. Promove, ainda, reuniões gerenciais periódicas e extraordinárias com as equipes.

Aspecto 3

(+) A organização avalia a satisfação e a fidelidade dos clientes por meio de dois processos, Gestão do Relacionamento com Clientes e Aquisição de Clientes, por intermédio do Contact Center e do funil de negócios, um relatório gerencial planilhado, que tem como uma de suas dimensões de avaliação e análise o cálculo do tempo de vida do cliente como um cliente atual, ou do potencial de duração do contrato esperado quando do fechamento do negócio em questão. Com isso, a organização mede, quantitativa e qualitativamente, a satisfação, fidelidade e compromisso de seus clientes com a sua oferta de valor.

Aspecto 4

(+) A organização verifica se os padrões de trabalho das práticas de gestão relativas ao relacionamento com os clientes estão sendo cumpridos em reuniões mensais.

Aspecto 5

(+) A organização avalia as práticas de gestão e os respectivos padrões de trabalho relativos ao relacionamento com os clientes em reuniões mensais de análise crítica dos indicadores de desempenho de cada processo, e melhora de acordo com o resultado da análise crítica relativa a cada indicador de desempenho, gerando relatórios denominados funis, instrumentos gerenciais que qualificam e quantificam as não-conformidades e solicitações de ação corretiva. Como exemplo de inovação implementada em decorrência do processo de aprendizado, a organização adotou um desenho organizacional (organograma) 100% voltado a processos.

Sociedade

O desenvolvimento de forma sustentável corresponde a atender às necessidades da presente geração sem comprometer a capacidade das futuras gerações de atenderem às suas. O dicionário *Aurélio* (Ferreira, 1999) descreve a palavra 'sustentar' como um sinônimo de 'conservar e manter' e, no caso ambiental, implica 'prolongamento do uso produtivo dos recursos naturais'. A sustentabilidade envolve a idéia de manutenção dos estoques da natureza, e corresponde à garantia de sua reposição por processos naturais ou artificiais; ou seja, respeita a capacidade regenerativa da natureza. Segundo Ferrel et al. (2000), o crescimento econômico e social somente pode ser feito dentro da visão de desenvolvimento sustentável, mantendo a disponibilidade de um determinado recurso usado por esta geração para as gerações futuras.

A ética empresarial compreende princípios e padrões que orientam o comportamento no mundo dos negócios, e esses princípios orientam os tomadores de decisão. Segundo Vásquez (1995, p. 12), "ética é a ciência do comportamento moral dos homens em sociedade". Para Asheley (2003, p. 50),

> responsabilidade ética corresponde a atividades, práticas, políticas e comportamentos esperados (no sentido positivo) ou proibidos (no sentido negativo) por membros da sociedade, apesar de não codificados em leis. Elas envolvem uma série de normas, padrões ou expectativas de comportamentos, para atender o que diversos públicos (com os quais a organização se relaciona) consideram legítimo, correto, justo ou de acordo com seus direitos morais ou expectativas.

Para Nalini (2003, p. 213),

> é exatamente no desenvolvimento de atividades com objetivos econômicos que o homem mais agride a natureza e o meio ambiente, gerando desequilíbrios ecológicos que acabam por refluir contra ele próprio, causando-lhe, inicialmente, desconforto, depois trazendo doença e, a partir de determinado nível, transformando-se em fator de risco à sobrevivência geral.

Pode-se traduzir que o desenvolvimento econômico somente é sustentável se envolver a economia, a sociedade e o meio ambiente. O autor (2003, p. 278) argumenta que "economia é a ciência que trata dos fenômenos relativos à produção, distribuição, acumulação e consumo dos bens materiais. Em todas essas etapas do processo econômico verificam-se interações e impactos sobre o meio ambiente". A palavra economia, segundo o dicionário *Aurélio* (1999), significa "o controle para evitar desperdícios, em qualquer serviço ou atividade". A variável econômica está sempre presente nessa interação, com implantações de novas leis, as demandas e pressões da sociedade ou da própria consciência dos líderes das organizações; esse fator força uma postura e regras de conduta no tocante às atividades das organizações. O desenvolvimento econômico somente pode ser feito de forma sustentável, ou seja, se for mantida indefinidamente a disponibilidade de um determinado recurso, usado por esta geração e pelas gerações futuras.

O desenvolvimento social pode ser definido como um processo do desenvolvimento econômico em que alguns indicadores clássicos de atividade econômica apresentam expansão (produção, renda, consumo de energia etc.). De forma intuitiva, entende-se desenvolvimento econômico como a melhoria dos indicadores sociais clássicos de atividade econômica de uma sociedade, permitindo que mais e mais cidadãos desfrutem de elevados padrões materiais. Ferrel et al. (2000, p. 39) apontam que "a transformação qualitativa na sociedade é subjacente ao processo de crescimento, e seu alcance deve ser analisado dentro do conceito de desenvolvimento econômico". Desenvolvimento social é a superação positiva dos grandes contrastes entre renda e produtividade, por meio do aumento do bem-estar material da população, condicionado ao aumento da produtividade média do trabalho. Falar em desenvolvimento, na verdade, é perseguir um modelo comparável, social e economicamente articulado, como a distribuição de renda equilibrada, a elevada escolaridade, a representação e poder político mais bem distribuído etc. Na verdade, é preciso entender desenvolvimento como um processo social (que pode ser local, nacional) que conjuga crescimento econômico e melhoria das condições de vida da população (sociedade). Ferrel et al. (2000, p. 123) descrevem:

> Nos interesses sociais, podemos incluir a educação e a assistência comunitária; a proteção dos ecossistemas; a adoção de políticas não discriminatórias e de proteção das minorias; a promoção da cultura, do esporte e do lazer e a participação ativa no desenvolvimento nacional, regional ou setorial.

Para que haja continuidade de suas operações, a organização também deve identificar, entender e satisfazer as necessidades da sociedade e das comunidades com as quais interage, cumprindo as leis, preservando os ecossistemas e contribuindo para o desenvolvimento econômico, social e ambiental dessas comunidades, dentro da maior transparência ética. A organização deve adquirir e manter o exercício da consciência moral e cívica, advinda da ampla compreensão de seu papel no desenvolvimento da sociedade. Segundo a FPNQ (2003, p. 12), "a responsabilidade social e ética pressupõe o reconhecimento da comunidade e da sociedade como partes interessadas da organização, com necessidades que precisam ser identificadas, compreendidas e atendidas". Uma organização socialmente responsável, direta e indiretamente, acaba por influenciar outras organizações, públicas ou privadas, a se tornarem parceiras nesses propósitos, e também estimula as pessoas de sua própria força de trabalho a engajarem-se em atividades sociais. O relacionamento da organização com todas as partes interessadas deve desenvolver-se de forma ética, para que resulte em reciprocidade no tratamento. Para Ferrel et al. (2000, p. 87), "o comportamento ético está diretamente relacionado com o respeito e a confiança mútuos". Estes autores (2000, p. 89) argumentam que "a responsabilidade social e ética potencializa a credibilidade e o reconhecimento público, aumentando o valor da organização".

No tocante à segurança, à saúde pública e à proteção ambiental, a organização deve prever os impactos adversos que podem decorrer das suas instalações, produção, distribuição, transporte, uso, descartes ou reciclagem final de seus produtos, e deve realizar ações preventivas e de proteção necessárias. Isso engloba a responsabilidade pública, ou seja, o cumprimento e a superação das obrigações legais pertinentes à organização, que representam os anseios da sociedade quanto à sua conduta. Segundo Ferrel et al. (2000, p. 27), "o sucesso e os interesses de longo prazo da organização dependem de uma conduta ética em seus negócios e do atendimento e superação dos requisitos legais e regulamentares associados aos seus produtos, processos e instalações". Segundo Nalini (2003, p. 156), "responsabilidade com a sociedade é a obrigação que a organização assume para maximizar os efeitos positivos e minimizar os negativos que ela produz sobre a sociedade. A responsabilidade social abrange as dimensões legais, éticas, econômicas, ambientais".

Relatório da gestão

Responsabilidade socioambiental

Para identificar os impactos socioambientais (sobre os quais tenha influência) de seus produtos, processos e instalações, e para lidar com esses impactos, a Genexis afirma que o principal impacto social e ambiental resultante de sua atuação é a inclusão digital corporativa, que possibilita a pequenas e médias organizações interagirem eletronicamente com seus clientes e fornecedores, sem a necessidade de investimentos vultosos em tecnologia da informação, além de possibilitar também, para essas organizações, o conhecimento de seus mercados e do desempenho de seus respectivos produtos e serviços, sem ter de arcar com custos elevadíssimos em informações e pesquisas de mercado, até então acessíveis apenas a organizações de grande porte.

Quanto a informar a sociedade sobre os impactos e informações relevantes associados aos produtos, processos e instalações, a organização acredita que tem prestado à sociedade um serviço até então não disponível no mercado brasileiro, sobre o comportamento de epidemias e endemias, com periodicidade diária, em tempo real, decorrente do consumo de produtos farmacêuticos especificamente destinados ao combate dessas doenças, permitindo ao poder público ações dirigidas, localmente focadas (regionalizadas por municípios e até por CEPs e bairros nos grandes centros), dando condições aos órgãos responsáveis de combater tais eventos a tempo, e na hora em que ocorrem.

Em relação às ações que envolvem a conservação de recursos não renováveis, a preservação dos ecossistemas e a minimização do uso de recursos naturais, a organização informou que por ser uma empresa 100% orientada à tecnologia da informação, seus benefícios à conservação de recursos não renováveis é expressivo, uma vez que insumos como silício são altamente abundantes na natureza e recicláveis, e não impactam os ecossistemas ameaçados pelo uso indevido de seus recursos pela população global. Complementarmente, a organização informou que contribui para a minimização da destruição de florestas no instante em que ajuda empresas a se conectarem eletronicamente, reduzindo a necessidade do uso de meios físicos para sua comunicação, sejam eles baseados em papel, deslocamento ou mesmo fios de cobre (hoje largamente substituídos por conectividade sem fio).

Relatório de avaliação

TABELA 7.9

Responsabilidade socioambiental (15 pontos)

Aspectos de Avaliação	Pontuação		
	0%	10%	20%
1 A organização identifica os aspectos e trata os impactos sociais e ambientais, sobre os quais tenha influência, de seus produtos, processos e instalações.	X		
2 A organização informa a sociedade sobre os impactos e informações relevantes associados aos produtos, processos e instalações.	X		
3 A organização promove ações envolvendo a conservação de recursos não renováveis, a preservação dos ecossistemas e a minimização do uso dos recursos renováveis.		X	
4 A organização verifica se os padrões de trabalho das práticas de gestão relativas à responsabilidade socioambiental estão sendo cumpridos.	X		
5 A organização avalia e melhora as práticas de gestão e os respectivos padrões de trabalho relativos à responsabilidade socioambiental.	X		
Percentual do Item	10%		

Fonte: FPNQ, 2003.

Pontos moderados

Aspecto 3

(+/–) Por ser uma empresa 100% orientada à tecnologia da informação, atuando no setor de prestação de serviços, seus benefícios à conservação de recursos não renováveis são expressivos, uma vez que insumos como silício são altamente abundantes na natureza e recicláveis, e não impactam os ecossistemas ameaçados pelo uso indevido de seus recursos pela população global. Complementarmente, a Genexis contribui para a minimização da destruição de florestas no instante em que ajuda empresas a se conectarem eletronicamente, reduzindo a necessidade do uso de meios físicos para sua comunicação, sejam eles baseados em papel, deslocamento ou mesmo fios de cobre (hoje largamente substituídos por conectividade sem fio). Demonstra, assim, efeitos indiretos.

Pontos passíveis de melhoria

Aspecto 1

(–) As práticas de gestão da organização são inadequadas ao requerido e não são priorizadas pela organização.

Aspecto 2

(–) As práticas de gestão da organização são inadequadas ao requerido e não são priorizadas pela organização.

Aspecto 4

(–) Não foram apresentados os padrões de trabalho das práticas de gestão referentes à verificação da sua eficiência.

Aspecto 5

(–) Não foram apresentados os processos de avaliação e melhoria das práticas de gestão e os respectivos padrões de trabalho.

Ética e desenvolvimento social

O comportamento ético é estimulado interna e externamente, e o relacionamento ético com todas as partes interessadas é assegurado. Segundo a organização, seu core business demanda que suas ações sejam orientadas pelos princípios éticos nos negócios, no momento em que seus produtos e serviços são destinados ao compartilhamento de informações sobre sua comercialização por toda a cadeia de suprimentos. Tais produtos e serviços levam seus usuários à prática da transparência das atividades realizadas por essa indústria, facilitando o trabalho dos órgãos públicos e privados, tanto nos mecanismos de auditoria quanto na prática efetiva da ética nos negócios em segmentos industriais. A organização afirma que, no momento em que dá total transparência às transações de comercialização e movimentação de produtos e serviços ao longo da cadeia de suprimentos, atende às suas necessidades, mas que nem sempre atende essas, necessidades caso as comunidades não estejam alinhadas com os princípios de ética nos negócios, que regem suas atividades fundamentais de informação em tempo real e de gestão de rede de suprimentos.

A verificação dos padrões éticos é mantida por meio da abertura para empresas de auditoria, e por meio de uma área independente de garantia da qualidade das informações e transações tratadas pela empresa, reportando a seus clientes e parceiros toda e qualquer transação ou informação que tenha sido veiculada e/ou processada por algum de seus produtos e serviços.

A organização busca melhorias em seus padrões de trabalho e práticas de gestão relativas à ética mediante a realização de reuniões semestrais com clientes, fornecedores, parceiros, universidades e entidades, tornando públicos seus indicadores de qualidade, compartilhando-os no interesse de obter sugestões e melhores práticas, destinadas à melhoria de seu desempenho na prática da ética gerencial e concorrencial.

Relatório de avaliação

TABELA 7.10

Ética e desenvolvimento social (15 pontos)

Aspectos de Avaliação	Pontuação		
	0%	10%	20%
1 O comportamento ético é estimulado interna e externamente à organização e o relacionamento ético com todas as partes interessadas é assegurado.			X
2 A organização identifica as necessidades e avalia a satisfação das comunidades com a sua atuação.	X		
3 A organização atende às necessidades das comunidades e exerce liderança no apoio e no fortalecimento das comunidades, da região e do País.		X	
4 A organização verifica se os padrões de trabalho das práticas de gestão relativas à ética e ao desenvolvimento estão sendo cumpridos.		X	
5 A organização avalia e melhora as práticas de gestão e os respectivos padrões de trabalho relativos à ética e ao desenvolvimento social.		X	
Percentual do Item		50%	

Fonte: FPNQ, 2003.

Pontos fortes

Aspecto 1

(+) O comportamento ético é estimulado interna e externamente à organização, e o relacionamento ético com todas as partes interessadas é assegurado. O próprio core business da organização demanda que suas ações sejam orientadas pelos princípios éticos nos negócios.

Pontos moderados

Aspecto 3

(+/–) A organização atende às necessidades das comunidades e exerce liderança no apoio e no fortalecimento das comunidades diretamente ligadas às suas atividades fundamentais no momento em que dá total transparência às transações de comercialização e movimentação de produtos e serviços ao longo da cadeia; nem sempre ela atende às necessidades das comunidades, caso essas comunidades não estejam alinhadas com os princípios de ética nos negócios, que regem suas atividades fundamentais de informação em tempo real e de gestão de rede de suprimentos.

Aspecto 4

(+/–) A organização verifica se os padrões de trabalho das práticas de gestão relativas à ética e ao desenvolvimento estão sendo cumpridos por meio da abertura para empresas de auditoria e por intermédio de uma área independente de garantia da qualidade das informações e transações tratadas pela empresa, reportando a seus clientes e parceiros toda e qualquer transação ou informação que tenha sido veiculada e/ou processada por algum de seus produtos e serviços.

Aspecto 5

(+/–) A organização avalia e melhora as práticas de gestão e os respectivos padrões de trabalho relativos à ética e ao desenvolvimento social, mediante a realização de reuniões semestrais com clientes, fornecedores, parceiros, universidades e entidades, tornando públicos seus indicadores de qualidade, compartilhando-os no interesse de obter sugestões e melhores práticas, destinadas à melhoria de seu desempenho na prática da ética gerencial e concorrencial. Não informa, entretanto, as reações dessas partes interessadas.

Pontos passíveis de melhoria

Aspecto 2

(–) Não foram apresentadas práticas de gestão quanto à identificação, avaliação e satisfação das necessidades da comunidade como um todo.

Informação e conhecimento

A informação é um meio ou material necessário para extrair e construir o conhecimento, o qual, por sua vez, é criado com base no fluxo de informações, ancorado nas crenças e compromissos de seu detentor, e sempre está diretamente relacionado às ações humanas para algum fim. Zabot e Silva (2002, p. 93) afirmam que para a informação existem dois fenômenos distintos: a própria informação (números, símbolos, imagens ou palavras) e o conhecimento (a informação interpretada). A informação é desprovida de significado e não tem quase valor, pois seu valor está na criação do conhecimento do qual ela faz parte.

A informação tem papel fundamental para a organização, porque contribui para uma melhor execução de suas atividades. O sistema de informação de uma organização deve ser amplo, para abrigar as informações necessárias de todas as áreas da organização, e flexível, para que consiga acompanhar e refletir as mudanças que ocorrem tanto em seu ambiente interno quanto externo. A informação, quando adequadamente estruturada, faz com que a organização se torne mais dinâmica, alcançando com mais facilidade seus objetivos. Por melhor que seja a informação, ela não terá valor se não for utilizada pela organização da forma e da maneira correta. Segundo Beuren (2000, p. 25), "a informação gerada nas empresas deve assumir o caráter de dar suporte informativo adequado, para que os gestores percebam a eficiência e a eficácia empresarial como uma necessidade contínua e sustentada".

As informações estruturadas com o fim de orientar a organização em determinadas áreas são as informações comparativas pertinentes e que, segundo a FPNQ (2003, p. 55),

> são informações oriundas de referenciais selecionados de forma lógica, não casual, com quatro tipos básicos de referencial: competitivo (por exemplo, informações dos concorrentes), similar (baseado em dados de organizações que embora não sejam concorrentes, apresentam características similares de porte, tecnologia ou outras), de excelência (organização de reconhecida competência) e de grande grupo (dados baseados em muitas empresas não similares, obtidos, por exemplo, de grupos de benchmarking).

Para que a informação seja de grande valor para a organização, ela deve ser armazenada, disponibilizada, avaliada e manipulada de maneira clara e adequada, para ser utilizada no apoio à tomada de decisões. Essa forma de tratar as informações é conhecida como TI. Meireles (2004, p. 2) argumenta que "TI é um conjunto de recurso de hardware (equipamentos), software (programas), meios de armazenamentos e meios de transmissão que combinados permitem guardar, recuperar, transmitir, transformar, combinar, calcular e processar informações de modo a simular uma determinada situação de realidade". Boar (2002, p. 87) afirma que

> a TI é a reparação, coleta, transporte, recuperação, armazenamento, acesso, apresentação e transformação em todas as suas formas (voz, gráficos, texto, vídeo e imagem). A movimentação de informação pode ocorrer entre seres humanos e máquinas e/ou entre máquinas. O gerenciamento da informação

garante seleção, distribuição, operação, manutenção e evolução dos bens de TI de forma coerente com as metas e os objetivos da organização.

A organização deve administrar-se de forma coerente e, para isso, ela precisa saber, com clareza, o tipo de informações que possui e qual sua importância e seu papel. Em outras palavras, a organização deve saber como conduzir essas informações e o que fazer para que elas se encaminhem para o destino certo. Dessa forma, a TI, quando bem utilizada, ajuda a promover melhor desempenho, facilita a comunicação interna e externa da organização e agiliza o tempo em seus processos e atendimentos, além de agregar valor e desenvolvimento em seus produtos e serviços.

Para que uma organização possa desenvolver técnicas de informação suficientes para seu crescimento e desenvolvimento, ela precisa principalmente de capital intelectual atualizado e adequado, para que possa atuar no mercado de maneira atual e competitiva, criando sempre novas tecnologias e produtos diferenciados, além de processos cada vez mais eficientes e inovadores. Segundo a FPNQ (2003, p. 50), "capital intelectual é um conjunto de ativos intangíveis representados pelo acervo de conhecimentos e benefícios utilizados e geradores do diferencial competitivo, e que agregam valor à organização". Atualmente, conhecimento, que antes apenas auxiliava outros recursos em uma organização, passou a ser um substituto de vários elementos organizacionais, tornando-se muitas vezes até mais importante do que a própria matéria-prima. Oliveira (2004, p. 324) argumenta que "a gestão do conhecimento é um processo estruturado para administrar a informação, agregar-lhe valor e distribuí-la adequadamente pelas diversas unidades organizacionais da empresa". Para Boar (2002, p. 58),

o conhecimento pode ser considerado como forma de capital das organizações, ou seja, como qualquer forma de riqueza empregada com o objetivo de produzir mais riqueza. E o desenvolvimento do conhecimento é fundamental para o desenvolvimento de novas tecnologias, gerando mudanças sociais, políticas e de paradigmas.

Segundo a FPNQ (2003, p. 51), "conhecimento é constituído pela tecnologia, pelas políticas, pelos procedimentos, pelas bases de dados e documentos, bem como pelo conjunto de experiências e habilidade da força de trabalho. É gerado como resultado da análise das informações coletadas pela organização". Dessa forma, o capital intelectual, nas organizações, é peça fundamental para crescimento e desenvolvimento, e muitas vezes é o seu maior patrimônio, pois agrega valores inestimáveis. Para que a organização alcance os objetivos desejados, é necessário que seu capital intelectual seja valorizado de forma máxima, e freqüentemente analisado e avaliado, para que sempre atue de maneira a auxiliar crescimento e diferenciais para a organização.

Relatório da gestão

Gestão das informações da organização

Informação, matéria-prima necessária à prestação do serviço proposto pela Genexis, é aspecto fundamental para o seu sucesso; dessa maneira, a organização acredita que seja essencial um processo efetivo de comunicação entre funcionários e colaboradores para facilitar o fluxo de informações entre as pessoas e as diversas áreas, estabelecendo assim as condições necessárias à fluidez efetiva dos processos inerentes aos negócios. Para tanto, estabeleceu um plano de gerenciamento de processos e de comunicação interpessoal para realizar as transformações necessárias projetadas.

Os processos foram hierarquizados em processos de negócios, de trabalho e operacionais, além dos processos de apoio, presentes sempre que necessário em conjunto com os demais. Tomando esse diagnóstico como base, estabeleceu-se um plano para sua gestão, buscando a eliminação das barreiras que afetam tanto os emissores das mensagens corporativas quanto seus receptores, com a implantação do Processo de Comunicação Interpessoal, que possui dois objetivos: garantir o funcionamento e a melhoria contínua da gestão por processos na organização, e fornecer apoio operacional para o funcionamento e a melhoria contínua das atividades de comunicação interpessoal, por meio do comitê estratégico, formado pelos acionistas, CEOs, diretores, mais os níveis gerenciais, responsáveis por essa gestão e pela facilitação da comunicação entre as partes, entre os indivíduos e, conseqüentemente, entre os diferentes processos.

O Processo de Comunicação Interpessoal é composto pelas seguintes atividades: diagnosticar processos de comunicação interpessoal com mau funcionamento, atualização de processos diagnosticados com novas práticas, desenho de novos processos para a melhoria da comunicação entre as pessoas, alavancagem no uso das ferramentas informatizadas nos desenhos dos processos e apoio aos responsáveis na melhoria dos processos existentes de comunicação.

Para definir, desenvolver, implantar e atualizar os sistemas de informação, a organização adota a metodologia de gestão de projetos, com base em PMBOK e PMI, sendo um sistema elaborado para cada processo de negócio e processo de apoio, com a finalidade de gerenciar o andamento do respectivo processo, e a integração desses sistemas de informação são os respectivos funis de negócios, cada um recebendo o nome do respectivo processo de negócio ou de apoio. São eles: sistema de gestão estratégica; sistema de desenvolvimento de novos negócios, alianças e aquisições; sistema de desenvolvimento de negócios internacionais; sistema de aquisição de clientes; sistema de gestão do relacionamento com clientes; sistema de garantia da qualidade; sistema de desenvolvimento de produtos e serviços; sistema de gestão de fornecedores; sistema de planejamento e controle; sistema de gestão da operação; sistema de gestão de marketing corporativo; sistema de atendimento de pedidos e serviços; sistema de gestão de pessoas.

As informações são disponibilizadas para todas as pessoas da organização e de seus colaboradores externos (parceiros e terceiros), e têm como mecânica de funcionamento a atualização dos sistemas e dos funis de negócios por cada responsável pelo processo até as 12 horas das sextas-feiras, circulando novamente para todas as pessoas até as 12 horas das segundas-feiras subseqüentes.

Para verificar se os padrões de trabalho das práticas de gestão relativas às informações da organização estão sendo cumpridos, é realizada uma reunião mensal desse comitê com cada um dos grupos responsáveis pelos diversos processos, permitindo maior interação e uma comunicação efetiva, fazendo com que o comitê atue como um elo de difusão das informações e da forma de comunicação, gerando integração entre todos os colaboradores e funcionários, fornecendo relatórios que qualificam e quantificam as não-conformidades e solicitações de ação corretiva. Como exemplo de inovação e melhoria em decorrência dessa avaliação, a organização realiza semanalmente suas reuniões de processos e de funis, para o planejamento integrado das ações da semana subseqüente.

Relatório de avaliação

TABELA 7.11

Gestão das informações da organização (10 pontos)

Aspectos de Avaliação	Pontuação		
	0%	10%	20%
1 A organização possui métodos para identificação das necessidades de informações sistematizadas para apoiar as operações diárias e a tomada de decisão.			X
2 A organização possui métodos para definir, desenvolver, implantar e atualizar sistemas de informação.			X
3 As informações estão disponibilizadas a todas as pessoas da força de trabalho.			X
4 A organização verifica se os padrões de trabalho das práticas de gestão relativas às informações da organização estão sendo cumpridos.			X
5 A organização avalia e melhora as práticas de gestão e os respectivos padrões de trabalho relativos à gestão das informações da organização.			X
Percentual do Item		100%	

Fonte: FPNQ, 2003.

Pontos fortes

Aspecto 1

(+) Para identificação das necessidades de informações sistematizadas para apoiar as operações diárias e a tomada de decisões, a organização adota um plano de gerenciamento de processos e de comunicação interpessoal que possui dois objetivos: garantir o funcionamento e a melhoria contínua da gestão por processos na organização, e fornecer apoio operacional para o funcionamento e a melhoria contínua das atividades de comunicação interpessoal.

Aspecto 2

(+) Para definir, desenvolver, implantar e atualizar os sistemas de informação, a organização adota a metodologia de gestão de projetos, baseada em PMBOK e PMI, sendo um sistema para cada processo de negócio e processo de apoio. São eles: sistema de gestão estratégica; sistema de desenvolvimento de novos negócios, alianças e aquisições; sistema de desenvolvimento de negócios internacionais; sistema de aquisição de clientes; sistema de gestão do relacionamento com clientes; sistema de garantia da qualidade; sistema de desenvolvimento de produtos e serviços; sistema de gestão de fornecedores; sistema de planejamento e controle; sistema de gestão da operação; sistema de gestão de marketing corporativo; sistema de atendimento de pedidos e serviços; sistema de gestão de pessoas.

Aspecto 3

(+) As informações são disponibilizadas para todas as pessoas da força de trabalho da organização e de seus colaboradores externos (parceiros e terceiros), e têm como mecânica de funcionamento a atualização dos sistemas e dos funis de negócios por cada responsável pelo processo até as 12 horas das sextas-feiras, circulando novamente para todas as pessoas até as 12 horas das segundas-feiras subseqüentes. Promove também uma reunião mensal do comitê do Processo de Comunicação Interpessoal, com cada um dos grupos responsáveis pelos diversos processos.

Aspecto 4

(+) A organização verifica se os padrões de trabalho das práticas de gestão relativas às informações da organização estão sendo cumpridos em reuniões mensais de análise crítica desse comitê com cada um dos grupos responsáveis pelos diversos processos.

Aspecto 5

(+) A organização avalia as práticas de gestão e os respectivos padrões de trabalho relativos às informações da organização em reuniões mensais de análise crítica e melhoria de acordo com o resultado da análise crítica relativa a cada processo, gerando relatórios que qualificam e quantificam as não-conformidades e solicitações de ação corretiva. Como exemplo de inovação e melhoria em decorrência dessa avaliação, a organização realiza semanalmente suas reuniões de processos e de funis, para o planejamento integrado das ações da semana subseqüente.

Gestão das informações comparativas

A organização trata a gestão das informações comparativas por meio do Processo de Negócio Gestão Estratégica, que tem como entradas informações sobre o contexto externo no qual a organização opera, incluindo informações sobre o macroambiente, considerando informações/eventos que afetam os negócios, com a finalidade de monitorar o ambiente em que opera e melhorar seus aspectos competitivos. No setor econômico, consideram mudanças na política econômica, regulamentação econômica e seus impactos sobre os mercados de atuação. No mercado, informações sobre sua dinâmica, considerando canais/distribuidores, tendências, ameaças e oportunidades. Em novas tecnologias, informações sobre tecnologias e seus impactos potenciais, considerando tecnologias emergentes e seus impactos sobre a dinâmica competitiva. Na concorrência, não existem concorrentes diretos com o mesmo formato de serviço (informação em tempo real e gestão da rede de suprimentos), mas a organização considera como concorrente toda empresa, pessoa ou entidade que possa suprir as mesmas necessidades que ela se propõe a atender; portanto, considera os eventos relacionados aos concorrentes, monitorando parâmetros competitivos qualitativos, como movimentos estratégicos, investimentos em novos negócios/produtos/serviços, pontos fortes e oportunidades para melhorias, e evolução da atuação geográfica, desempenho e resultados.

Para identificar as organizações consideradas como referenciais comparativos pertinentes, a organização adota a metodologia das cinco forças competitivas, de Michael E. Porter, de avaliação de grupos estratégicos, com a qual, a partir da análise da indústria em que atua, a organização elabora uma matriz PFOA, considerando os aspectos solicitados pela metodologia. São eles: grau de rivalidade dos participantes da indústria, ameaça de novos entrantes, ameaça de produtos substitutos, poder de barganha do comprador, poder de barganha do fornecedor, acrescido do aspecto disponibilidade de complementadores. Esta análise se dá contemplando a Genexis como um grupo estratégico isolado, por não possuir nessa indústria um concorrente direto, com o mesmo formato de serviço, concorrendo com os demais. A análise dos principais grupos estratégicos, as forças que neles atuam, encontra-se detalhada no adendo digital, com o nome de Anexo I – Análise estratégica Genexis.

Para identificar as necessidades e determinar as prioridades de informações comparativas pertinentes e para analisar o seu nível de desempenho, estabelecer suas metas e objetivos, e melhorar seus produtos, processos e práticas de gestão, a organização criou seu BSC. Tais indicadores são usados na medição dos objetivos estratégicos mais importantes estabelecidos e demonstrados conforme a Figura 7.1.

Para verificação das práticas relacionadas à gestão das informações comparativas, há realização de reunião mensal de análise crítica. A avaliação e melhoria ocorrem de acordo com o resultado da análise crítica, que tem por base indicadores de desempenho do Processo Gestão Estratégica e objetivos globais definidos em seu BSC, gerando relatórios denominados funis, instrumentos gerenciais que qualificam e quantificam as não-conformidades e solicitações de ação corretiva. Como exemplo de inovação resultante do processo de aprendizado, a organização revisa semestralmente o seu plano estratégico.

FIGURA 7.1

BSC Genexis Health Inc.

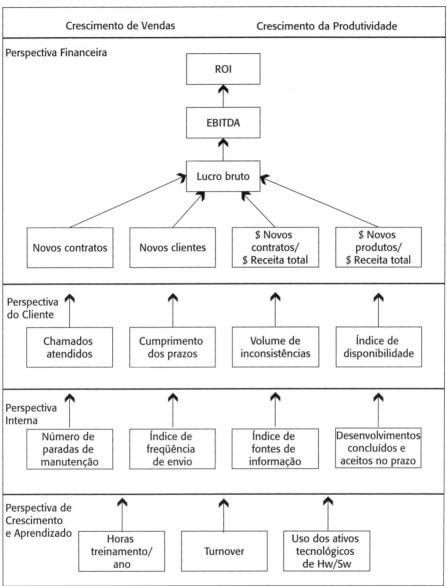

Fonte: Genexis Health Inc., 2004.

Relatório de avaliação

TABELA 7.12

Gestão das informações comparativas (10 pontos)

Aspectos de Avaliação	Pontuação		
	0%	10%	20%
1 A organização possui métodos para identificar as necessidades e determinar as prioridades de informações comparativas pertinentes para analisar o nível de desempenho, estabelecer metas, melhorar produtos, processos e práticas de gestão.			X
2 A organização possui métodos para identificar as organizações consideradas como referenciais comparativos pertinentes dentro e fora do seu ramo de atuação.		X	
3 As informações comparativas obtidas são utilizadas para a tomada de decisão e para promoção de melhorias e inovações em produtos, processos e nas práticas de gestão.			X
4 A organização verifica se os padrões de trabalho das práticas de gestão relativas às informações comparativas estão sendo cumpridos.			X
5 A organização avalia e melhora as práticas de gestão e os respectivos padrões de trabalho relativos à gestão das informações comparativas.			X
Percentual do Item		90%	

Fonte: FPNQ, 2003.

Pontos fortes

Aspecto 1

(+) Para identificar as necessidades e determinar as prioridades de informações comparativas pertinentes, a organização – a fim de analisar seu nível de desempenho, estabelecer suas metas e objetivos e melhorar seus produtos, processos e práticas de gestão – criou seu BSC, apresentando os objetivos estratégicos mais importantes, e adotou o Processo de Negócio Gestão Estratégica para gestão dos assuntos inerentes às informações comparativas, monitorando dessa forma o ambiente externo onde opera.

Aspecto 3

(+) Em função da não existência de concorrentes diretos, não há informações comparativas quantitativas nesse mesmo sentido. Ocorre o monitoramento de parâmetros competitivos qualitativos, como lançamento de produtos concorrentes, fechamento de novos negócios pelos concorrentes, perda de contratos pelos concorrentes para a Genexis. O que ocorre é o desafio mensal, com revisão semanal, metas trimestrais e planejamento semestral dos respectivos indicadores de desempenho da empresa, que aferem, ainda que de forma indireta, o comportamento da concorrência indireta. Conforme advogado pela direção geral da Genexis, o detalhamento das explicações desse aspecto passa pela discussão e análise da concorrência segundo a metodologia de Porter, de avaliação de grupos estratégicos. A análise dos principais grupos estratégicos, as forças que neles atuam, encontra-se detalhada no adendo digital, com o nome de Anexo I – Análise estratégica Genexis.

Aspecto 4

(+) A organização verifica se os padrões de trabalho das práticas de gestão relativas às informações da organização estão sendo cumpridos em reuniões mensais.

Aspecto 5

(+) A organização avalia as práticas de gestão e os respectivos padrões de trabalho relativos às informações comparativas em reuniões mensais de análise crítica e melhora de acordo com o resultado da análise crítica dos indicadores de desempenho e objetivos globais, gerando relatórios que qualificam e quantificam as não-conformidades e solicitações de ação corretiva. Como exemplo de inovação resultante do processo de aprendizado, a organização revisa o seu plano estratégico semestralmente.

Pontos moderados

Aspecto 2

(+/–) A organização trata a gestão das informações comparativas por meio de seu Processo de Negócio Gestão Estratégica, considera como referenciais comparativos pertinentes os eventos relacionados a empresas que possam oferecer o mesmo formato de serviço (informação em tempo real e gestão da rede de suprimentos), monitorando parâmetros competitivos qualitativos como: movimentos estratégicos, investimentos em novos negócios/produtos/serviços, pontos fortes e fracos, evolução da atuação geográfica, desempenho e resultados. A organização não utiliza referenciais comparativos de outros setores de atuação.

Gestão do capital intelectual

O capital intelectual da organização é medido fundamentalmente pelo indicador listado no BSC, sob a perspectiva de crescimento e aprendizado, ligado ao crescimento da produtividade que trata do uso dos ativos tecnológicos de hardware e de software. A medição de tais indicadores é feita mediante a administração do tempo dispensado desde o início do projeto de um novo produto que utilize tais tecnologias até a sua subseqüente liberação para entrar em operação.

Por se tratar de uma empresa de serviços com alto índice de intangibilidade no conhecimento embarcado em seus sistemas, a organização elegeu esse indicador como o mecanismo de medição quantitativa mais próximo de identificar a evolução de seu capital intelectual. Além disso, a organização mantém controle sobre os ativos em tecnologia de software e de processos, e não terceiriza tais atividades por entender que elas têm caráter estratégico e que não devem ser executadas por prestadores de serviços, prejudicando, assim, o processo de diferenciação e unicidade.

Como mecanismo de medição da proteção do capital intelectual em relação a talentos humanos gerados pela organização, outro indicador é usado para tal acompanhamento: o turnover, ou seja, o tempo médio entre a substituição dos colaboradores, por função e por equipe de processos. Dessa forma, a organização obtém uma medição sobre o tempo necessário para que um determinado volume de capital intelectual seja reposto ou substituído, por funcionalidade, dentro do processo pertinente ao objeto de medição.

Quanto aos direitos autorais e patentes, variável crítica externa da organização, monitorada por seu Processo de Negócio Gestão Estratégica, ambos não se aplicam à principal fonte geradora de capital intelectual, que são seus softwares aplicativos, os quais materializam seus produtos e serviços, uma vez que não há no Brasil uma legislação específica para regular os registros e as garantias de direito ao uso exclusivo de tecnologias e soluções proprietárias desenvolvidas pela organização.

O compartilhamento do conhecimento ocorre em reuniões periódicas de processos, nas quais os assuntos inerentes aos negócios da organização e pertinentes ao seu capital intelectual são permanentemente discutidos e compartilhados entre as várias equipes e os próprios membros de cada grupo, associado a cada processo da organização. Outro indicador considerado pela organização como base para alimentar o indicador global de crescimento das vendas é o número de horas de treinamento no período, pois, dado o alto conteúdo tecnológico de seus produtos e serviços, a organização entende como sua melhor medida de gestão de capital intelectual a aferição permanente, por colaborador, desse indicador.

As práticas de gestão relativas ao desenvolvimento do capital intelectual são verificadas em reuniões mensais de análise crítica. A avaliação e melhoria dos respectivos padrões de trabalho e práticas de gestão são efetuadas de acordo com o resultado da análise crítica, que tem por base indicador listado no BSC sob a perspectiva de crescimento e aprendizado, gerando relatórios que qualificam e quantificam as não-conformidades e solicitações de ação corretiva.

Relatório de avaliação

TABELA 7.13

Gestão do capital intelectual (10 pontos)

Aspectos de Avaliação	Pontuação		
	0%	10%	20%
1 O capital intelectual da organização é identificado e os ativos que o compõem são medidos.			X
2 A organização desenvolve, mantém e protege o capital intelectual, tratando devidamente os direitos autorais e as patentes.		X	
3 O conhecimento é compartilhado na organização e o pensamento criativo e inovador é incentivado.			X
4 A organização verifica se os padrões de trabalho das práticas de gestão relativas ao desenvolvimento do capital intelectual estão sendo cumpridos.			X
5 A organização avalia e melhora as práticas de gestão e os respectivos padrões de trabalho relativos ao desenvolvimento do capital intelectual.		X	
Percentual do Item		80%	

Fonte: FPNQ, 2003.

Pontos fortes

Aspecto 1

(+) O capital intelectual da organização é identificado, e os ativos que o compõem são medidos pelo indicador listado no BSC, sob a perspectiva de crescimento e aprendizado, ligado ao crescimento da produtividade que trata do uso dos ativos tecnológicos de hardware e de software. Como mecanismo de medição da proteção do capital intelectual em relação a talentos humanos gerados pela organização, outro indicador é usado para tal acompanhamento, o turnover.

Aspecto 3

(+) O compartilhamento do conhecimento ocorre em reuniões periódicas de processos, nas quais os assuntos inerentes aos negócios da organização e pertinentes ao seu capital intelectual são permanentemente discutidos e compartilhados entre as várias equipes e os próprios membros de cada grupo, associado a cada processo da organização. Além disso, outro indicador considerado pela organização como base para alimentar o indicador global de crescimento das vendas é o número de horas de treinamento no período, pois, dado o alto conteúdo tecnológico de seus produtos e serviços, a organização entende como sua melhor medida de gestão de capital intelectual a aferição permanente, por colaborador, desse indicador.

Aspecto 4

(+) As práticas de gestão relativas ao desenvolvimento do capital intelectual são verificadas em reuniões mensais de análise crítica.

Pontos moderados

Aspecto 2

(+/–) Quanto aos direitos autorais e patentes, variável crítica externa da organização, monitorada por seu Processo de Negócio Gestão Estratégica, ambos não se aplicam à principal fonte geradora de capital intelectual, que são seus softwares aplicativos, os quais materializam seus produtos e serviços, uma vez que não há no Brasil uma legislação específica para regular os registros e as garantias de direito ao uso exclusivo de tecnologias e soluções proprietárias desenvolvidas pela organização. A organização não utiliza outros meios de proteção de capital intelectual.

Aspecto 5

(+/–) A organização avalia as práticas de gestão e os respectivos padrões de trabalho relativos ao desenvolvimento do capital intelectual em reuniões mensais de análise crítica, tendo como base indicador listado no BSC sob a perspectiva de crescimento e aprendizado e melhora de acordo com o resultado da análise crítica dos indicadores de desempenho e objetivos globais, gerando relatórios que qualificam e quantificam as não conformidades e solicitações de ação corretiva. A organização não apresentou exemplo de ação tomada decorrente dessa avaliação.

Pessoas

As organizações necessitam que pessoas contribuam para a consecução das suas estratégias, dos seus objetivos e das suas metas. Segundo a FPNQ (2003, p. 52), "as pessoas que compõem uma organização, tais como empregados em tempo integral ou parcial, temporários, autônomos e contratados de terceiros que trabalhem sob a coordenação direta da organização são denominadas de força de trabalho". A gestão de pessoas, especificamente, é um dos fatores que mais causa impacto no processo administrativo (sistema de gestão de uma organização), porque consiste em obter, dirigindo pessoas, eficiência e eficácia da organização. Segundo Chiavenato (2002), a administração de recursos humanos consiste no planejamento, na organização, no desenvolvimento, na coordenação e no controle de técnicas capazes de promover o desempenho eficiente do pessoal, ao mesmo tempo que a organização representa o meio que permite, às pessoas que com ela colaboram, alcançar os objetivos individuais relacionados direta ou indiretamente com o trabalho. Para o autor, a administração de recursos humanos significa conquistar e manter as pessoas na organização, trabalhando e dando o máximo de si, com participação positiva e favorável para a organização. A administração de recursos humanos atua em um ponto de equilíbrio, de um lado estimulando os empregados a alcançarem as metas de trabalho, e de outro, voltada para dar-lhes condições satisfatórias de desempenho, procurando atendê-los em suas necessidades materiais e psicológicas. Aquino (1988, p. 76) afirma que a administração de recursos humanos pode ser definida como o ramo da administração responsável pela coordenação de interesses da mão-de-obra e dos donos do capital, e visa proporcionar à organização uma força de trabalho motivada, integrada e produtiva, estimulando a contribuição para o alcance dos objetivos organizacionais. Este autor (1988) argumenta que o objetivo da administração de recursos humanos é o equilíbrio entre empregador e empregado, para alcançar os interesses e as expectativas correspondentes, caracterizadas por um violento jogo de interesses e por artimanhas típicas da estrutura de concorrência, como é a sociedade capitalista. Para conseguir atingir os objetivos, as organizações precisam alinhar seus recursos humanos às suas estratégias, tendo um número adequado de empregados disponíveis para atender às suas necessidades.

Para que as pessoas sejam incorporadas à organização, é necessário que elas sejam convocadas, selecionadas e contratadas, e isso pode ser feito por meio de técnicas como o recrutamento interno e externo, a seleção de pessoas. Marras (2000) afirma que recrutamento pessoal é uma atividade de responsabilidade do sistema de administração de recursos humanos, cuja finalidade é captar recursos humanos interna e externamente à organização, com o objetivo de suprir a seleção. Segundo Chiavenato (2002), o recrutamento é preferencialmente interno para que as chances de crescimento possam ser dadas aos colaboradores, além de ser vantajoso por ser mais econômico, mais rápido, apresentar maior índice de validade e de segurança, ser uma fonte poderosa de motivação para os empregados, aproveitar os investimentos da empresa em treinamento do pessoal e desenvolver um sadio espírito de competição entre os funcionários. Este autor argumenta que a divulgação das vagas pode ser feita por meio de memorandos ou cartazes fixados nos quadros de avisos, e que remanejar empregados em uma organização significa preencher determinada vaga a partir de movimentos vertical (promoção, com mudança de nível hierárquico), horizontal (transferência, sem mudança de nível hierárquico) ou diagonal (promoção com mudança de nível hierárquico), dependendo da vaga a ser preenchida. Caso haja necessidade de renovação e enriquecimento do quadro de pessoal, o recrutamento será externo. O recrutamento também pode ser misto. De acordo com Chiavenato (2002, p. 56), "recrutamento misto é aquele que explora tanto fontes internas como fontes externas de recursos humanos". A seleção de pessoal pode ser feita por meio de entrevistas estruturadas ou não-estruturadas, em que a diferença se encontra no planejamento. A organização utilizava-se de entrevistas não-estruturadas e estruturadas, de forma previamente planejada, ampliando as possibilidades de comparação dos resultados entre os diversos candidatos, podendo selecionar os candidatos com as devidas características. Todos passam por provas escritas de conhecimentos específicos. Segundo Marras (2000), selecionar significa, no geral, escolher o candidato com o melhor perfil para atender às necessidades da vaga.

Segundo a FPNQ (2003, p. 15),

> o sucesso de uma organização depende cada vez mais do conhecimento, habilidade, criatividade e motivação de sua força de trabalho. O sucesso das pessoas, por sua vez, depende cada vez mais das oportunidades para aprender, e de um ambiente favorável ao pleno desenvolvimento de suas potencialidades.

Dentro do processo administrativo existe a função de dirigir pessoas, que consiste em conduzir esses recursos na execução de tarefas para obtenção da eficácia e da eficiência, sendo necessária à utilização das atividades de instruir, ordenar, motivar, comunicar, coordenar e liderar pessoas. Quando desenvolvidas, essas atividades fazem com que, no ambiente de trabalho, as pessoas sejam envolvidas, trabalhadas, de forma a conhecerem adequadamente todos os aspectos que as fazem 'vestir a camisa'. É necessário, também, estabelecer claramente as responsabilidades de cada um, seus objetivos, como a organização espera que eles atuem; além disso, é fundamental que cada um conheça a cultura da organização, e que todos aceitem e assumam essa cultura. E, acima de tudo, é crucial que todos participem do sonho da organização (onde, quando e como ela quer chegar).

Para que os objetivos da organização sejam alcançados com eficiência e eficácia, é necessário que a força de trabalho seja capacitada e desenvolvida. Para Chiavenato (2002, p. 123), "treinamento, no sentido mais abrangente, é um esforço dirigido, com a finalidade de fazer as pessoas atingirem os objetivos da empresa". Dessa forma, o treinamento gera retorno para a organização; portanto, é um investimento, não uma despesa. Este autor (2002) argumenta que treinamento é o processo educacional em curto prazo, aplicado de maneira sistemática e organizado, que envolve conhecimentos específicos relativos ao trabalho, atitudes diante de aspectos da organização, da tarefa e do ambiente, e desenvolvimento de habilidades; e o treinamento compreenderá toda e qualquer atividade que vise à qualificação (criação de comportamento), formação ou aperfeiçoamento do pessoal de uma empresa, desde os diretores até os executores de mercadorias ou serviços.

Como qualificação de pessoal entendemos não só a capacitação do homem na execução de seu trabalho, mas também a sua integração no espírito da empresa e, especialmente, a sua motivação no trabalho. Segundo o autor, torna-se praticamente impossível distinguir o processo de treinamento da reconstrução da experiência individual. Isso porque, para o autor, o treinamento envolve vários aspectos pelos quais as pessoas adquirem compreensão e entendimento para lidar com diversos problemas.

É necessário, também, que a força de trabalho sinta-se reconhecida por intermédio dos incentivos oferecidos pela organização e da motivação que é gerada. Para Miles (apud Chiavenato, 2000, p. 261), o sistema de recompensas inclui o 'pacote total' de benefícios, que a organização coloca à disposição de seus membros, e os mecanismos e procedimentos pelos quais esses benefícios são distribuídos. Não apenas salários, férias, promoções para posições mais elevadas (com maiores salários e benefícios) são considerados, mas também recompensas como garantia de segurança no cargo, transferências laterais para posições mais desafiantes ou para posições que levem ao crescimento e a várias formas de reconhecimento por serviços notáveis. Milkovich & Boudreau (2000) afirmam que salário, incentivo e tudo que faz parte da remuneração têm por objetivo manter o empregado financeiramente estável. Já Marras (2000) afirma que a política salarial é o instrumento pelo qual a empresa determina os parâmetros que deseja imprimir, fixando condições e normas a serem seguidas ao longo de toda a estrutura organizacional. Para estes autores, os benefícios são os aspectos indiretos da remuneração total dos empregados; eles incluem remuneração fora do trabalho, pagamento de seguro e assistência médica, serviços aos empregados e renda de aposentadoria.

De acordo com Sanches (2002), a diferença entre incentivo e motivação é que no incentivo a pessoa age sob condições externas, condições limitadas em que não há envolvimento psicológico; e na motivação o indivíduo age impelido por forças internas, tem seu próprio gerador, o 'eu' está envolvido, sendo então a motivação uma tarefa de responsabilidade única e total do próprio funcionário. Segundo Covey (2002), as recompensas determinam o que se vai obter. Se o objetivo é atingir certas metas e espelhar os valores constantes em sua declaração de missão, então é preciso alinhar o sistema de recompensas com essas metas e valores. Se não existir esse alinhamento, as idéias não sairão do papel. Este autor afirma que a confiança é a forma mais elevada de motivação humana. Ela traz à tona o que há de melhor nos seres humanos, mas exige tempo e paciência e não elimina a necessidade de treinar e aprimorar as pessoas de forma que sua competência possa fazer jus à confiança depositada.

A qualidade de vida no trabalho envolve vários fatores, como: a satisfação com o trabalho executado, as possibilidades de futuro na organização, o reconhecimento pelos resultados alcançados, o salário recebido, os benefícios auferidos, o relacionamento humano dentro do grupo e da organização, o ambiente psicológico e físico de trabalho, a liberdade de decidir, as possibilidades de participar etc. Marras (2000) ressalta que qualidade de vida no trabalho significa buscar no interior das organizações a compensação do estresse causado pela busca frenética de resultados. A grande massa dos trabalhadores tem o desejo de viver melhor. Segundo a FPNQ (2003, p. 54),

> qualidade de vida corresponde à dinâmica da organização do trabalho que permite manter ou aumentar o bem-estar físico e psicológico da força de trabalho, com a finalidade de se obter uma total congruência entre as atividades desenvolvidas no trabalho e as demais atividades da sua vida, preservando a individualidade de cada um, possibilitando o desenvolvimento integral das pessoas.

A qualidade de vida no trabalho não é só o aspecto interno da organização: ela também envolve aspectos externos das pessoas. Ela afeta atitudes pessoais e comportamentos importantes que interferem na produtividade individual, na motivação, na adaptabilidade à mudança no ambiente de trabalho e na vontade de inovar ou ser criativo. Chiavenato (2002, p. 31) argumenta que "qualidade de vida no trabalho representa o grau em que os membros da organização são capazes de satisfazer suas necessidades pessoais por meio de sua atividade na organização". O autor (2002) argumenta que a qualidade de vida no trabalho é reconhecida e separada por categorias, como a compensação financeira e moral adequada e justa; os cargos que desenvolvem a capacidade humana, a oportunidade para crescimento pessoal, um ambiente social, saudável e seguro, que promove a identidade pessoal, a liberação dos preconceitos, o senso de comunidade e a possibilidade de ascensão; uma função de trabalho que perturbe o mínimo possível o lazer pessoal e as necessidades familiares; ações organizacionais socialmente responsáveis.

Segundo Bateman e Snell (1998, p. 347), "a qualidade de vida no trabalho cria um ambiente que aumenta o bem-estar e a satisfação do empregado e satisfaz a ampla gama de necessidades dos funcionários". A satisfação da força de trabalho não se restringe apenas a uma remuneração elevada; envolve também outros aspectos, como estabilidade, segurança, um ambiente de trabalho que promova bem-estar e auto-estima. Também é preciso criar condições para que a vida profissional não interfira na vida pessoal. Conforme Maslow (2000, p. 51), "se as pessoas forem tratadas de forma justa, ficarão satisfeitas".

Nota

Quando a limitada experiência profissional dos estudantes de graduação é associada à convivência com representantes dos estratos superiores das organizações investigadas – tendo em vista a complexidade dos temas explorados em cada critério de avaliação e a necessidade de reunirem material capaz de fundamentar a elaboração dos relatórios de gestão – e à visão idealizada que a literatura em gestão constrói da área de recursos humanos, não causa estranhamento a dificuldade de os estudantes desenvolverem leituras mais críticas da realidade organizacional, uma vez que ela nem sempre envolve interesses convergentes.

Sistema de trabalho

Para a definição e a implementação das atividades inerentes à gestão de seus talentos humanos, a organização conta com o Processo de Gestão de Pessoas. A estrutura de trabalho e cargos da organização é apoiada em processos, horizontalizada, com pouca formalização do comportamento, objetivando o melhor desempenho das interfaces funcionais; as pessoas são agrupadas e os recursos são alocados para produzir um trabalho completo, sem filtro da hierarquia, minimizando a subdivisão do trabalho, propiciando flexibilidade e resposta rápida, estimulando, dessa forma, a cooperação, a comunicação e o compartilhamento de conhecimento e habilidades, tanto individualmente quanto em equipe.

Para seleção e contratação, a organização adota o Processo de Admissão, que tem como objetivo atrair talentos para a empresa, buscando entre os interessados aqueles que são mais compatíveis com as necessidades da organização e os anseios de carreira do profissional; isso visa preservar e enriquecer o capital intelectual, e tem como entradas informações vindas do mercado e do banco de dados do RH, e é composto pelas seguintes atividades: definir perfil da vaga (técnico e comportamental), identificar um conjunto de candidatos com perfil e competências compatíveis com a vaga, desenvolver processo de seleção, análise de candidatos e decisão final, realizar admissão e integração do candidato e acompanhar essa integração. A saída do processo é candidato admitido e integrado, e utiliza os seguintes indicadores de desempenho: número de vagas preenchidas, prazo de atendimento da solicitação, turnover, comparação entre promoções x admissões (índice de aproveitamento externo). A Gerência de Recursos Humanos é responsável pelo processo.

Para preenchimento das vagas o recrutamento interno é prioritário, e sempre leva em consideração as habilidades e competências requeridas no perfil do colaborador.

Para estabelecer os critérios para alocação, envolvendo plano de cargo e carreira do quadro de colaboradores, com ênfase na movimentação horizontal e vertical de funcionários com base em critérios preestabelecidos, na busca de compatibilização dos interesses pessoais e organizacionais, a organização conta com o Processo de Alocação, que tem como objetivo definir todas as atividades desempenhadas por uma pessoa, que compõem um cargo e que figuram em certa posição formal no organograma da empresa, estabelecendo a relação entre a pessoa e a empresa, em que engloba as expectativas de ambas e perspectivas para o futuro, tendo como entrada informações da estrutura organizacional, sendo composto pelas seguintes atividades: definir modelo de desenho de cargos, coletar dados sobre cargos, descrever e analisar cargos, definir o sistema de administração de carreiras, implementar sistema, definir plano de comunicação e capacitação das pessoas, estabelecer infra-estrutura de suporte para gestores, monitoramento do sistema; as saídas do processo são o plano de cargo e carreira, e utilizam os seguintes indicadores de desempenho: índice de ascensão profissional, índice de job rotation (clima organizacional), comparação entre promoções e admissões (índice de aproveitamento externo). A Gerência de RH é responsável pelo processo.

A organização avalia o desempenho de seus talentos humanos por intermédio do Processo de Avaliação de Desempenho, que tem como objetivo assegurar que os desempenhos individuais e da equipe produzam os resultados esperados e promover o desenvolvimento das habilidades e a capacitação dos colaboradores. A avaliação é realizada de forma bilateral (gerência avalia colaborador e colaborador avalia gerência), e tem como entradas colaboradores e equipes não avaliadas. Compõe-se das seguintes atividades: definir indicadores de desempenho, desenvolver método de avaliação, capacitar organização para avaliação e feedback, monitorar avaliações, retroalimentar processo de carreira, desenvolvimento e remuneração. As saídas do processo são colaboradores e equipes avaliadas. O processo utiliza os seguintes indicadores de desempenho: alcance de metas, índice de desenvolvimento profissional, índice de satisfação do cliente interno (clima organizacional), retroinformação da avaliação, lacunas entre análise de desempenho e potencial.

A organização possui o Processo de Recompensa como uma das formas de reconhecimento e incentivo para estimular a obtenção de metas de alto desempenho. O processo tem como objetivo converter os esforços para agregar valores para a organização em retorno e incentivo para os colaboradores. Tem como entradas resultados do negócio, das áreas e individuais, e é composto pelas seguintes atividades: definição do desenho do sistema de recompensas organizacionais, escolha de fatores de avaliação, realização de pesquisa de mercado, definição de bandas salariais e benefícios, acompanhamento dos resultados. As saídas do processo são os salários e benefícios, e são utilizados os seguintes indicadores de desempenho: proporção de remuneração/receita, índice de remuneração/horas trabalhadas, equivalência ao mercado, índice de satisfação dos colaboradores, evolução dos salários médios. A Gerência de RH é responsável pelo processo.

Além do Processo de Recompensa, a organização adota o Processo de Promoção, que tem como objetivo administrar de forma compartilhada o desenvolvimento da empresa e dos colaboradores, definindo trajetórias e especializações importantes para a manutenção ou incorporação de vantagens competitivas em sinergia com interesses individuais. O processo tem como entradas necessidades organizacionais e individuais, e é composto pelas seguintes atividades: definir sistema de administração de carreira, identificar oportunidades organizacionais, identificar colaboradores aptos a ocupar posição, verificar avaliação de desempenho, verificar interesse individual e compatibilidade com a oportunidade, realizar a promoção, acompanhar motivação, adaptação e resultados. As saídas do processo são as necessidades atendidas, tanto organizacionais como individuais. O processo utiliza os seguintes indicadores de desempenho: prazo de atendimento a solicitações, clima organizacional, número de oportunidades internas de desenvolvimento profissional, tempo médio de casa e tempo médio na função (oxigenação x conhecimento/experiência). A Gerência de RH é responsável pelo processo.

Os processos de admissão, alocação, avaliação e recompensa culminam em um conjunto de ações estratégicas, reunidas no Plano de Avaliação, Premiação e Valorização dos Talentos Humanos, aplicado a partir da apuração de lucro/resultados. O plano tem como público diretores, gerentes, supervisores, técnico-administrativos, operacionais e prestadores de serviço. Tem como objetivos gerais propiciar o envolvimento dos colaboradores nos resultados financeiros da organização, por meio da participação nos resultados da companhia, e promover o desenvolvimento profissional dos funcionários, por meio de constantes acompanhamentos e feedbacks da chefia; possui como objetivos específicos feedback ao avaliado sobre o seu real desempenho, oportunidade de conhecimento de padrões e indicadores de desempenho relacionados ao departamento/cargo, estimativa do potencial de desenvolvimento dos funcionários, subsídios para promoções, transferências, méritos e dispensa, quando necessário, subsídios para o plano de carreira, estímulo ao autodesenvolvimento, subsídio para programas de treinamento, elevação dos resultados da organização, aumento da produtividade e promoção do espírito de equipe.

O Plano de Avaliação e Premiação é composto pelo atingimento de três metas (globais, setoriais e individuais). A meta global é a primeira e primordial condição para que o plano seja acionado. Metas globais: atingimento das metas globais, por unidade de negócio, sendo a unidade de medida a receita recebida. Metas setoriais: têm como base os indicadores dos Processos de Negócios e de Apoio: cada diretoria, com o apoio do RH, define, quantifica e negocia, com os seus respectivos gestores de áreas, o(s) indicador(es) pelo(s) qual(is) serão avaliados. As metas são divulgadas para todos os funcionários do departamento, e são acompanhadas continuamente pela gerência, cabendo a ela também motivar os seus colaboradores para atingi-las.

Tais incentivos são compostos de tal forma que nenhum funcionário será recompensado caso a organização não atinja os resultados esperados. A equipe à qual o funcionário pertence tem o respectivo peso na ponderação da premiação, incentivando o trabalho em grupo, alinhado com os objetivos da organização. Entretanto, o trabalho individual também é recompensado, permitindo que os funcionários que tenham um desempenho acima do esperado em seu grupo, ou mesmo em relação aos resultados da organização, possam ser diferenciados em sua premiação, estimulando ainda mais o incentivo baseado em resultados.

A organização verifica se os padrões de trabalho das práticas de gestão relativas ao sistema de trabalho estão sendo cumpridos em reuniões bimestrais[8], tendo como base indicadores de desempenho do Processo de Gestão de Pessoas; avalia e melhora de acordo com a análise crítica de cada indicador, gerando relatórios gerenciais que qualificam e quantificam as não-conformidades e solicitações de ação corretiva.

---

8 Esta sistemática de Controle e Aprendizado, referente ao Sistema de Trabalho, também é aplicada aos Itens Capacitação e Desenvolvimento e Qualidade de Vida, deste critério.

Relatório de avaliação

TABELA 7.14

Sistema de trabalho (15 pontos)

Aspectos de Avaliação	Pontuação		
	0%	10%	20%
1 O trabalho e os cargos da organização são definidos e implementados para propiciar flexibilidade, resposta rápida, aprendizado, cooperação, comunicação eficaz e compartilhamento de conhecimentos e habilidades, bem como oportunidades para que as pessoas desenvolvam a iniciativa, a criatividade, a inovação e todo o seu potencial, individual e em equipe.			X
2 A organização possui métodos de seleção e contratação, interna e externa, que levam em conta requisitos de desempenho e práticas de igualdade e justiça.			X
3 A organização avalia o desempenho das pessoas da força de trabalho e possui formas de remuneração, reconhecimento e incentivo que estimulam a obtenção de metas de alto desempenho e promovem a Cultura da Excelência.			X
4 A organização verifica se os padrões de trabalho das práticas de gestão relativas aos sistemas de trabalho estão sendo cumpridos.			X
5 A organização avalia e melhora as práticas de gestão e os respectivos padrões de trabalho relativos aos sistemas de trabalho.		X	
Percentual do Item		90%	

Fonte: FPNQ, 2003.

Pontos fortes

Aspecto 1

(+) A estrutura de trabalho e cargos da organização é fortemente apoiada em processos, horizontalizada, com pouca formalização do comportamento, objetivando o melhor desempenho das interfaces funcionais; as pessoas são agrupadas e os recursos são alocados para que se produza um trabalho completo, sem filtro de hierarquia, minimizando a subdivisão do trabalho, propiciando flexibilidade e resposta rápida. Isso estimula a cooperação, a comunicação, o compartilhamento de conhecimento e habilidades, tanto individualmente quanto em equipe.

Aspecto 2

(+) Para seleção e contratação, a organização adota o Processo de Admissão, que tem como objetivo atrair talentos para a empresa, buscando entre os interessados aqueles que são mais compatíveis com as necessidades da organização e os anseios de carreira do profissional; isso visa preservar e enriquecer o capital intelectual, considerando os requisitos de desempenho e práticas de igualdade.

Aspecto 3

(+) A organização avalia o desempenho de seus talentos humanos por intermédio do Processo de Avaliação de Desempenho. Possui o Processo de Recompensa como uma das formas de reconhecimento e incentivo para estimular a obtenção de metas de alto desempenho, e adota o Processo de Promoção para administrar de forma compartilhada o desenvolvimento da empresa e dos colaboradores. Todos esses processos culminam em um conjunto de ações estratégicas, resumidas no Plano de Avaliação, Premiação e Valorização dos Talentos Humanos.

Aspecto 4

(+) A organização verifica se os padrões de trabalho das práticas de gestão relativos ao sistema de trabalho estão sendo cumpridos em reuniões bimestrais.

Pontos moderados

Aspecto 5

(+/–) A organização avalia as práticas de gestão e os respectivos padrões de trabalho relativos ao sistema de trabalho, tendo como base indicadores de desempenho do Processo de Gestão de Pessoas, mais os indicadores dos processos responsáveis pelas atividades inerentes ao sistema de trabalho, melhora de acordo com o resultado da análise crítica relativa a cada indicador de desempenho, gerando relatórios que qualificam e quantificam as não-conformidades e solicitações de ação corretiva. A organização não apresentou exemplo de ação tomada decorrente dessa avaliação.

Capacitação e desenvolvimento[9]

A organização identifica e avalia as necessidades de capacitação e desenvolvimento de seus talentos humanos por meio do Processo de Desenvolvimento, que tem como objetivo promover experiências organizadas de aprendizagem que proporcionem oportunidades para desenvolvimento e crescimento profissional, visando aprimorar o desempenho do colaborador em suas atuais responsabilidades, bem como prepará-lo para o futuro. Tem como entradas

---

9 A sistemática de Controle e Aprendizado, referente a Capacitação e Desenvolvimento, segue metodologia apresentada no Item Sistema de Trabalho, deste Critério.

DESCRIÇÃO DAS PRÁTICAS DE GESTÃO, AVALIAÇÃO, PONTUAÇÃO E IDENTIFICAÇÃO DOS PONTOS...

informações de área e do negócio. O processo é composto pelas seguintes atividades: diagnóstico de necessidades organizacionais e por área, definição de programas anuais de treinamento, implementação dos programas, avaliação de resultados, reciclagem e atualização. A saída do processo é o desenvolvimento organizacional, e utiliza os seguintes indicadores de desempenho: índice de desenvolvimento profissional, relação horas treinamento/ ano/pessoa, grau de formação acadêmica, custo de treinamento x % receita x por colaborador, efetividade dos treinamentos.

Além do Processo de Desenvolvimento, a organização utiliza, para a capacitação e o desenvolvimento de seus recursos humanos, o Processo de Avaliação, que possui como uma de suas atividades promover o desenvolvimento das habilidades e a capacitação dos colaboradores.

Para integração de novos membros da força de trabalho, a organização conta com o Processo de Admissão, responsável pela atividade de integração do candidato e acompanhamento da integração.

Os procedimentos utilizados pela organização para aconselhamento, empregabilidade e desenvolvimento de carreira, para o desenvolvimento pessoal e profissional, fazem parte das atividades inerentes ao Processo de Alocação, por intermédio da definição do sistema de administração de carreira.

Relatório de avaliação

TABELA 7.15

Capacitação e desenvolvimento (15 pontos)

Aspectos de Avaliação	Pontuação		
	0%	10%	20%
1 A organização identifica as necessidades de capacitação e desenvolvimento das pessoas.			X
2 Os métodos de capacitação e desenvolvimento das pessoas são avaliados em relação à sua utilidade na execução do trabalho e à sua eficácia no apoio à obtenção das estratégias da organização.			X
3 A organização possui métodos de aconselhamento, empregabilidade e desenvolvimento de carreira para o desenvolvimento pessoal e profissional das pessoas.			X
4 A organização verifica se os padrões de trabalho das práticas de gestão relativas à capacitação e ao desenvolvimento estão sendo cumpridos.			X
5 A organização avalia e melhora as práticas de gestão e os respectivos padrões de trabalho relativos à capacitação e ao desenvolvimento.		X	
Percentual do Item		90%	

Fonte: FPNQ, 2003.

Pontos fortes

Aspecto 1

(+) A organização identifica as necessidades de capacitação e desenvolvimento das pessoas por meio do Processo de Desenvolvimento e do Processo de Avaliação, e promove a integração de novos membros da força de trabalho por meio do Processo de Admissão, responsável pela integração do candidato e o acompanhamento da integração.

Aspecto 2

(+) Os métodos de capacitação e desenvolvimento das pessoas são avaliados em relação à sua utilidade na execução do trabalho e à sua eficácia no apoio à obtenção das estratégias da organização, tendo como base a evolução dos indicadores de desempenho dos processos responsáveis pela capacitação e desenvolvimento das pessoas. Tal evolução é materializada na apuração do resultado do Plano de Avaliação e Premiação, que combina metas globais, setoriais e individuais, ponderando-as no resultado final.

Aspecto 3

(+) Os procedimentos de aconselhamento, empregabilidade e desenvolvimento de carreira para o desenvolvimento pessoal e profissional são tratados pelo Processo de Alocação, por intermédio da definição do sistema de administração de carreira.

Aspecto 4

(+) A organização verifica se os padrões de trabalho das práticas de gestão relativas à capacitação e ao desenvolvimento estão sendo cumpridos, em reuniões bimestrais.

Pontos moderados

Aspecto 5

(+/–) A organização avalia as práticas de gestão e os respectivos padrões de trabalho relativos à capacitação e ao desenvolvimento com base nos indicadores de desempenho do Processo Gestão de Pessoas, mais indicadores dos processos responsáveis pela capacitação e pelo desenvolvimento, e melhora de acordo com o resultado da análise crítica relativa a cada indicador de desempenho, gerando relatórios que qualificam e quantificam as não-conformidades e solicitações de ação corretiva. A organização não apresentou exemplo de ação tomada em decorrência dessa avaliação.

Qualidade de vida[10]

A organização faz uso do Processo de Recompensa na gestão dos aspectos relativos à qualidade de vida de seus colaboradores, por intermédio do Plano de Benefícios, atividade inerente ao processo.

O Plano de Benefícios estabelece os critérios para a concessão e considerações aos níveis hierárquicos e especificações funcionais. O plano considera tanto os benefícios legais quanto os concedidos por liberalidade e que fazem parte da estratégia da organização para tornar-se mais competitiva na atração e retenção de seus recursos humanos.

Por meio de estudos periódicos realizados pelo RH, são avaliados diferentes planos de benefícios, visando à incorporação de novos benefícios ou à modificação dos existentes como iniciativa para aprimorar a qualidade de vida no ambiente de trabalho e a qualidade de vida de todos os colaboradores. Existem vários benefícios que atendem às ansiedades dos funcionários.

A medicina e a segurança do trabalho são coordenadas pela área de recursos humanos, por meio da coordenação dos programas de controle de medicina e saúde ocupacional e de prevenção de riscos operacionais. O desenvolvimento de programas preventivos de qualidade de vida no trabalho e orientação de aspectos ergonômicos consiste em controlar e registrar as práticas de exames médicos admissional, periódicos e demissional. Essa prática atende, além da segurança ocupacional, a possíveis fiscalizações do Ministério do Trabalho.

A assistência médico-hospitalar e odontológica viabiliza o atendimento a todos os funcionários e dependentes legais por meio da contratação de empresas prestadoras de serviços dessa natureza. Para a identificação e escolha de plano de assistência médico-hospitalar, a área de recursos humanos realiza pesquisa sobre as empresas prestadoras de serviços dessa natureza, com o propósito de oferecer as melhores condições de atendimento aos funcionários. A cada nível funcional são oferecidas as especificações com cobertura total, e existe a possibilidade de o colaborador optar por condições adicionais definidas para o seu nível funcional; os custos decorrentes dessa opção são de responsabilidade do colaborador.

A demanda no fornecimento de refeições é atendida por meio do fornecimento de documento de vale-refeição aos colaboradores. A organização subsidia 95% do vale-refeição, para os diversos níveis funcionais, fornecendo

---

10 A sistemática de Controle e Aprendizado, referente à Qualidade de Vida, segue metodologia apresentada no item Sistema de Trabalho, deste critério.

mensalmente o número equivalente ao de dias úteis. Anualmente, no final do mês de março, a organização efetua a renovação da inscrição no PAT – Programa de Alimentação do Trabalhador, para o usufruto do benefício fiscal concedido por este.

O auxílio-creche propicia às colaboradoras da organização suporte para retorno ao trabalho após a licença-maternidade, concedendo cobertura a filhos com até um ano de idade, conforme acordo coletivo da categoria. O seguro de vida em grupo indeniza os colaboradores ou seus beneficiários. O estacionamento é concedido pela organização para os níveis de supervisão, gerencial e diretoria.

O curso de idiomas proporciona aos colaboradores o conhecimento de outros idiomas, e é para a organização um investimento no capital humano. O benefício é de subsídios para curso superior, especialização, pós-graduação, MBA, mestrado e doutorado.

Relatório de avaliação

TABELA 7.16

Qualidade de vida (15 pontos)

Aspectos de Avaliação	Pontuação		
	0%	10%	20%
1 A organização identifica e trata os perigos e riscos relacionados à saúde, à segurança e à ergonomia.			X
2 A organização identifica os fatores que afetam o bem-estar, a satisfação e a motivação das pessoas e avalia o grau de satisfação das pessoas com relação a esses fatores.			X
3 A organização mantém o clima organizacional propício ao bem-estar e à motivação das pessoas, por meio de serviços, benefícios, programas e políticas, e colabora com a melhoria da qualidade de vida da força de trabalho, inclusive fora do ambiente organizacional.		X	
4 A organização verifica se os padrões de trabalho das práticas de gestão relativas à qualidade de vida estão sendo cumpridos.			X
5 A organização avalia e melhora as práticas de gestão e os respectivos padrões de trabalho relativos à qualidade de vida.		X	
Percentual do Item		80%	

Fonte: FPNQ, 2003.

Pontos fortes

Aspecto 1

(+) A organização identifica e trata os perigos e riscos relacionados à saúde, à segurança e à ergonomia por intermédio do Processo de Recompensa, por meio do plano de benefícios, atividade inerente ao processo.

Aspecto 2

(+) A organização identifica os fatores que afetam o bem-estar, a satisfação e a motivação das pessoas e avalia o grau de satisfação das pessoas com relação a esses fatores por meio do Processo de Avaliação, Plano de Avaliação e Premiação e Processo de Desenvolvimento.

Aspecto 4

(+) A organização verifica se os padrões de trabalho das práticas de gestão relativas à qualidade de vida estão sendo cumpridos em reuniões bimestrais.

Pontos moderados

Aspecto 3

(+/−) A organização mantém o clima organizacional propício ao bem-estar e à motivação das pessoas, por meio de serviços, benefícios, programas e políticas, e colabora para a melhoria da qualidade de vida da força de trabalho, por meio de seu Processo de Recompensa responsável pelas atividades inerentes à gestão dos aspectos relativos à qualidade de vida de seus colaboradores, por intermédio do Plano de Benefícios. O plano considera tanto os benefícios legais quanto os concedidos por liberalidade e que fazem parte da estratégia da organização para tornar-se mais competitiva na atração e retenção de seus recursos humanos. A organização não aborda a qualidade de vida dos funcionários fora do ambiente de trabalho.

Aspecto 5

(+/−) A organização avalia as práticas de gestão e os respectivos padrões de trabalho relativos à qualidade de vida com base nos indicadores de desempenho do Processo de Gestão de Pessoas, mais os indicadores do Processo de Recompensa, e melhora de acordo com o resultado da análise crítica relativa a cada indicador de desempenho, gerando relatórios que qualificam e quantificam as não-conformidades e solicitações de ação corretiva. A organização não apresentou exemplo de ação tomada em decorrência dessa avaliação.

Processos

Processo é um conjunto de recursos e atividades inter-relacionadas que transformam insumos (entradas) em produtos/serviços (saídas). Essa transformação deve agregar valor à percepção que os clientes têm do processo, e exige certo conjunto de recursos. Segundo Maximiano (2004), processo é seqüência ou fluxo de atividades que dependem de uma entrada de insumos e das quais resultam em um produto ou em uma entrada para outro processo; o autor (2004) define ainda atividade como o conjunto de procedimentos que deve ser executado a fim de produzir determinado resultado. Slack et al. (1999, p. 23) argumentam que "os processos são estruturas de trabalho, por meio das quais transformam os insumos em produtos/serviços, e essas transformações têm como principal objetivo produzir valor para os clientes". Valor é a percepção que os clientes e as demais partes interessadas têm do grau de atendimento de suas necessidades (considerando as características e atributos do produto), seu preço, e a facilidade de aquisição, de manutenção e de uso, ao longo de todo o seu ciclo de vida. Segundo a FPNQ (2003, p. 55), "valor corresponde ao grau de benefício obtido como resultado da utilização e das experiências vividas com um produto". As organizações buscam criar e entregar valor a todas as partes interessadas. Isso requer balanceamento do valor na percepção dos clientes, dos acionistas, da força de trabalho e da sociedade.

Para uma organização, é importante definir o projeto de seus processos, porque expõe os custos e a duração do processo, e também determina o nível de recursos necessários para executar esses processos; isso ajuda a alocar o trabalho e a monitorar o progresso, bem como a avaliar o impacto de quaisquer mudanças sobre o projeto.

O projeto global de desenvolvimento de produto, desde o conceito até o lançamento, quase certamente envolve pessoas de diversas áreas da organização, como departamento de pesquisa e desenvolvimento, gerência da produção, marketing, finanças etc. Segundo Slack et al. (1999, p. 140), "projeto é um conjunto de atividades que tem um ponto inicial e um estado final definidos, persegue uma meta definida e usa um conjunto definido de recursos. Todas as diferentes funções de uma organização, tais como finanças, marketing, produção, têm um papel na tomada de decisão que determina o projeto final". O projeto de processo envolve a identificação de todas as partes componentes do produto ou serviço, a forma como se ajustam entre si e as quantidades necessárias, devendo ser auxiliado por documentação ou desenho, técnicas que incluem diagrama de fluxo de processo, folhas de roteiro e estrutura de processamento de clientes. Slack et al. (1999, p. 250) argumentam que "existem várias técnicas que devem ser usadas para documentar processos.

Estas técnicas apresentam as características de mostrar o fluxo de materiais ou pessoas ou informações através da operação produtiva, e identificam as atividades que ocorrem durante os processos". Depois de testado, o projeto tem também a oportunidade de simulações por meio de técnicas como teste de mercado, teste de protótipo etc.

Para uma redução do tempo até o lançamento, algumas organizações utilizam-se de métodos interativos, que são a realização de parte de cada etapa de projeto simultaneamente, usando equipes multidisciplinares. Slack et al. (1999, p. 250) argumentam que, durante muitos anos, as organizações afastaram-se da abordagem seqüencial de projeto de processo e estão aplicando métodos interativos de projeto. Essa abordagem realiza parte de cada etapa do projeto simultaneamente, com a vantagem de reduzir o tempo até o lançamento, implicando redução do número de problemas de produção, especialmente os de qualidade, e redução dos custos do desenvolvimento; isso, conseqüentemente, resulta em retorno mais rápido de investimento.

Segundo a FPNQ (2003, p. 55),

> tempo de ciclo corresponde ao desempenho em função do tempo, ou seja, o tempo necessário para completar tarefas, o tempo requerido para atender compromissos ou o tempo requerido para providenciar respostas. Os indicadores que se referem ao tempo têm grande importância na melhoria da competitividade, como, por exemplo, tempo de execução de processos, tempo de preparação do equipamento, prazo de entrega para lançamento de produto novo no mercado.

A gestão de processos relativos ao produto é diretamente relacionada à criação de valor para os clientes, e está associada tanto à manufatura de bens como à prestação de serviços necessários para atender às necessidades dos clientes e da sociedade. Os processos relativos ao produto são comumente conhecidos por processos de projetos, processos de produção (fabricação de bens ou prestação de serviços), processos de execução e de entrega do produto (expedição, transporte e distribuição de bens ou conclusão de um serviço). Slack et al. (1999, p. 122) argumentam que "projeto de produtos e serviços consiste na transformação de idéias, em uma especificação detalhada (formas, função, objetivos etc). Isso envolve a identificação de todas as partes componentes do produto/serviço, a forma como se ajustam entre si e as quantidades necessárias". As idéias podem surgir de qualquer pessoa, dentro ou fora da organização; por exemplo, consumidores, ações dos concorrentes etc.

Na execução de projetos para os produtos, devem ser levadas em consideração as necessidades dos clientes, as quais devem ser traduzidas em requisitos de projeto, que é transformado em processos de produção, plano de medição e formas de assegurar a participação de todos os envolvidos. Os projetos devem ser analisados criticamente e qualificados antes do lançamento; além disso, deve haver a avaliação dos processos de projeto para melhorá-los.

Os autores (1999, p. 270) argumentam que "os processos de produção são os relacionados às atividades-fim, aqueles que geram os produtos finais da organização gerando valor direto para os clientes, e envolvem tanto a fabricação de bens como a prestação de serviços". Segundo a FPNQ (2003, p. 55), "produto é o resultado de atividades ou processos, e podem ser serviços, materiais e equipamentos, informações ou uma combinação desses elementos; um produto pode ser tangível (materiais e equipamentos) ou intangível (conhecimento ou conceito), ou uma combinação dos dois". Os processos, confecção do projeto, produção e entrega dos produtos são geralmente projetados em função das necessidades relacionadas às estruturas e aos fatores internos à organização, chamados de processos de apoio. O gerenciamento dos processos de produção mantém o atendimento dos requisitos de projeto, levando em consideração os processos mais importantes com seus principais requisitos, e utilizando o plano de medição. Os processos de produção devem ser avaliados e melhorados levando-se em conta a análise de processos de pesquisas, referências, tecnologia alternativa e informações de clientes externos e internos.

A gestão de processos de apoio é o auxílio aos projetos de produtos e projetos de processos de produção. Os processos de apoio podem ser, dentre outros, pesquisa e desenvolvimento, manutenção e utilidades, vendas, marketing, controle de qualidade, suprimentos, logística, desenvolvimento de tecnologia de informação. Para a execução dos processos, é necessário um conjunto de recursos, que podem incluir pessoal, finanças, instalações, equipamentos, métodos e técnicas, numa seqüência de etapas ou ações sistemáticas. Segundo Colin (1996, p. 31), "o processo de apoio, como o nome indica, são processos auxiliares que, por intermédio de recursos, facilitam os processos". Slack et al. (1999, p. 23) argumentam que "o processo de apoio são os setores RH, financeiro, jurídico, manutenção, segurança, entre outros, e devem atender bem seus clientes internos, participando também das decisões rumo ao futuro".

O processo poderá exigir que a seqüência de etapas seja documentada por meio de especificações, de procedimentos e de instruções de trabalho, bem como que as etapas de medição e controle sejam adequadamente definidas. Segundo Simcsik (2001, p. 75),

> processo organizacional é um conjunto de exercícios (redução de conflitos de entendimentos, sinergia das forças dos quadros dirigentes para os objetivos comuns, entre outros) que se transformam, assim, num processo de identifi-

DESCRIÇÃO DAS PRÁTICAS DE GESTÃO, AVALIAÇÃO, PONTUAÇÃO E IDENTIFICAÇÃO DOS PONTOS...

cação e de análise de valores, de fatores críticos de sucesso e de explicitamento de políticas administrativas.

A tecnologia de processos (qualquer artefato, máquina ou equipamento) também pode ser considerada um recurso que ajuda a transformar materiais, informações ou consumidores. Para Slack et al. (1999, p. 197), "as tecnologias do processo podem ser conceituadas nas dimensões: grau de automação (quanto ela substitui o trabalho humano), escala da tecnologia (tamanho da sua capacidade), grau de integração (quantas partes diferentes são conectadas umas com as outras)".

A perspectiva do processo implica uma visão horizontal do negócio, que envolve toda a organização, começando pelos insumos do produto e terminando com os produtos finais para os clientes, e a estrutura funcional hierárquica deve ser desenfatizada. Almeida (2002, p. 30) argumenta que se deve "enxergar o processo e não a estrutura organizacional"; o autor completa afirmando que "adotar perspectivas do processo significa adotar o ponto de vista do cliente".

A gestão organizacional voltada para o alto desempenho requer a identificação e a análise de todos os processos. A análise de processos leva ao melhor entendimento do funcionamento da organização, e permite a definição adequada de responsabilidade, a utilização eficiente de recursos, a prevenção e solução de problemas, a eliminação de atividades redundantes e a identificação clara dos clientes e fornecedores. Para Slack et al. (1999, p. 196), "uma organização deve gerir seus processos de forma integrada, a fim de assegurar-se de que todos os esforços são orientados harmoniosamente para que os seus objetivos e metas sejam atingidos". Segundo Almeida (2002, p. 08), "uma eficaz gestão de processos é fundamental para o sucesso de qualquer organização". Colin (1996, p. 35) argumenta que "a organização deve planejar e executar as atividades baseadas em fluxos e processos dentro de um modelo horizontal". Os processos muitas vezes estendem-se horizontalmente, ultrapassando as fronteiras de marketing, produção, contabilidade e outros departamentos encontrados na estrutura vertical das organizações tradicionais. Ainda segundo o autor (1996, p. 32), "os processos variam quanto às demandas de produção, eficiência e flexibilidade".

A gestão de processos relativos aos fornecedores implica a administração das peculiaridades dos diferentes tipos de fornecedores, e deve ser norteada pelo princípio da satisfação das necessidades dos clientes. Para Campos (1999, p. 133), "as ações devem ser direcionadas no alcance do desenvolvimento dos fornecedores, de tal modo que eles passam a atuar também na satisfação total do consumidor". Segundo a FPNQ (2003, p. 55), "fornecedor é qualquer organização que forneça bens e serviços". A utilização desses bens e serviços pode ocorrer em qualquer estágio de projeto, produção e utilização dos produtos; assim, fornecedores podem incluir distribuidores, revendedores, prestadores de serviços terceirizados, transportes contratados e franquias, bem como os que suprem a organização com materiais e componentes. Campos (1999, p. 146) argumenta que "uma organização não pode ser competitiva de forma isolada. Ela faz parte de uma cadeia de compradores/fornecedores que tem como objetivo final satisfazer as necessidades do consumidor". Ao comprar um produto de uma organização, o consumidor está, na verdade, comprando de uma cadeia de empresas. É necessário que todas as empresas busquem a máxima taxa de valor agregado, repassando ganhos de custo e qualidade por toda a cadeia competitiva. Sendo assim, é muito importante que uma organização tenha um processo de avaliação e melhoria da gestão de relacionamento e do desempenho dessa cadeia, incluindo a capacitação, melhoria dos processos de compra e redução de custos associados à verificação do desempenho. Para Campos (1999, p. 131), "ações que antecipam as necessidades dos consumidores e garantem a qualidade do produto envolvem atividades de pesquisas de usuários e não-usuários, planejamento, projeto, produção, inspeção, vendas, assistência técnica. Todas essas atividades, de modo geral, formam uma cadeia e necessitam dessa cadeia".

A gestão econômico-financeira corresponde a uma variedade de tarefas, como orçamento, previsões financeiras, administração do caixa, administração do crédito, análise de investimentos e capacitação de fundos. As finanças são importantes para o dia-a-dia de qualquer organização, pois as decisões que envolvem investimentos podem ser medidas e avaliadas e o objetivo é maximizar os resultados globais dos investimentos. Segundo Abreu Filho et al. (2003, p. 127), "o estudo das finanças permite para as organizações antecipar os prováveis resultados das decisões financeiras e, logo, rejeitar projetos, investir mais ou postergar decisões". Dessa forma, sem os conhecimentos de uma adequada gestão econômico-financeira, o êxito dos diversos projetos de investimentos dependeria unicamente da sorte; e, graças às técnicas financeiras, as organizações podem tomar decisões realmente embasadas na lógica. Uma análise financeira considera a organização funcionando normalmente, sendo sua capacidade financeira função de diversos fatores de ordem operacional e das decisões estratégicas tomadas pela administração. Abreu Filho et al. (2003, p. 127) argumentam que "a análise financeira deve ser capaz de responder as perguntas, consideradas fundamentais, 'onde e quando investir?', 'como financiar o investimento?', 'como distribuir os resultados?'. E para responder estas perguntas, é preciso identificar o ativo, o ambiente e o comportamento do investidor".

Descrição das práticas de gestão, avaliação, pontuação e identificação dos pontos...

A gestão econômico-financeira deve buscar e manter o equilíbrio econômico (receita maior que despesa) e o equilíbrio financeiro (entradas e saídas de capital). Para Abreu Filho et al. (2003, p. 59), "uma organização está em equilíbrio financeiro quando seu gerenciamento produz fluxos financeiros de entrada, dimensionados e distribuídos ao longo do tempo, de tal forma que permitam saldar as necessidades financeiras dos fluxos de saída". Por exemplo, quando uma organização possui o equilíbrio econômico, ou seja, suas receitas são superiores às despesas, mas apresenta desequilíbrio financeiro, ou seja, desequilíbrios nas datas de entradas e saídas de fluxos financeiros, isso significa que a gestão financeira não administra o capital de giro e, neste caso, certamente terá de recorrer à contratação de empréstimos. Kaplan (1997, p. 69) argumenta que

> os objetivos da gestão da análise econômico-financeira estão relacionados à lucratividade, medida, por exemplo, pela receita operacional, o retorno sobre o capital empregado ou o valor econômico agregado. É valiosa para sintetizar as conseqüências econômicas imediatas de ações consumadas, e indica se a estratégia de uma organização, sua implementação e execução estão contribuindo para a melhoria dos resultados financeiros.

A gestão econômica corresponde a aspectos que causam impactos na sustentabilidade econômica do negócio, e pode ser identificada pelos parâmetros financeiros, dentre os quais se destacam custo, margem, fluxo de caixa, rentabilidade, entre outros. Os recursos financeiros financiam as necessidades operacionais de curto prazo e os aspectos relacionados à capitalização necessária às estratégias de crescimento da organização no médio e longo prazo. E, por isso, deve-se manter o equilíbrio do fluxo financeiro, por meio da captação de recursos, da concessão de créditos e recebimentos.

Relatório da gestão

Gestão de processos relativos ao produto

A organização atua na gestão dos fluxos de informações em tempo real e de transações das redes de suprimentos, por meio de um sistema de gestão das operações, administrando os problemas relativos ao relacionamento B2B existente entre as empresas que compõem essa rede; ou seja, atua como um operador logístico de informações e transações comerciais. Para tal, implementou a gestão das operações com base num sistema que permite a administração dos processos necessários à manutenção do funcionamento de seus produtos e serviços orientados à rede de suprimento para quem presta seus serviços. É por meio das operações e da excelência de seu respectivo sistema de gestão dessas operações que a organização procura oferecer um serviço diferenciado, com o objetivo de obter de seus clientes a fidelidade. Uma meta importante desse sistema é facilitar a comunicação entre as áreas de marketing e de operações, integrando essas funções de tal forma a atingir os objetivos estratégicos da organização. Por intermédio de uma lista de critérios priorizados pelo mercado, o sistema contribui para que se defina como a organização ganha clientes em determinado mercado e suporta a área de operações no estabelecimento de seus objetivos, isto é, para que se saiba em que aspectos tem de focalizar sua competência. Ao mesmo tempo, permite relacionar a maneira pela qual as competências na gestão das operações em serviços podem e devem contribuir para a obtenção de vantagens competitivas, por meio da influência nas estratégias de marketing corporativo, transformando tais competências em instrumentos de competição.

A forma de operação da organização não permite em nenhuma hipótese o uso de estoques de seus respectivos produtos, já que estes são elaborados e consumidos simultaneamente. Tais características fazem que a capacidade produtiva colocada à disposição e não usada, em decorrência da falta de demanda, seja perdida e irrecuperável. Essas oscilações demandam um sistema de operações com grande flexibilidade para a variação dos volumes produzidos de serviços, além de impedirem um controle de qualidade embasado num mecanismo de inspeção final dos respectivos produtos, mas que pode ser obtido pela garantia da qualidade dos processos.

Dessa maneira, a organização implantou um sistema de operações de serviços, aplicado a produtos de informação orientados por uma gestão baseada em processos de negócio e aplicado a soluções de e-business que traduzem as necessidades dos clientes em especificações de projeto, orientados pela metodologia do PMBOK e PMI. Esse sistema de operações objetiva o aproveitamento das oportunidades, a maximização das potencialidades com a conseqüente eliminação das ameaças e a minimização das fragilidades da organização. As atividades que privilegiam a intensa interação entre as diversas áreas da empresa reduzem o isolamento das funções; para tanto, o sistema de gestão de operações está baseado no mecanismo de hierarquização dos processos pertinentes à operação Genexis, que segue esta ordem: processos de negócios, processos de trabalho e atividades. Os processos de negócios envolvem toda a organização, agregam valor aos clientes e aos acionistas, reforçam e criam vantagem competitiva, e estão alinhados com a estratégia da organização. Os processos de trabalho e atividades garantem que o trabalho seja efetuado de forma estruturada na organização, mas não necessariamente a envolvam por inteiro. Em virtude dessa abordagem, o sistema de gestão de operações da organização tem como base dois grandes grupos de processos – Processos de Negócios e Processos de Apoio. Tais processos têm como objetivos de eficácia, eficiência e desempenho ser ágil no processo de conversão das necessidades dos clientes à implementação e operacionalização da solução que a atenda; ter seus colaboradores com foco intenso no negócio; automatizar o maior número de processos e atividades ligadas à produção dos produtos e prestação de serviços a seus clientes, ao menor custo com a personalização da solução. Com base nessa percepção, implantou seus Processos de Negócios, ilustrados no Quadro 7.5.

Gestão Estratégica

O Processo de Negócio Gestão Estratégica tem como objetivo analisar, de forma contínua e estruturada, o contexto competitivo, originando diretrizes e ações estratégicas, tendo como entradas informações sobre o contexto externo onde a organização opera, incluindo eventos/informações sobre o setor econômico, mercado, concorrentes, resultados obtidos e as tecnologias utilizadas; é composto pelas seguintes atividades: adquirir e tratar informações, avaliar e definir ações estratégicas, desdobrar ações, comunicar, executar e monitorar. As saídas são as ações estratégicas realizadas pela organização, reposicionamento competitivo, investimentos e desinvestimentos, e utiliza os seguintes indicadores de desempenho: número de ações estratégicas definidas, número de ações estratégicas executadas, impacto das ações executadas em resultados, impacto das ações executadas no posicionamento competitivo.

QUADRO 7.5

Processos de negócios Genexis Health Inc.

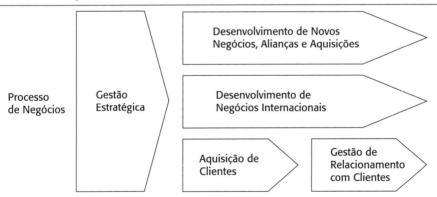

Fonte: Genexis Health Inc., 2004.

O Comitê do Processo é formado pelos acionistas, CEOs e diretores, e o responsável pelo processo é o diretor administrativo-financeiro. As ações inerentes ao processo são executadas pela área de negócios.

Desenvolvimento de novos negócios, alianças e aquisições

O Processo de Negócio Desenvolvimento de Novos Negócios, Alianças e Aquisições tem como objetivo expandir continuamente os negócios da organização de forma consistente e estruturada; tem como entradas informações vindas de todos os executivos e acionistas do grupo, e é composto pelas seguintes atividades: identificar oportunidades de negócios, avaliar consistência com negócios do grupo e viabilidade, desenvolver negócios, desenvolver produto/serviço, adquirir empresa, desenvolver aliança estratégica, realizar integração ao grupo e monitorar. As saídas do processo são os negócios desenvolvidos e integrados e os resultados constatados, e utilizam os seguintes indicadores de desempenho: número de oportunidades identificadas, número de oportunidades efetivadas, tempo de conversão (oportunidade – resultado) e impacto nos resultados.

O Comitê do Processo é formado pelos acionistas, CEOs e diretores, e o responsável pelo processo é o diretor de Novos Negócios. As ações inerentes ao processo são executadas pela área de desenvolvimento de mercados e produtos.

Desenvolvimento de negócios internacionais

O Processo de Negócio Desenvolvimento de Negócios Internacionais tem como objetivo expandir continuamente os negócios da organização em outros países, de forma consistente e estruturada; tem como entradas informações vindas de todos os executivos e acionistas da organização, e é composto pelas seguintes atividades: prospectar mercados e identificar oportunidades de negócios, avaliar consistência com negócios da organização e viabilidade, desenvolver negócios, desenvolver produto/serviço, adquirir empresa, desenvolver aliança estratégica, realizar integração à organização e monitorar. As saídas do processo são os negócios desenvolvidos e integrados e os resultados constatados, e utilizam os seguintes indicadores de desempenho: número de oportunidades identificadas, número de oportunidades efetivadas, tempo de conversão (oportunidade – resultado) e impacto nos resultados.

O Comitê do Processo é formado pelos acionistas, CEOs e diretores, e o responsável pelo processo é o diretor de Negócios Internacionais. As ações inerentes ao processo são executadas pela área de negócios da organização.

Aquisição de clientes

O Processo de Negócio Aquisição de Clientes busca expandir continuamente as áreas de negócios, de forma consistente e estruturada; tem como entradas orientações estratégicas das áreas de negócios da organização, e é composto pelas seguintes atividades: monitorar mercados, prospectar mercado, monitorar e avaliar concorrentes, identificar e avaliar oportunidades, desenvolver produto/serviço, desenvolver plano, executar plano e monitorar. As saídas do processo são clientes adquiridos e contratos assinados, e utilizam os seguintes indicadores de desempenho: número de receptores adquiridos, receita adicional proveniente de novos receptores, percentuais de faturamento com receptores novos sobre faturamento total.

O Comitê do Processo é formado pelo diretor de área de negócios, gerente de marketing, gerente administrativo financeiro, gerente de tecnologia e operações, gerente de conta/canal, e o responsável pelo processo é o diretor da área de negócios. As ações inerentes ao processo são executadas pela área de desenvolvimento de negócios da organização.

Gestão do relacionamento com clientes

O Processo de Negócio Gestão de Relacionamento com Clientes tem como objetivo maximizar a satisfação dos clientes, por meio de ações de agregação de valor percebido; tem como entradas orientações estratégicas das áreas de negócios e solicitações dos clientes, e é composto pelas seguintes atividades: receber consultas, encaminhar problemas e pedidos, tratar problemas e pedidos, fornecer feedback, monitorar impacto esperado no cliente. As saídas do processo são clientes satisfeitos, fidelização, receita adicional, com utilização dos seguintes indicadores de desempenho: número de consultas recebidas, número de consultas atendidas e índice de satisfação do cliente.

O Comitê do Processo é formado pelo diretor da área de negócios, gerente de produto, gerente de conta/canal, gerente administrativo-financeiro, gestor de help-desk e gerente de Customer Relationship Manager – CRM, e o responsável pelo processo é o diretor da área de negócios. As atividades inerentes ao processo são executadas pela área de desenvolvimento de negócios e pela área de produtos e informação da organização. A verificação, a avaliação e a conseqüente implementação de inovações ou melhorias referentes ao processo obedecem às seguintes etapas: é realizada reunião mensal com todos os participantes do comitê de processo, ocorrendo uma reunião por área de negócio em conjunto com o responsável pelo processo de aquisição de clientes, tendo como objetivos o reporte das informações sobre consultas, discussão e definição de ações de melhoria.

A verificação, a avaliação e a conseqüente implementação de inovações ou melhorias referentes à gestão de processos relativos ao produto obedecem às seguintes etapas: é realizada uma reunião com periodicidade definida pela exigência do processo, que pode ser mensal, bimestral ou trimestral, com todos os participantes do comitê de processo em questão, em que são discutidos os assuntos inerentes ao processo e cada participante traz um rol predefinido de informações; posteriormente, outros níveis da organização são envolvidos na aquisição das informações e em seu desdobramento. Ocorre também a avaliação da evolução dos indicadores do desempenho, ações de melhoria e a definição de prioridades.

Os resultados das reuniões dos processos relativos ao produto são materializados em um relatório denominado funil, instrumento gerencial que qualifica e quantifica as não-conformidades e solicitações de ação corretiva. Como exemplo de ação tomada em decorrência da avaliação em relação aos processos, tanto o de negócios quanto o de apoio à organização, passou a implementar trimestralmente seu Plano de Avaliação e Premiação, pois tal mecanismo permite o total alinhamento do desempenho global da organização com seus processos de negócio, seus processos de apoio e o desempenho individual de cada um de seus colaboradores. Como a organização é orientada a processos, tem seu desenho organizacional totalmente voltado a processos; as melhorias focam os indicadores de desempenho dos processos, não os processos em si.

Relatório de avaliação

TABELA 7.17

Gestão de processos relativos ao produto (15 pontos)

Aspectos de Avaliação	Pontuação		
	0%	10%	20%
1 Os produtos e os processos de produção são projetados a partir de requisitos traduzidos das necessidades dos clientes, dos mercados e da sociedade.		X	
2 A organização gerencia seus processos de produção por meio de indicadores de desempenho relacionados aos requisitos, assegurando a entrega ao mercado de produtos isentos de não-conformidades e no prazo adequado.			X
3 Os processos de produção são analisados e melhorados e as não-conformidades são adequadamente tratadas.			X
4 A organização verifica se os padrões de trabalho das práticas de gestão relativas a processos relativos ao produto estão sendo cumpridos.			X
5 A organização avalia e melhora as práticas de gestão e os respectivos padrões de trabalho relativos à gestão por processos relativos ao produto.			X
Percentual do Item		90%	

Fonte: FPNQ, 2003.

Pontos fortes

Aspecto 2

(+) A organização gerencia os processos relativos a produto por meio de indicadores de desempenho, assegurando a entrega ao mercado de produtos isentos de não-conformidades e dentro do prazo. Os requisitos atendidos pelos processos de produção e os respectivos indicadores de desempenho, assim como todos os processos de produção, estão descritos de forma resumida no respectivo Relatório da Gestão.

Aspecto 3

(+) Os processos de produção são analisados pelos indicadores de desempenho relativos a cada processo, e melhorados de acordo com o resultado da análise crítica relativa a cada indicador de desempenho. Como principal melhoria recentemente implantada, a organização passou a aplicar trimestralmente o Plano de Avaliação e Premiação.

Aspecto 4

(+) A organização verifica se os padrões de trabalho das práticas de gestão relativas aos processos de produção estão sendo cumpridos em reuniões de análise crítica, com periodicidade definida de acordo com a exigência de cada processo, tendo como objetivos avaliar a evolução dos indicadores de desempenho e a discussão de assuntos inerentes a cada processo, análise de problemas sistêmicos e encaminhamento de soluções e definição das prioridades.

Aspecto 5

(+) A organização avalia as práticas de gestão e os respectivos padrões de trabalho relativos aos processos de produção com base nos indicadores de desempenho, e melhora de acordo com o resultado da análise crítica relativa a cada indicador de desempenho, gerando relatórios gerenciais, denominados funis, que qualificam e quantificam as não-conformidades e solicitações de ação corretiva. A organização também apresenta exemplo de ação tomada decorrente dessa avaliação que consiste na aplicação trimestral do seu Plano de Avaliação e Premiação.

Pontos moderados

Aspecto 1

(+/−) Os produtos e os processos de produção são projetados por meio de um sistema de operações de serviços, orientados pela metodologia PMBOK e

PMI, que traduzem as necessidades dos clientes e dos mercados em especificações de projeto; esse sistema de gestão das operações busca a satisfação do cliente, por meio de serviços diferenciados. A organização considera a sociedade, de forma geral, como beneficiária dos produtos e valores gerados, e não atende ao solicitado no item interação com a sociedade para abranger os temas ligados diretamente à sociedade.

Gestão de processos de apoio

Os Processos de Apoio dão suporte aos Processos de Negócios e aos fatores internos à organização. O Quadro 7.6 ilustra os Processos de Apoio. Os processos relativos a Fornecedores e Planejamento e Controle estão descritos respectivamente nos Itens Gestão de Processos relativos aos Fornecedores, e Gestão Econômico-financeira.

Para definir novos processos, tanto de produto quanto de apoio, e para adequar os existentes com base nas necessidades das partes interessadas, a organização adota o Processo de Comunicação Interpessoal (ver Gestão das Informações da Organização), que possui dois objetivos: garantir o funcionamento e a melhoria contínua da gestão por processos na organização, e fornecer apoio operacional para o funcionamento e a melhoria contínua das atividades de comunicação interpessoal.

QUADRO 7.6
Processos de apoio Genexis Health Inc.

Fonte: Genexis Health Inc., 2004.

Garantia da qualidade

O Processo de Apoio Garantia da Qualidade tem como objetivo garantir a integridade da informação ao cliente, por meio de desenvolvimento dos sistemas de qualidade, tendo como entradas oportunidades de melhoria identificadas por meio de obtenção e tratamento de dados, apresentação de informações e uso das informações; é composto pelas seguintes atividades: gerenciamento dos processos de trabalho, divididos em serviço ao cliente, responsável pelo tratamento de reclamações, melhoria contínua dos relatórios e capacitação de recursos humanos; garantia da qualidade das entradas, controle do processo de tratamento de informações, garantia da qualidade da informação aos clientes. As saídas do processo são as melhorias implementadas, com utilização dos seguintes indicadores de desempenho: número de melhorias implantadas, ciclo de implantação de melhoria, índice de satisfação do cliente, índice de reclamação, índice de inconsistência.

O Comitê do Processo é formado pelo gerente de garantia da qualidade, gerente de operações, gerente de contas, gerente de produtos e diretoria de novos negócios, e o responsável pelo processo é o gerente de garantia da qualidade. As atividades inerentes ao processo são executadas pela área de fontes de informação da organização.

Desenvolvimento de produtos/serviços

O Processo de Apoio Desenvolvimento de Produtos/Serviços contribui para a expansão dos negócios e das unidades da organização por meio da inovação em produtos e serviços; tem como entradas orientações estratégicas do grupo, e é composto pelas seguintes atividades: identificar e avaliar oportunidades, definir projeto, desenvolver produto, implementar e monitorar. As saídas do processo são produtos/serviços desenvolvidos e implementados. O processo utiliza os seguintes indicadores de desempenho: número de pedidos recebidos, número de desenvolvimentos aprovados/reprovados, número de desenvolvimentos concluídos (aceitos pelos receptores), percentual de receita de novos produtos/serviços sobre receita total, rol dos novos produtos e serviços.

O Comitê do Processo é formado pelo diretor de marketing, diretor de tecnologia & operações, gerente de produto, diretor administrativo financeiro, diretor de negócios internacionais, diretor de negócios e CEOs; o responsável pelo processo é o diretor de marketing. As atividades inerentes ao processo são executadas pela área de desenvolvimento de mercado & produto da organização.

Gestão da operação

O Processo de Apoio Gestão da Operação garante o atendimento aos requisitos do negócio dos clientes de forma eficiente e eficaz; tem como entradas necessidades das áreas de negócios e da diretoria de novos negócios, e é com-

ESTÁGIO SUPERVISIONADO E TRABALHO DE CONCLUSÃO DE CURSO

posto pelas seguintes atividades: identificar necessidades adicionais de capacidade, definir aumento de capacidade, implantar novos equipamentos, eliminar gargalos. As saídas do processo são as necessidades atendidas, capacidade otimizada e custos otimizados, e utilizam os seguintes indicadores de desempenho: indicadores de custo e eficácia operacionais, indicador de eficiência operacional, tempo médio para atendimento de solicitação da manutenção, número de paradas para manutenção e duração total das paradas.

O Comitê do Processo é formado pelo gerente de operações, gestor de tecnologia & operações e diretoria de novos negócios, e o responsável pelo processo é o gerente de operações. As atividades inerentes ao processo são executadas pela área de operações & produtos e-business da organização.

Marketing corporativo

O Processo de Apoio Marketing Corporativo gerencia a identidade corporativa, colaborando para alavancar negócios por meio da administração da imagem institucional (foco externo) e garantindo a consistência do portfólio (foco interno); tem como entradas as orientações estratégicas do grupo, e é composto pelas seguintes atividades: gerenciamento estratégico da imagem e do portfólio, envolvendo o planejamento, a execução e o monitoramento das atividades de cada subprocesso. As saídas do processo são imagem fortalecida, negócios potencializados, portfólio modificado e segmentação alterada, utilizando o indicador de desempenho: top of mind.

O Comitê do Processo é formado pelo diretor de marketing, diretor de tecnologia & operações, diretor de área de negócio, diretor administrativo-financeiro, diretor de negócios internacionais e diretor de novos negócios; o responsável pelo processo é o diretor de marketing. As atividades inerentes ao processo são executadas pela área de negócios da organização.

Atendimento a pedidos e serviços

O Processo de Apoio Atendimento a Pedidos e Serviços agrega valor, por meio de geração de receita e melhoria dos produtos, no menor custo e tempo possíveis; tem como entradas pedido de serviço do cliente para o gerente de contas, e é composto pelas seguintes atividades: preparar instrumento contratual, enviar pedido aprovado para área de tecnologia & operações, programar e executar pedido, entregar serviço, obter aprovação (cliente interno e/ou externo), receber e processar pagamento, atualizar registros dos clientes, monitorar impacto junto ao cliente. As saídas do processo são os serviços executados, pagamento realizado e impacto constatado, utilizando os seguintes indicadores de desempenho: número de pedidos recebidos, número de pedidos atendidos, índice de insolvência, número de inconsistências, ciclo médio de atendimento de pedidos, receitas provenientes de atendimento de pedidos.

O Comitê do Processo é formado pelo gerente de operações, diretor de tecnologia & operações, diretor de área de negócio e gerente de marketing; o responsável pelo processo é o gerente de contas. As atividades inerentes ao processo são executadas pelas áreas de fontes de informação e operações de produtos e-business da organização.

Gestão de pessoas

O Processo de Apoio Gestão de Pessoas garante o alinhamento do fator humano com a estratégia da organização, focando o desenvolvimento humano e organizacional e a transformação de potencial em desempenho superior; tem como entradas as orientações estratégicas do grupo e as necessidades expressas das áreas-cliente, e é composto pelas seguintes atividades: consolidar necessidades, estabelecer e revisar plano diretor de recursos humanos, responsável por atrair, reter e desenvolver os recursos humanos, coordenar a administração de recursos humanos e seu sistema de informações. A saída do processo é o desempenho superior, utilizando os seguintes indicadores de desempenho: turnover, absenteísmo, horas de treinamento/ano, tempo médio de contratação.

O Comitê do Processo é formado pelo diretor administrativo-financeiro, gerente de recursos humanos, diretor de área de negócios, diretor de tecnologia & operações e CEOs; o responsável pelo processo é o diretor administrativo-financeiro. As atividades inerentes ao processo são executadas pela área de administração da organização.

A verificação, a avaliação e a conseqüente implementação de inovações ou melhorias referentes à gestão de processos de apoio seguem sistemática semelhante aos processos relativos ao produto: é realizada uma reunião com periodicidade definida pela exigência do processo, que pode ser mensal, bimestral ou trimestral, com todos os participantes do comitê de processo em questão, em que são discutidos os assuntos inerentes ao processo, e cada participante traz um rol predefinido de informações. Posteriormente, outros níveis da organização são envolvidos na aquisição das informações e em seu desdobramento. Ocorre também a avaliação da evolução dos indicadores do desempenho, ações de melhorias e a definição das prioridades. Os resultados das reuniões dos processos de apoio são materializados em um relatório denominado

ESTÁGIO SUPERVISIONADO E TRABALHO DE CONCLUSÃO DE CURSO

funil, instrumento gerencial que qualifica e quantifica as não-conformidades e solicitações de ação corretiva. Como exemplo de ação tomada em decorrência da avaliação em relação aos processos, tanto de negócios quanto de apoio à organização, passou a implementar trimestralmente o seu Plano de Avaliação e Premiação, pois tal mecanismo permite o total alinhamento com o desempenho global da organização com seus processos de negócio, seus processos de apoio e o desempenho individual dos seus colaboradores. Como a organização é orientada a processos, tem seu desenho organizacional totalmente voltado a processos, as melhorias focam os indicadores de desempenho dos processos, e não os processos em si.

Relatório de avaliação

TABELA 7.18

Gestão de processos de apoio (10 pontos)

Aspectos de Avaliação	Pontuação		
	0%	10%	20%
1 A organização possui métodos para definir novos processos de apoio e para adequar os existentes com base nas necessidades dos clientes, dos mercados, da sociedade, dos processos relativos ao produto e de outros processos de apoio aplicáveis.		X	
2 A organização gerencia seus processos de apoio por meio de indicadores de desempenho relacionados aos requisitos, assegurando a entrega aos clientes desses processos de produtos isentos de não-conformidades e no prazo adequado.			X
3 Os processos de apoio são analisados e melhorados e as não-conformidades são adequadamente tratadas.			X
4 A organização verifica se os padrões de trabalho das práticas de gestão relativas a processos de apoio estão sendo cumpridos.			X
5 A organização avalia e melhora as práticas de gestão e os respectivos padrões de trabalho relativos à gestão de processos de apoio.			X
Percentual do Item		90%	

Fonte: FPNQ, 2003.

Pontos fortes

Aspecto 2

(+) A organização gerencia os processos de apoio por meio de indicadores de desempenho, assegurando a entrega aos clientes desses processos isentos de não-conformidades e no prazo adequado. Os requisitos atendidos pelos

DESCRIÇÃO DAS PRÁTICAS DE GESTÃO, AVALIAÇÃO, PONTUAÇÃO E IDENTIFICAÇÃO DOS PONTOS...

processos de apoio e os respectivos indicadores de desempenho estão descritos de forma resumida no respectivo Relatório da Gestão.

Aspecto 3

(+) Os processos de apoio são analisados pelos indicadores de desempenho relativos a cada processo, conforme mencionado anteriormente no Relatório da Gestão, e melhorados de acordo com o resultado da análise crítica relativa a cada indicador de desempenho.

Aspecto 4

(+) A organização verifica se os padrões de trabalho das práticas de gestão relativas aos processos de apoio estão sendo cumpridos em reuniões de análise crítica, com periodicidade definida pela exigência do processo (que pode ser mensal, bimestral ou trimestral), com os participantes do comitê de processo, tendo como objetivos avaliar a evolução dos indicadores de desempenho, e discussão de assuntos inerentes a cada processo, análise de problemas sistêmicos e encaminhamento de soluções e definição das prioridades.

Aspecto 5

(+) A organização avalia as práticas de gestão e os respectivos padrões de trabalho relativos aos processos de apoio com base nos indicadores de desempenho, e melhora de acordo com o resultado da análise crítica relativa a cada indicador de desempenho, gerando relatórios, denominados funis, instrumentos gerenciais que qualificam e quantificam as não-conformidades e solicitações de ação corretiva. Como resultado do processo de aprendizado, a organização passou a implementar trimestralmente o seu Plano de Avaliação e Premiação.

Pontos moderados

Aspecto 1

(+/−) Para definir novos processos, tanto de produto quanto de apoio, e para adequar os processos existentes com base nas necessidades das partes interessadas, a organização adota o Processo de Comunicação Interpessoal. A organização considera a sociedade de forma geral como beneficiária dos seus produtos e valores gerados, e não atende ao solicitado no item Interação com a Sociedade para abranger os temas ligados diretamente à sociedade.

Gestão de processos relativos aos fornecedores

O Processo de Apoio Gestão de Fornecedores tem dois objetivos: garantir a consistência do modelo de gestão, por meio da integração dos parceiros, e custo e qualidade ótimos no fornecimento. Fornecedores incluem: terceiros, prestadores de serviços, subcontratados e fornecedores de insumos; têm como entradas as orientações estratégicas do grupo e as necessidades de todas as áreas da organização. Esse processo é composto pelas seguintes atividades: classificar fornecedores pela importância *versus* disponibilidade, desenvolver e aperfeiçoar modelo de parceria, identificar parceiros, desenvolver parcerias, integrar parceiros no modelo de gestão; esses subprocessos são classificados como insumos estratégicos. Definir e rever especificações/requisitos, identificar e qualificar fornecedores, gerenciar compras; esses subprocessos são classificados como insumos não estratégicos. As saídas do processo são parcerias efetivadas e clientes internos atendidos e satisfeitos. O processo utiliza os seguintes indicadores de desempenho: número total de fornecedores, número de parceiros homologados (integrados ao modelo de gestão).

O Comitê do Processo é formado pelo gerente de suprimentos, áreas de negócios e a área de tecnologia & operações; o responsável pelo processo é o gerente de suprimentos. As atividades inerentes ao processo são executadas pela área de fontes de informação da organização. A verificação, a avaliação e a conseqüente implementação de inovações ou melhorias referentes ao processo obedecem às seguintes etapas: é realizada uma reunião bimestral com os participantes do comitê de processo, que tem como objetivos avaliar a evolução dos indicadores de desempenho, análise dos projetos de parcerias em curso, análise de problemas sistêmicos com fornecimento e encaminhamento de soluções e definição das prioridades.

Relatório de avaliação

TABELA 7.19

Gestão de processos relativos a fornecedores (10 pontos)

Aspectos de Avaliação	Pontuação		
	0%	10%	20%
1 A organização possui métodos adequados para selecionar e qualificar os fornecedores.			X
2 Os requisitos de fornecimento são claramente transmitidos aos fornecedores, e as informações sobre seu desempenho são monitoradas por meio de indicadores de desempenho.		X	

DESCRIÇÃO DAS PRÁTICAS DE GESTÃO, AVALIAÇÃO, PONTUAÇÃO E IDENTIFICAÇÃO DOS PONTOS...

TABELA 7.19

Gestão de processos relativos a fornecedores (10 pontos)(continuação)

Aspectos de Avaliação	Pontuação		
	0%	10%	20%
3 A organização possui canais de relacionamento com os fornecedores e toma as ações para apoiar e incentivar os fornecedores na busca de melhor desempenho.		X	
4 A organização verifica se os padrões de trabalho das práticas de gestão relativos aos fornecedores estão sendo cumpridos.		X	
5 A organização avalia e melhora as práticas de gestão e os respectivos padrões de trabalho relativos à gestão de processos relativos a fornecedores.		X	
Percentual do Item		60%	

Fonte: FPNQ, 2003.

Pontos fortes

Aspecto 1

(+) A organização classifica, seleciona e qualifica seus fornecedores por meio do Processo de Gestão de Fornecedores, que tem como objetivo garantir a consistência do modelo de gestão por meio de parcerias.

Pontos moderados

Aspecto 2

(+/–) Os requisitos de fornecimento são transmitidos aos fornecedores por intermédio do Processo de Gestão de Fornecedores; mas a organização não possui indicadores especificamente definidos para monitorar o desempenho de seus fornecedores, há apenas indicadores para medir o desempenho interno em relação à classificação e à seleção dos fornecedores. O relacionamento é regido pelo alto poder de barganha existente, favorecendo os fornecedores, em função do alto grau de concentração dos mesmos. Trata-se de fornecedores de infra-estrutura de telecomunicações, equipamentos necessários à operação de Internet Data Centers, bem como os softwares necessários ao seu adequado funcionamento.

Aspecto 3

(+/–) A organização possui como canal de relacionamento com seus fornecedores seu próprio Processo de Gestão de Fornecedores, que tem como um de seus subprocessos desenvolver e aperfeiçoar modelos de parcerias, mas não toma ações para apoiar e incentivar os fornecedores na busca de melhor desempenho. Problemas eventuais ocorrem principalmente quando da negociação e renegociação dos contratos de manutenção, com periodicidades desde anuais até trianuais, em que tais fornecedores fazem uso desse mecanismo e dessa necessidade, para forçar a organização a substituir e/ou atualizar seu parque instalado, ou os serviços contratados, provocando a obsolescência dos produtos e serviços atualmente em operação.

Aspecto 4

(+/–) A verificação se os padrões de trabalho das práticas de gestão relativas aos fornecedores estão sendo cumpridos ocorre em reuniões bimestrais com os participantes do comitê de processo. A organização não possui indicadores de desempenho para verificar os padrões de trabalho relativos às práticas de gestão.

Aspecto 5

(+/–) A organização avalia as práticas de gestão e os respectivos padrões de trabalho relativos aos fornecedores com base nos indicadores de desempenho do processo, e melhora de acordo com o resultado da análise crítica relativa a cada indicador de desempenho, gerando relatórios que qualificam e quantificam as não-conformidades e solicitações de ação corretiva. A organização não apresentou exemplo de ação tomada decorrente dessa avaliação.

Gestão econômico-financeira

O Processo de Apoio Planejamento e Controle garante consistência econômicofinanceira da organização e provê informações para a tomada de decisão; tem como entradas as orientações estratégicas do grupo, e é composto pelas seguintes atividades: realizar planejamento e orçamento, realizar lançamentos contábeis, prover informação gerencial; essas atividades são de responsabilidade da controladoria. São responsabilidade da tesouraria as seguintes atividades: gerenciar contas a pagar, gerenciar contas a receber, gerenciar aplicação/captação, gerenciar fluxo de caixa. As saídas do processo são as informações gerenciais para apoio à decisão e relatórios gerenciais, e utilizam os seguintes indicadores de desempenho: fluxo de caixa, lucro líquido, geração de caixa e relatórios gerenciais, pertinentes a cada assunto abordado (relatórios contábeis, relatórios de fluxo de caixa, custo baseado em atividade).

O Processo de Apoio Planejamento e Controle atende às normas e práticas contábeis exigidas pelo US-GAAP (United States Generally Accepted Accounting Practices), metodologia exigida para empresas que possuem sócios institucionais internacionais, além de serem auditados por empresa independente, atualmente a KPMG.

O Comitê do Processo é formado pelo diretor administrativo-financeiro, diretores de áreas de negócios, diretor de novos negócios, diretor de Negócios Internacionais, diretor de marketing e CEOs; o responsável pelo processo é o diretor administrativo-financeiro. As atividades inerentes ao processo são executadas pela área administrativa da organização. A verificação, a avaliação e a conseqüente implementação de inovações ou melhorias referentes ao processo obedecem às seguintes etapas: é realizada uma reunião mensal com todos os participantes do comitê de processo, tendo como objetivos a análise dos indicadores de desempenho, análise de problemas e encaminhamento de soluções e a definição de prioridades.

Relatório de avaliação

TABELA 7.20

Gestão econômico-financeira (10 pontos)

Aspectos de Avaliação	Pontuação		
	0%	10%	20%
1 A organização gerencia os aspectos que causam impacto na sustentabilidade econômica do negócio e administra os custos, margens e demais parâmetros financeiros.			X
2 A organização assegura os recursos financeiros para atendimento às necessidades operacionais e manutenção do equilíbrio do fluxo financeiro, e dimensiona os riscos associados a essas operações financeiras.			X
3 A organização define os recursos financeiros para realizar os investimentos visando apoiar as estratégias e planos de ação e dimensiona os riscos associados a esses investimentos.			X
4 A organização verifica se os padrões de trabalho das práticas relativas à gestão econômico-financeira estão sendo cumpridos.			X
5 A organização avalia e melhora as práticas de gestão e os respectivos padrões de trabalho relativos à gestão econômico-financeira.			X
Percentual do Item		100%	

Fonte: FPNQ, 2003.

Pontos fortes

Aspecto 1

(+) A gestão dos aspectos que causam sustentabilidade econômica do negócio e a devida administração dos custos, margens e demais parâmetros financeiros é realizada por meio do Processo de Planejamento e Controle.

Aspecto 2

(+) Os recursos financeiros para atendimento das necessidades operacionais, manutenção do equilíbrio do fluxo financeiro e dimensionamento dos riscos associados a essas operações financeiras são realizados por intermédio dos subprocessos inerentes ao Processo de Gestão Planejamento e Controle. A organização assegura os recursos necessários para o financiamento da operação por intermédio de reinvestimento de todo o lucro obtido pela organização e, quando necessário, por meio de aportes de recursos por parte dos sócios, uma vez que esses optam preferencialmente pelo uso de recursos próprios em vez da utilização de recursos de terceiros, atualmente não adequados em função da política de juros praticados no país.

Aspecto 3

(+) A organização assegura os recursos necessários para investimentos também por intermédio de reinvestimento de todo o lucro obtido pela organização e, quando necessário, por meio de aportes de recursos por parte dos sócios, uma vez que esses optam preferencialmente pelo uso de recursos próprios em vez da utilização de recursos de terceiros, hoje não adequados em função da política de juros praticada no país. Tais investimentos são realizados segundo estudos formais de viabilidade econômico-financeira de projetos, usando para esse fim o método do valor presente isoladamente ou combinado com o método TIR (taxa interna de retorno).

Aspecto 4

(+) A organização verifica se os padrões de trabalho das práticas de gestão relativas ao planejamento e controle estão sendo cumpridos em reuniões mensais com os participantes do comitê de processo, tendo como objetivos avaliar a evolução dos indicadores de desempenho, analisar problemas e encaminhar soluções e definições de prioridades. Utiliza os serviços de empresa de auditoria contratada (atualmente a KPMG), em que tais práticas são verificadas e avaliadas, e as respectivas sugestões de melhorias apresentadas pela mesma KPMG são reportadas às reuniões da Alta Administração.

Aspecto 5

(+) As ações de melhorias seguem o mesmo processo metodológico que todos os outros processos de gestão da organização, sejam eles de negócio ou de apoio, fazendo uso dos mesmos instrumentos gerenciais, a saber, as reuniões periódicas e os respectivos funis de negócios e de processos, conforme descrito anteriormente para os outros processos avaliados.

Resultados

> **Nota**
>
> Cada um dos sete itens do critério referente aos resultados pressupõe um conjunto de resultados expressos na forma de indicadores quantitativos e qualitativos. Espera-se que tais indicadores sejam descritos e interpretados no contexto dos itens de Enfoque e Aplicação dos Critérios de 1 a 7, e principalmente no Item Planejamento de Medição do Desempenho.
>
> Devem ser considerados apenas os resultados dos indicadores observados, descritos e que assumem o status de relevância. Caso sejam observados resultados de indicadores não relatados nos itens dos Critérios de 1 a 7, eles devem ser considerados irrelevantes e não devem ser alvo de análise nos itens de Resultados. Cabe esclarecer que, nesse contexto, o termo relevância reflete a pertinência do indicador em relação ao perfil da organização, suas estratégias, planos de ação e processos organizacionais.

Para a FPNQ (2003, p. 51), desempenho corresponde aos resultados obtidos com a adoção dos principais indicadores de processos e de produtos que permitem avaliá-los e compará-los em relação às metas, aos padrões, aos referenciais pertinentes e a outros processos e produtos. Mais comumente, os resultados expressam satisfação, insatisfação, eficiência e eficácia e podem ser apresentados em termos financeiros ou não. O desempenho pode ser global, que é a síntese dos resultados relevantes para a organização como um todo, levando-se em consideração todas as partes interessadas; é o desempenho planejado pela estratégia da organização.

Os resultados referem-se às conseqüências da aplicação dos enfoques. O enfoque refere-se ao conjunto de práticas de gestão utilizadas para atender aos requisitos de cada aspecto de avaliação do item. Para a avaliação do enfoque são considerados os fatores: adequação, proatividade, refinamento e inovação. O fator adequação corresponde ao atendimento aos requisitos aplicáveis do aspecto de avaliação em consonância com os fundamentos da excelência, considerando-se o perfil da organização. O fator proatividade corresponde à capacidade de antecipar-se aos fatos visando prevenir a ocorrência de situações potencialmente indesejáveis, e aumentar a confiança e a previsibilidade dos processos. O fator refinamento corresponde ao estágio avançado de evolução da prática alcançada pela aplicação do aprendizado. O fator inovação corresponde à característica que define uma prática como inédita ou incomum no ramo de atividade ou na área da organização em que é aplicada. Para a avaliação da aplicação são considerados os fatores relacionados à disseminação e à continuidade. A aplicação refere-se à disseminação e ao uso do enfoque pela organização. A disseminação corresponde à implementação das práticas de gestão, horizontal e vertical pelas áreas, pelos processos, produtos e/ou pelas partes interessadas pertinentes, considerando o perfil da organização. O fator continuidade é a utilização das práticas de gestão de maneira periódica e ininterrupta.

Para a Avaliação dos Resultados são considerados os seguintes fatores: relevância, desempenho e tendência. O fator relevância é a importância do resultado para a determinação do desempenho dos processos, dos planos de ação e das estratégias, levando-se em conta o perfil da organização. O fator desempenho é a situação atual, avaliada em termos de intensidade e variabilidade em relação às informações comparativas pertinentes, e o fator tendência é o comportamento do resultado ao longo do tempo. O encadeamento lógico dos três fatores estabelece que enfoque e aplicação geram resultados e, portanto, os resultados validam (qualificam) a aplicação dos enfoques que os geraram. Em resumo, resultados ruins são conseqüência de enfoques inadequados, de limitada aplicação ou de ambos. Diante disso, assegura-se que é de suma importância, em uma abordagem sistêmica, realizar a avaliação de cada item buscando sua correlação com os demais e com o perfil da organização avaliada.

Segundo a FPNQ (2003, p. 52), "indicadores são dados ou informações numéricas que quantificam as entradas (recursos ou insumos), saídas (produtos) e o desempenho de processos, produtos e da organização como um todo". Conforme Almeida (2002, p. 67), "ao definirmos qualquer indicador de desempenho não devemos permitir compensações, nem ênfase no último período. Temos que acompanhar sempre vários períodos, para podermos verificar tendências e evitar a síndrome do último período, seja ele mês, semana ou dia". Os indicadores são utilizados para acompanhar e melhorar os resultados ao longo do tempo, e, segundo a FPNQ (2003, p. 52), "os indicadores podem ser classificados em: simples (decorrentes de uma única medição) ou compostos; diretos ou indiretos (em relação à característica medida); específicos (atividades ou processos específicos) ou globais; direcionadores (drivers) ou resultantes (outcomes)". A correlação de indicadores envolve o estabelecimento de uma relação de causa e efeito entre os indicadores, em que os resultados de um influenciam os demais. A integração de indicadores pressupõe a combinação de diferentes indicadores visando facilitar a sua análise, ou seja, é a capacidade de um indicador ou grupo de indicadores interagir com outros indicadores ou grupos, visando permitir a medição do desempenho global da organização, de subsistemas ou de aspectos relevantes. Para Almeida (2002, p. 07), "os fins nunca serão atingidos se os meios forem inadequados"; isso significa que não pode existir um forte foco gerencial sobre os resultados de indicadores-fim (volume de produção, vendas, faturamento, contas a receber, despesas e lucros), em detrimento de resultados de indicadores-meio (satisfação dos clientes, motivação dos empregados, capacitação profissional e técnica etc).

Segundo Kaplan (1997, p. 30), "estratégia é um conjunto de hipóteses sobre causas e efeitos". Sobre definição de hipóteses, Simcsik (2001, p. 383) afirma que são "suposições de uma causa destinada a explicar provisoriamente um problema até que os fatos venham contradizê-la ou confirmá-la". O sistema de medição deve tornar explícitas as relações (hipóteses) entre os objetivos (e as medidas) nas várias perspectivas (financeira, cliente, capacidades do funcionário etc.), para que elas possam ser gerenciadas e validadas. Isso significa que a cadeia de causa e efeito deve permear todas essas perspectivas, por exemplo: o retorno sobre o capital investido (medida perspectiva financeira), que necessita do vetor repetição e ampliação de vendas aos clientes, resultando lealdade dos clientes (medida perspectiva de clientes), que necessita de mão-de-obra capacitada e desenvolvida (medida perspectiva da força de trabalho), que resulta em um bom produto ou serviço (medida perspectiva do produto), que necessita de processos integrados (medida perspectiva de processos organizacionais e de apoio); e assim vai girando o círculo em que todos dependem de todos e, principalmente, necessitam ser acompanhados, medidos, explorados, avaliados, comparados, reciclados, melhorados etc. Segundo o autor (1997, p. 21), "o que não é medido não é gerenciado". O sistema de indicadores afeta fortemente o comportamento das pessoas dentro e fora da organização. Diante do exposto, se quiserem sobreviver e prosperar na era da informação, as organizações devem utilizar sistemas de gestão e medição de desempenho derivado de suas estratégias e capacidades.

"Sistema é um grupo de elementos inter-relacionados, independentes e integrados em subsistemas ou não, que, através da partilha de uma ou mais propriedades de coletividade, tem como função produzir e/ou obter determinados objetivos e/ou resultados, como meio de sobrevivência" (Simcsik, 2001, p. 39). Este mesmo autor salienta que a

> medição é a atividade de quantificar o andamento das atividades fabris, comerciais ou rurais e de obter resultados numéricos, com a finalidade de instruir os índices, indicadores e fórmulas em geral, que permitam comparações, classificações hierárquicas e que facilitem o processo de tomada de decisão, na visão geral de qualquer sistema.

Um sistema de medição deve ser uma combinação adequada de resultados (indicadores de ocorrências) e impulsionadores de desempenho (indicadores de tendências) ajustados à estratégia da unidade de negócios. As medidas de resultados são indicadores de ocorrência. Elas indicam os objetivos maiores da estratégia, e se as iniciativas de curto prazo geraram os resultados desejáveis. As medidas dos vetores de desempenho são indicadores de tendência, que alertam toda a organização para o que deve ser feito hoje a fim de criar valor futuro. Estes são capazes de fazer com que as atividades necessárias aconteçam no momento certo, permitindo a obtenção dos resultados esperados. As medidas de resultado sem os vetores de desempenho criam ambigüidade em relação à maneira como os resultados devem ser alcançados, podendo levar a ações disfuncionais no curto prazo. O objetivo essencial da seleção de indicadores específicos é a identificação dos indicadores que melhor comuniquem o significado da estratégia.

Conforme Rampersad (2004, p. 115), as metas são os alvos quantitativos dos indicadores de desempenho que mostram o valor a ser alcançado; podem basear-se nas expectativas da gerência, nas necessidades dos clientes e nos resultados dos estudos de benchmark. Os indicadores de desempenho e as metas proporcionam à gerência sinais oportunos, baseados nas diretrizes em que se concentra a organização, resultantes da mensuração das mudanças e da comparação dos resultados com padrões predeterminados. O autor também recomenda definir dois ou três indicadores de desempenho por objetivo estratégico. De acordo com Almeida (2002, p. 4),

> os indicadores de desempenho com metas garantirão que os resultados de todas as atividades que suportam os projetos, planos de objetivos estratégicos, os planos de ação ou processo internos serão atingidos e melhorados continuamente. Os indicadores de ocorrência (passado) e de tendência (futuro) são subprodutos das relações causas e efeitos entre indicadores de desempenho.

Para Simcsik (2001, p. 45),

> a avaliação dos resultados é a função administrativa que canaliza as forças e a sinergia dos grupos para a consecução do planejado, determinando, dessa forma, a motivação dos envolvidos no sistema, a satisfação dos clientes a quem os serviços e/ou produtos são prestados e/ou vendidos e o retorno com lucro do capital investido pelos acionistas ou proprietários.

Segundo Rampersad (2004, p. 115), a avaliação dos resultados como tempo de processamento, produtividade, eficácia, eficiência e valor agregado indica o desempenho da organização. "O tempo de processamento é a soma do tempo gasto na execução do trabalho e dos períodos de espera durante o processo". De acordo com Simcsik (2001, p. 116), "produtividade é a medida obtida da relação entre o que é produzido (serviço/produto) e a quantidade de recursos humanos e materiais empregados, por meio das áreas da organização". A eficácia e eficiência também têm a ver com produtividade. Simcsik conceitua (2001, p. 43) eficácia como

> produzir ou obter o melhor resultado em uma atividade, no tempo correto, transferindo isso para a organização; diz respeito a resultados obtidos pela escolha ou pela tomada de decisão de modo correto, como empregar o material certo, na hora precisa, em um determinado problema ou situação.

Em outras palavras, eficácia é a extensão em que se realizam os objetivos. Simcsik (2001, p. 42) entende que eficiência

> está relacionada ao método de trabalho e ao modo certo de fazer as coisas, mesmo que o sentido de espaço e tempo seja perdido e a relação entre volume produzido e valor econômico consumido (custo versus benefício) seja totalmente desfavorável ao volume (bem pequeno para o muito dispendido).

Eficiência é a 'controlabilidade' dos processos, o consumo de recursos pelos processos e os custos operacionais. Este autor faz uso do conceito de eficácia, a soma dos conceitos de eficiência e eficácia, para classificar o sistema que atende de maneira total à finalidade para a qual foi criado, testado, implantado e é mantido atualizado (realiza o atendimento na hora certa, com o produto ideal e na quantidade correta).

Os resultados relativos aos clientes e ao mercado devem ser medidos porque a sobrevivência e o sucesso de uma organização estão relacionados a sua capacidade de entender as necessidades de seus clientes. Assim, essas necessidades devem ser identificadas, entendidas e utilizadas para que os produtos possam ser desenvolvidos, criando o valor necessário para conquistar e reter esses clientes. Segundo Almeida (2002, p. 129), a satisfação dos clientes tem de ser aferida, medida, porque nenhuma organização terá condições de satisfazer seus clientes, entregando produtos ou prestando serviços aquém do que prometeu. O autor (2002, p. 6) afirma que "toda organização precisa de uma cadeia de geração de valor"; isso significa definir o mercado, os produtos/serviços, obter esses produtos, vender e entregar e tratar do pós-venda, e, dessa forma, gerar satisfação nos clientes e reinvestir em recursos para que a organização cresça e obtenha resultados satisfatórios. Dentre muitos indicadores de resultados, destacam-se os essenciais: participação e crescimento de mercado, aquisição e retenção de clientes, lucratividade e grau de satisfação de clientes, índices de reclamações.

Os resultados econômico-financeiros necessitam ser medidos porque os objetivos financeiros estão relacionados à lucratividade, medida, por exemplo, pela receita operacional, o retorno sobre o capital empregado ou, mais recentemente, o valor econômico agregado. De acordo com Kaplan (1997, p. 49), os indicadores financeiros devem ser a síntese final do desempenho gerencial e organizacional, mas incorporado a um conjunto de medidas genéricas e integrado, que vincula o desempenho, sob as perspectivas dos clientes, processos internos, funcionários, ao sucesso financeiro em longo prazo.

As medidas financeiras são valiosas para sintetizar as conseqüências econômicas imediatas de ações consumadas. As medidas financeiras de desempenho indicam se a estratégia de uma organização, sua implementação e execução estão contribuindo para a melhoria dos resultados financeiros. Dentre muitos indicadores de resultados econômico-financeiros, destacam-se os essenciais: retorno sobre o investimento, valor para os acionistas, nível de investimento, lucratividade, produtividade da redução de custos.

Os resultados relativos às pessoas devem ser medidos porque as pessoas que compõem a força de trabalho devem estar capacitadas e satisfeitas, atuando em um ambiente propício à consolidação da cultura da excelência, para executarem e gerenciarem adequadamente os processos, identificarem as melhores alternativas de captações e aplicações de recursos e utilizarem os bens e serviços provenientes de fornecedores para transformá-los em produtos, criando valor para os clientes, de acordo com o que estabelecem as estratégias e os planos da organização. Segundo Almeida (2002, p. 131), "só haverá processos capazes onde houver pessoas capazes; a eficácia de qualquer empresa é função direta da eficácia do seu pessoal". Dentre muitos indicadores de resultados, destacam-se os essenciais: satisfação e retenção de funcionários, produtividade por funcionário, valor agregado por número de empregados, porcentagem de empregados qualificados, prazo médio de permanência do pessoal na mesma posição.

Os resultados relativos aos fornecedores devem ser medidos porque nenhuma organização tem condições de produzir tudo aquilo que necessita para poder operar; dessa forma, os fornecedores são parte integrante do produto e serviço, não apenas coadjuvantes. Almeida (2002, p. 132) afirma que os fornecedores têm de ser parceiros do negócio em que a organização está inserida, porque deles também depende o sucesso do negócio. Dentre muitos indicadores de resultados, destacam-se os essenciais: itens devolvidos no recebimento, cumprimento no prazo de entrega; garantia na entrega, qualidade dos produtos/serviços prestados, custo de entrega, nível de confiança nas parcerias.

Os resultados relativos ao produto devem ser medidos porque é fundamental ter-se o real posicionamento do produto em relação ao da concorrência e, sobretudo, a tendência de mudança de hábitos ou expectativas do consumidor em face da enorme variedade de opções alicerçadas pela economia globalizada e fundamentalmente competitiva. Segundo Zacarelli (2002), vantagem compe-

DESCRIÇÃO DAS PRÁTICAS DE GESTÃO, AVALIAÇÃO, PONTUAÇÃO E IDENTIFICAÇÃO DOS PONTOS...

titiva é qualquer característica do produto ou serviço da empresa que os clientes reconhecem como diferencial positivo em relação a produtos ou serviços de outras empresas e, por isso, são atraídos para comprar da empresa. Dentre muitos indicadores de resultados, destacam-se os essenciais: eficácia dos projetos, percentual de receitas advindas de novos produtos, tempo médio de desenvolvimento de novos produtos, índice de produtividade, índice da qualidade dos produtos, índice de confiabilidade, redução de custos, entregas no prazo.

É importante medir os resultados relativos à sociedade, porque a organização deve identificar, entender e satisfazer às necessidades da sociedade e da comunidade com a qual interage, cumprindo as leis, preservando os ecossistemas e contribuindo para seu desenvolvimento, dentro da mais transparente ética. Segundo Almeida (2002, p. 132), "a imagem de boa cidadã é o fator básico para as organizações ganharem o respeito, a admiração e a preferência da população". O autor argumenta (2002, p. 10) que as exigências dos clientes não se restringem aos produtos e aos serviços: elas ultrapassam os limites da organização, incluem o respeito pelo funcionário, vizinhos, fornecedores, acionistas, o cumprimento da legislação, a promoção do bem-estar e o desenvolvimento da sociedade. Tudo isso porque os seus acionistas, diretores, funcionários, clientes, fornecedores etc. também pertencem a essa mesma sociedade. Dentre muitos indicadores de resultados, destacam-se os essenciais: percentuais da receita investidos na sociedade, percentual de servidores envolvidos em ações sociais, volume de recursos doados, quantidade de horas dedicadas em ações sociais, indicadores relativos a ações de combate ao desperdício e preservação do meio ambiente (por exemplo, quantidade de papel reciclado, quantidade de energia economizada, eventos internos sobre a importância da cidadania).

Os resultados relativos dos processos de apoio e organizacionais devem ser medidos porque, para a organização prover produtos e serviços de qualidade, deve desenvolver e manter processo de fabricação de produtos e de prestação de serviços capazes de cumprir com o prometido pela venda. Assim, todos os processos da empresa, sejam eles de produção ou serviços, de negócios ou administrativos, têm de ser formalizados e gerenciados; naturalmente, os processos de apoio (setores: RH, financeiro, manutenção, segurança, dentre outros) também estão incluídos. Segundo Slack et al. (1999, p. 23), os processos internos transformam os insumos em produtos/serviços que os clientes querem adquirir. Para Simcsik (2001, p. 335), processo é aplicação específica da meta, composto de uma seqüência ordenada de atividades em um objetivo operacional; em outras palavras, é a forma de executar a meta. Dentre muitos indicadores de resultados, destacam-se os essenciais: prazo de entrega, porcentagem de devoluções, índice de produtividade, índice de satisfação com os serviços de apoio, índice de retrabalho, índice de satisfação com a liderança, relação entre o número de realinhamentos nas estratégias *versus* realinhamento nos planos de ação, disponibilidade de equipamentos.

> **Nota**
>
> Com base nas respostas obtidas em entrevistas realizadas com representantes da organização estudada, tendo como guia o roteiro de perguntas elaborado pelos estudantes (ver material complementar no site) de acordo com os requisitos propostos pelo Critério 8 (detalhados nos sete itens e expressos em um único Aspecto de Avaliação proposto pelo material disponibilizado pelo PNQ), os estudantes relatam os resultados dos indicadores utilizados pela organização (já descritos nos itens dos Critérios de 1 a 7). Os resultados são ilustrados em forma de gráficos e/ou tabelas. Nessa oportunidade, recomenda-se particular atenção às correlações expressas entre itens de enfoque/aplicação e itens de resultados.

Relatório da gestão
Resultados relativos aos clientes e ao mercado[11]

FIGURA 7.2

Aquisição de clientes

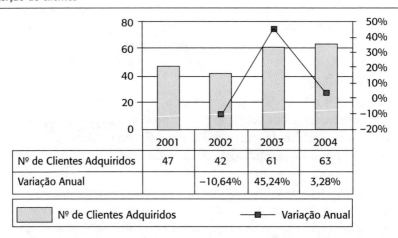

O indicador aquisição de clientes apresentou queda de 10,64% em 2002 em relação a 2001, porém voltou a crescer em 2003 45,24% em relação a 2002, acumulando no período um crescimento de 34,04%.

Fonte: Genexis Health Inc. 2004, adaptado pelos autores.

---

11. Todos os resultados apresentados pela organização referentes a 2004 são relativos ao fechamento do primeiro semestre.

FIGURA 7.3
Resultado adicional proveniente de novos clientes (R$ mil)

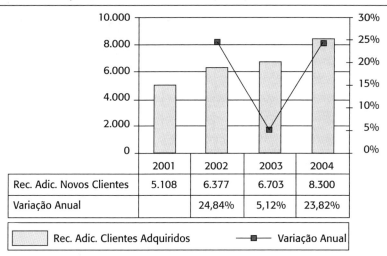

Em receita adicional proveniente de novos clientes 2002 apresentou crescimento de 24,84% em relação a 2001, apesar de ter ocorrido, nesse mesmo ano, um decréscimo em número de novos clientes. Em 2003, a organização cresceu apenas 5,12%, mas apresenta crescimento de 23,82% no primeiro semestre de 2004 em relação a 2003, acumulando um crescimento em relação a 2001 de 62,49%.

Fonte: Genexis Health Inc. 2004, adaptado pelos autores.

Relacionamento com clientes

FIGURA 7.4
Número de consultas recebidas

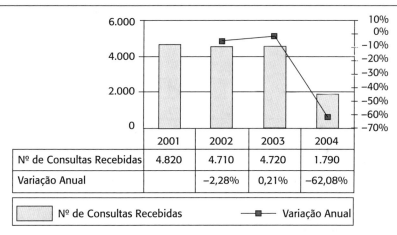

O indicador número de consultas recebidas permaneceu estável nos anos de 2002 e 2003. Em 2004 houve redução de 62,08% em relação a 2003, decorrente da implantação de novos sistemas de atendimento, em virtude da ampliação no número de produtos.

Fonte: Genexis Health Inc. 2004, adaptado pelos autores.

FIGURA 7.5
Número de consultas atendidas

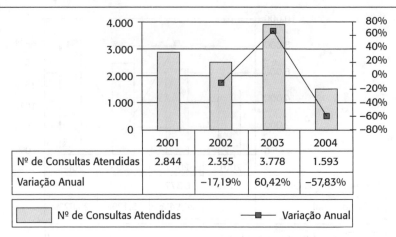

O indicador número de consultas atendidas deve ser analisado e confrontado com o índice de satisfação dos clientes e com o total de consultas recebidas. Esse indicador apresentou crescimento em 2003 de 60,42%, porém quando confrontado com o indicador satisfação de clientes demonstra que houve um crescimento no índice de satisfação dos clientes de 50% em 2002 para 80% em 2003. Em 2004 houve queda de 57,83% em relação a 2003, acumulando em relação a 2001 queda de 43,99%.

Fonte: Genexis Health Inc. 2004, adaptado pelos autores.

FIGURA 7.6
Índice de satisfação dos clientes

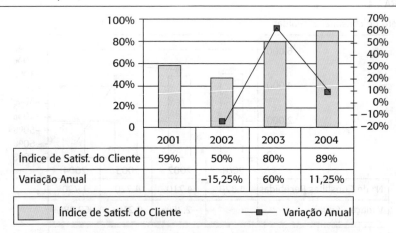

Isoladamente, o indicador de número de consultas atendidas apresenta uma redução de 57,83% no primeiro semestre de 2004. Tal redução não demonstra queda na qualidade do serviço. Pelo contrário, evidencia que o índice de satisfação cresceu para 89% no primeiro semestre de 2004, com uma variação anual de 11,25%. Tais indicadores demonstram uma melhoria integrada tanto em termos de eficácia no atendimento das consultas recebidas como no índice de satisfação dos clientes que realizam tais consultas.

Fonte: Genexis Health Inc. 2004, adaptado pelos autores.

Nota

Para cada item do Critério Resultados será definido um aspecto de avaliação, e a avaliação percentual só poderá assumir um dos seguintes valores: 0%, 20%, 50%, 80% ou 100% . O número de pontos obtidos no item é o resultado da multiplicação da pontuação máxima pelo percentual total obtido no item. No caso da Tabela 7.21, 50 pontos x 100% = 50 pontos. O conjunto dos resultados reunidos em cada item do Critério Resultados é avaliado em consonância com a seguinte escala:

- 0%, quando não forem constatados resultados ou quando os resultados derivarem de indicadores irrelevantes.

- 20%, quando apenas parte dos resultados apresentados forem de indicadores relevantes. Sublinha-se que o indicador é relevante quando contribui para a determinação do desempenho dos processos, dos planos de ação e das estratégias.

- 50%, quando parte dos resultados apresentados for de indicadores relevantes e, destes, a maioria apontar tendência favorável, isto é, comportamento do resultado ao longo do tempo (no mínimo três períodos).

- 80%, quando a maioria dos resultados apresentados for de indicadores relevantes e, destes, a maioria apontar tendência favorável, sendo alguns com desempenho igual ou superior aos referenciais comparativos pertinentes. Neste caso, a pertinência do resultado comparativo é em função da justificativa apresentada na descrição do item Gestão das Informações Comparativas.

- 100%, quando a maioria dos resultados relatados for de indicadores relevantes e, destes, quase todos possuírem tendência favorável, sendo alguns com desempenho igual ou superior aos referenciais comparativos pertinentes.

A título de precisão, cabe esclarecer os seguintes termos: *alguns* traduz situações em que menos da metade dos resultados foram observados e descritos (por exemplo, de cinco resultados relatados, apenas dois são relevantes); *maioria* traduz situações em que mais da metade dos resultados foram observados e descritos (por exemplo, de cinco resultados relatados, três são relevantes); *quase todos* traduz situações em que mais de três quartos dos resultados foram observados e descritos (por exemplo, dos cinco resultados relatados, quatro são relevantes).

ESTÁGIO SUPERVISIONADO E TRABALHO DE CONCLUSÃO DE CURSO

Relatório de avaliação

TABELA 7.21

Resultados relativos aos clientes e ao mercado (50 pontos)

Aspectos de Avaliação	Pontuação				
	0%	20%	50%	80%	100%
1 Os resultados dos principais indicadores de desempenho relativos aos clientes e aos mercados, incluindo as informações dos concorrentes e outras informações comparativas pertinentes, demonstram relevância, desempenho e tendência.					X
Percentual do Item					100%

Fonte: FPNQ, 2003.

Pontos fortes

(+) Os resultados dos principais indicadores de desempenho relativos aos clientes demonstram desempenho, relevância e tendência. Em aquisição de clientes houve uma queda bastante acentuada em número de novos clientes em 2002, mas em 2003 a Genexis voltou a crescer 45,24% em relação a 2002, e quase 30% em relação a 2001, estabilizando o crescimento em número de novos clientes em 2004, crescendo 3,28%, acumulando no período um crescimento de 34,04%. Também ocorreu, em resultados adicionais provenientes de novos clientes em 2002, um crescimento da receita de 24,84%, apesar de ter ocorrido um decréscimo em número de novos clientes, demonstrando melhor qualidade nas receitas e maior produtividade por cliente. Em 2003, a organização cresceu apenas 5,12%, refletindo a situação do país; sob tais aspectos, pode ser considerado um crescimento, uma vez que o Produto Interno Bruto apresentou variação negativa em 2003. Em seis meses de 2004, a organização apresentou quase os mesmos 24% de todo o ano de 2002, demonstrando vigor no crescimento de suas receitas, mas totalizando um crescimento acumulado de aproximadamente 63% em relação a 2001. Em relacionamento com clientes, o número de consultas recebidas apresentou redução superior a 50% em 2004, apenas no primeiro semestre, evidenciando o índice de satisfação dos clientes, que passou a ser de 89% no mesmo período, tendo variação anual de mais de 10%. Em relação às informações comparativas pertinentes, a organização faz uso da metodologia das cinco forças competitivas de análise da concorrência de Michael E. Porter de avaliação de grupos estratégicos, que se encontra detalhada no Anexo I – Análise Estratégica Genexis, constante do material complementar disponível no site.

Segundo Porter, em seu modelo de competição no qual as indústrias e as empresas participantes são agrupadas de acordo com as semelhanças entre as estratégias competitivas, ocorre que a Genexis encontra-se isolada em um grupo estratégico. Isso porque é a única das concorrentes que compete atendendo a duas necessidades simultaneamente – as de informações de mercado em tempo real e as de gestão de redes de suprimentos. Por essa razão, quando se torna necessário escolher um benchmark, ou seja, uma referência de desempenho, ou quando se torna necessário avaliar a Genexis em relação aos seus concorrentes pertinentes ao mesmo grupo estratégico, o que se verifica é a não-existência de empresas concorrentes. Logo, a Genexis é a referência, o que provoca a ausência de informações comparativas referentes a clientes e mercado. Isso porque, nessa indústria (informações de mercado em tempo real e gestão de redes de suprimentos), ela detém 100% de marketshare.

Resultados econômico-financeiros

FIGURA 7.7

Lucro líquido (R$ mil)

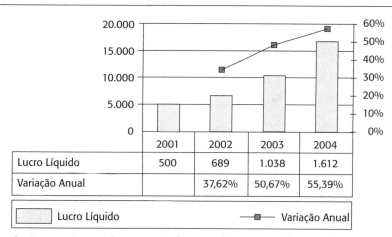

A organização apresentou e continua apresentando um crescimento sustentado em seus lucros ao longo dos últimos quatro anos. Em 2002 cresceu 37,62% em relação a 2001, 50,67% em 2003 e 55,39% em 2004 apenas no primeiro semestre, totalizando, nesses últimos três anos e meio, a expressiva taxa de 222,21%, quase triplicando os resultados obtidos em 2001.

Fonte: Genexis Health Inc. 2004, adaptado pelos autores.

FIGURA 7.8

Geração de caixa (R$ mil)

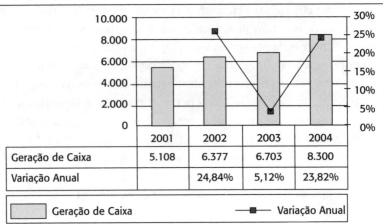

O mesmo não pode ser dito da capacidade da organização na geração de caixa, apesar de ter apresentado nos últimos quatro anos crescimento acumulado em sua capacidade de geração de caixa de 62%, em 2003 houve queda, apresentando crescimento de 5% em relação a 2002.

Fonte: Genexis Health Inc. 2004, adaptado pelos autores.

FIGURA 7.9

Lucro líquido/geração de caixa

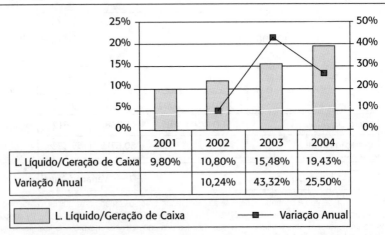

A relação do lucro líquido/geração de caixa da empresa vem evoluindo, tendo no ano de 2004 a taxa mais importante. Nos primeiros seis meses do ano, apresentou um crescimento de 25,50% em relação ao ano de 2003, totalizando nos últimos quatro anos 98,29% de crescimento.

Fonte: Genexis Health Inc. 2004, adaptado pelos autores.

Relatório de avaliação

TABELA 7.22

Resultados econômico-financeiros (50 pontos)

Aspectos de Avaliação	Pontuação				
	0%	20%	50%	80%	100%
1 Os resultados dos principais indicadores de desempenho relativos à situação econômico-financeira da organização, incluindo informações comparativas pertinentes, demonstram relevância, desempenho e tendência.			X		
Percentual do Item			50%		

Fonte: FPNQ, 2003.

Pontos fortes

(+) Os resultados dos principais indicadores de desempenho relativos à situação econômico-financeira da organização demonstram relevância e tendência. Quanto ao lucro líquido, a organização apresentou e continua apresentando um crescimento sustentado em seus lucros ao longo dos últimos quatro anos. Em 2002, cresceu 37,62% em relação a 2001, 50,67% em 2003 e 55,39% em 2004 no primeiro semestre, totalizando nesses últimos três anos e meio a expressiva taxa de 222,21%, quase triplicando os resultados obtidos em 2001. O mesmo não pode ser dito da capacidade da organização na geração de caixa, apesar de ter apresentado nos últimos quatro anos um crescimento acumulado em sua capacidade de geração de caixa de importantes 62%, prejudicado em 2003 provavelmente pela mesma razão dos outros indicadores, refletindo a situação macroeconômica do Brasil, com PIB negativo. Já a relação do lucro líquido/geração de caixa da empresa vem evoluindo com grande consistência, e teve no ano de 2004 a taxa mais importante, pois apenas nos primeiros seis meses do ano já apresentava um crescimento de aproximadamente 26% em relação a 2003, totalizando nos últimos quatro anos quase 100% de crescimento.

Pontos passíveis de melhoria

(–) Em relação às informações comparativas pertinentes, a metodologia utilizada pela organização de análise de grupos estratégicos, considerando as cinco forças competitivas, não atende ao solicitado por não considerar aspectos econômico-financeiros. Dessa forma, a afirmação não é sustentada pela justificativa, e a organização não apresentou resultados relativos às informações comparativas pertinentes.

Resultados relativos às pessoas

FIGURA 7.10

Turnover

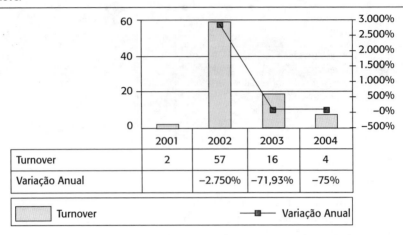

	2001	2002	2003	2004
Turnover	2	57	16	4
Variação Anual		−2.750%	−71,93%	−75%

A empresa vem evoluindo no esforço de reduzir sua taxa de turnover em que, após atingir os 2.750% em 2002, reduziu a rotatividade e o número de suas demissões em 2003 e em 2004 em relação a 2001.

Fonte: Genexis Health Inc. 2004, adaptado pelos autores.

FIGURA 7.11

Absenteísmo

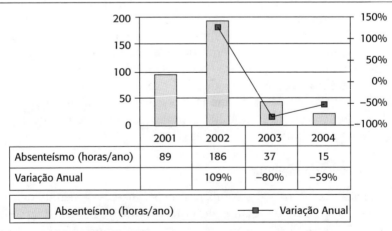

	2001	2002	2003	2004
Absenteísmo (horas/ano)	89	186	37	15
Variação Anual		109%	−80%	−59%

Após um ano extremamente desfavorável à produtividade da empresa em termos de absenteísmo, com crescimento de 109% da ausência no trabalho em 2002, a Genexis vem reduzindo sistematicamente essa taxa, com índices de melhoria superiores a 50% ao ano. Seus números acumulados são animadores, apresentando 83% de redução nessas taxas para 2004 quando comparado com o ano de 2001.

Fonte: Genexis Health Inc. 2004, adaptado pelos autores.

FIGURA 7.12

Horas de treinamento/ano

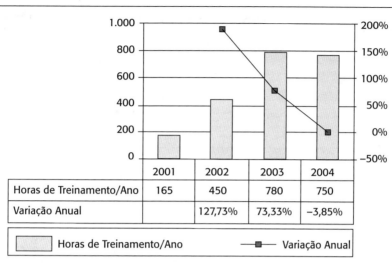

No indicador horas de treinamento a organização vem evoluindo sua produtividade em treinamento a seus funcionários. Até o final do primeiro semestre de 2004 a empresa já acumulava um crescimento de 354,55% em volume de horas investidas, quando comparado a 2001.

Fonte: Genexis Health Inc. 2004, adaptado pelos autores.

FIGURA 7.13

Tempo médio de contratação (dias)

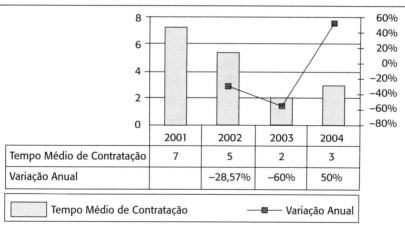

O indicador tempo médio de contratação apresentou evolução ao longo do período. No primeiro semestre de 2004 demonstrava queda de 50% em relação ao ano de 2003. Em 2001 a organização levava 7 dias para efetuar uma contratação, em 2003 esse número regrediu para 3, apresentando queda de 57,14 em relação a 2001.

Fonte: Genexis Health Inc. 2004, adaptado pelos autores.

FIGURA 7.14

Programas novos implantados

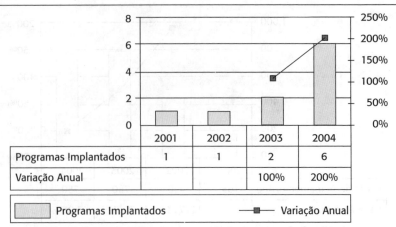

O indicador programas novos implantados vem influenciando significativamente o tempo médio de contratação. Nota-se que os números tiveram aumento consistente em 2004, o que explica o aumento da capacidade da empresa em reter seus talentos, acumulando em relação a 2001 um crescimento de 500%, e 200% no primeiro semestre de 2004 em relação ao ano de 2003.

Fonte: Genexis Health Inc. 2004, adaptado pelos autores.

Relatório de avaliação

TABELA 7.23

Resultados relativos às pessoas (30 pontos)

Aspectos de Avaliação	Pontuação				
	0%	20%	50%	80%	100%
1 Os resultados dos principais indicadores de desempenho relativos às pessoas, incluindo as informações comparativas pertinentes, demonstram relevância, desempenho e tendência.			X		
Percentual do Item			50%		

Fonte: FPNQ, 2003.

Pontos fortes

(+) Os resultados dos principais indicadores de desempenho relativos às pessoas demonstram relevância. A organização vem evoluindo no esforço de reduzir sua taxa de turnover em que, após ultrapassar os 2.700% em 2002, vem reduzindo a rotatividade e o número de suas demissões drasticamente, em 2003 e em 2004, em termos acumulados. Após um ano desfavorável à produtividade da organização em termos de absenteísmo, com crescimento de 109% da ausência no trabalho em 2002, a Genexis vem reduzindo siste-

DESCRIÇÃO DAS PRÁTICAS DE GESTÃO, AVALIAÇÃO, PONTUAÇÃO E IDENTIFICAÇÃO DOS PONTOS...

maticamente essa taxa, com índices de melhoria superiores a 50% ao ano. Seus números acumulados são positivos, apresentando 83% de redução nessas taxas para 2004 em comparação com o ano de 2001. Com um início bastante preocupante em investimentos em treinamento para seus colaboradores em 2001, a organização tem feito evoluir com grande consistência sua produtividade em treinamento a seus funcionários. Até o final do primeiro semestre de 2004 a organização acumulava um crescimento de 354% em volume de horas investidas, em comparação a 2001. No que tange ao tempo médio de contratação, esse indicador é uma amostra preocupante da capacidade de retenção de pessoas da organização. Entretanto, os números são bastante influenciados pelo turnover que foi provocado em grande escala pelo estouro da bolha da internet, reduzindo em 2003, e que no ano de 2004 voltou a uma trajetória ascendente, sinalizando a recuperação da companhia em manter seus talentos. Em relação a programas novos implantados, esse é um indicador que vem influenciando significativamente o tempo médio de contratação. Nota-se que os números apresentavam aumento consistente em 2004, o que explica o aumento da capacidade da organização em reter seus talentos, acumulando em relação a 2001 um crescimento de 500%.

Pontos passíveis de melhoria

(–) Quanto às informações comparativas pertinentes referentes aos resultados relativos às pessoas, a metodologia utilizada pela organização de análise de grupos estratégicos não atende ao requerido, por não considerar aspectos relativos a recursos humanos. Logo a afirmação não é sustentada pela justificativa, e a organização não apresentou resultados relativos às informações comparativas pertinentes.

Resultados relativos aos fornecedores

FIGURA 7.15

Número total de fornecedores

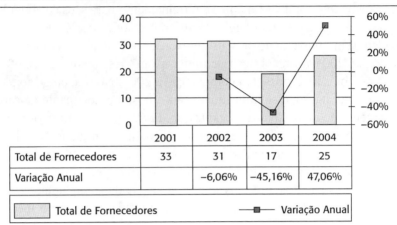

O indicador número total de fornecedores demonstra grandes oportunidades de melhoria no processo de gestão de fornecedores, uma vez que há uma oscilação bastante grande entre os anos de 2001 e de 2004. O total de fornecedores apresentou queda de 6,06% em 2002 em relação a 2001, em 2003 esse percentual aumentou, chegando a uma queda de 45,16% em relação a 2003. Porém, no primeiro semestre de 2004, o número de fornecedores teve aumento de 47,06%, mas ainda acumulava no período queda de 24,24% em relação a 2001.

Fonte: Genexis Health Inc. 2004, adaptado pelos autores.

FIGURA 7.16

Número de parceiros homologados

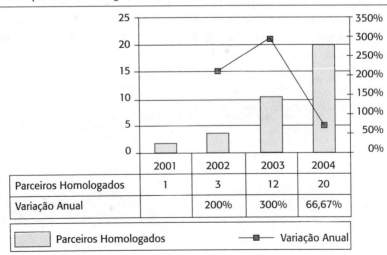

Entretanto, o processo de homologação desses fornecedores vem melhorando ano a ano, fazendo convergir às taxas de fornecedores homologados com o total de fornecedores hoje ativos na gestão de compras da empresa, passando de parceria homologada em 2001 para 20 em 2002.

Fonte: Genexis Health Inc. 2004, adaptado pelos autores.

DESCRIÇÃO DAS PRÁTICAS DE GESTÃO, AVALIAÇÃO, PONTUAÇÃO E IDENTIFICAÇÃO DOS PONTOS...

Relatório de avaliação

TABELA 7.24

Resultados relativos aos fornecedores (15 pontos)

Aspectos de Avaliação	Pontuação				
	0%	20%	50%	80%	100%
1 Os resultados dos principais indicadores de desempenho relativos aos fornecedores, incluindo as informações comparativas pertinentes, demonstram relevância, desempenho e tendência.			X		
Percentual do Item			50%		

Fonte: FPNQ, 2003.

Pontos moderados

(+/–) Nos resultados dos principais indicadores de desempenho relativos aos fornecedores, alguns demonstram relevância, e a maioria possui tendência favorável; mas a organização enfrenta problemas na gestão de seus fornecedores, e esse é um indicador que demonstra grandes oportunidades de melhoria no processo de gestão de fornecedores, uma vez que há uma oscilação bastante grande entre os anos de 2001 e de 2004. Entretanto, o processo de homologação desses fornecedores vem melhorando ano a ano, fazendo convergir às taxas de fornecedores homologados com o total de fornecedores hoje ativos na gestão de compras da empresa, com crescimento acumulado de 1.900% em número de empresas homologadas.

Pontos passíveis de melhoria

(–) Não foram apresentadas informações comparativas pertinentes que possibilitem avaliar o nível de desempenho dos resultados relativos aos fornecedores.

Resultados dos processos relativos ao produto

Indicadores relativos a produtos e serviços

FIGURA 7.17

Total de entregas

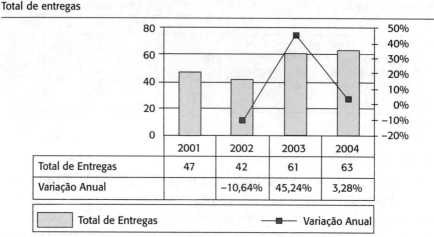

O total de projetos entregues comportou-se de forma bastante inconstante de 2001 a 2004, com o ano de 2002 sendo o seu pior desempenho. Em 2004, em apenas seis meses a organização já havia superado os números obtidos em 2003, o que também pode ser explicado pelo PIB negativo do ano, fazendo com que o crescimento fosse vigoroso nos primeiros meses desse ano – 34,04%.

Fonte: Genexis Health Inc. 2004, adaptado pelos autores.

FIGURA 7.18

Entregas no prazo

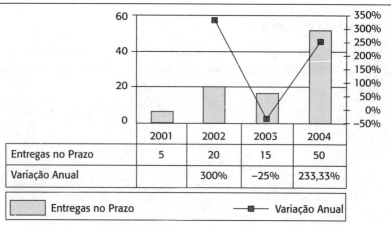

A organização multiplicou por dez a sua capacidade de entregar no tempo certo o que foi contratado, traduzindo seus ganhos de produtividade em números que foram apenas prejudicados em 2003, com uma perda de qualidade na gestão dos projetos (redução de 25% em relação a 2002). Porém, a organização atingiu uma marca de 233,33% de crescimento da pontualidade nos primeiros seis meses de 2004, acumulando 900% em quatro anos.

Fonte: Genexis Health Inc. 2004, adaptado pelos autores.

FIGURA 7.19
Entregas com retrabalho

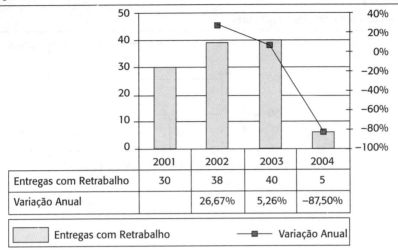

	2001	2002	2003	2004
Entregas com Retrabalho	30	38	40	5
Variação Anual		26,67%	5,26%	-87,50%

A empresa vem trabalhando consistentemente na redução do retrabalho e os resultados dos primeiros meses de 2004 apontavam para uma melhoria de 87,58% em relação ao ano de 2003, acumulando um ganho de eficiência de 83,33% nos últimos quatro.

Fonte: Genexis Health Inc. 2004, adaptado pelos autores.

FIGURA 7.20
Índice de retrabalho

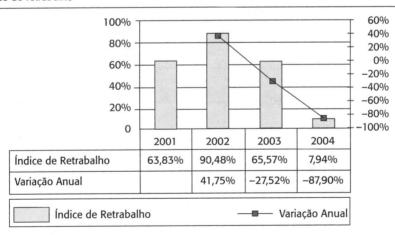

	2001	2002	2003	2004
Índice de Retrabalho	63,83%	90,48%	65,57%	7,94%
Variação Anual		41,75%	-27,52%	-87,90%

O índice de retrabalho vem caindo ao longo dos períodos, passando de 63,83% em 2001 para 7,94% em 2004, atingindo uma variação anual em relação a 2003 de aproximadamente 87,90%, acumulando queda de 87,57% no período.

Fonte: Genexis Health Inc. 2004, adaptado pelos autores.

Desenvolvimento de negócios, alianças e aquisições

FIGURA 7.21

Número de oportunidades identificadas

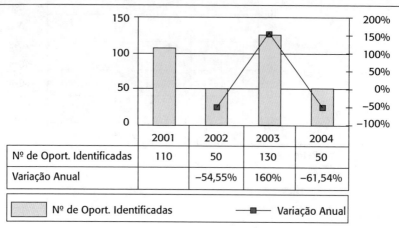

O indicador número de oportunidades identificadas está correlacionado ao indicador número de oportunidades efetivadas. Este indicador comportou-se de maneira instável, apresentando queda de 54,55% em 2002 em relação a 2001. Em 2003 apresentou crescimento de 160% em relação a 2002, acumulando crescimento até 2003 de 18,18%. No primeiro semestre de 2004 apresentava um crescimento de 38,46% em relação a todo o ano de 2003, mas ainda acumulava queda de 54,55% em relação a 2001.

Fonte: Genexis Health Inc. 2004, adaptado pelos autores.

FIGURA 7.22

Número de oportunidades efetivadas

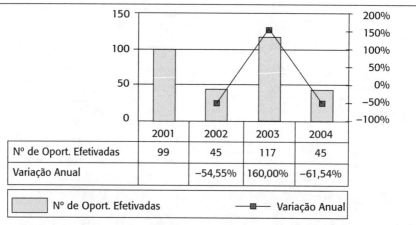

O indicador número de oportunidades efetivadas está diretamente relacionado ao número de oportunidades identificadas; nota-se que a evolução deste indicador acompanha a evolução do indicador de oportunidades identificadas. Esse indicador apresentou queda: em 2001 foram 99 oportunidades efetivadas, em 2002, 45, o que significa 54,55% de queda. No ano de 2003 o indicador apresentou crescimento de passando de 45 para 117 o número de oportunidades efetivadas, demonstrando crescimento de 160%, mas ainda demonstrava 54,44% de queda em relação a 2001.

Fonte: Genexis Health Inc. 2004, adaptado pelos autores.

FIGURA 7.23
Tempo de conversão (meses)

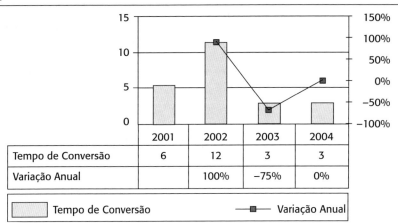

	2001	2002	2003	2004
Tempo de Conversão	6	12	3	3
Variação Anual		100%	-75%	0%

O tempo de conversão das oportunidades identificadas em efetivas vem caindo nos últimos anos. Em 2002 houve acréscimo de 100%, passando de seis para doze meses. Em 2003 o tempo de conversão passou para três meses, mantendo-se estável no primeiro semestre de 2004.

Fonte: Genexis Health Inc. 2004, adaptado pelos autores.

Desenvolvimento de negócios internacionais

FIGURA 7.24
Oportunidades identificadas

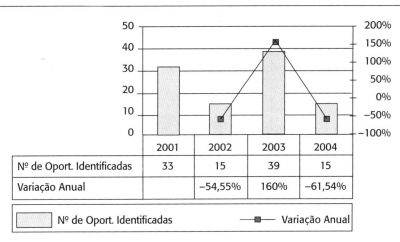

	2001	2002	2003	2004
Nº de Oport. Identificadas	33	15	39	15
Variação Anual		-54,55%	160%	-61,54%

No período 2004/2001 o indicador demonstra uma redução de 55,67%.

Fonte: Genexis Health Inc. 2004, adaptado pelos autores.

FIGURA 7.25

Número de oportunidades efetivadas

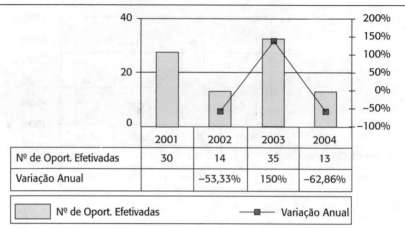

Este indicador, correlacionado com o indicador de oportunidades identificadas, teve queda de aproximadamente 53% em 2002, quando comparado a 2001, porém apresentou crescimento de 150% na comparação de 2003 em relação a 2002. Em 2004 voltou ao patamar de 2002.

Fonte: Genexis Health Inc. 2004, adaptado pelos autores.

FIGURA 7.26

Tempo de conversão (meses)

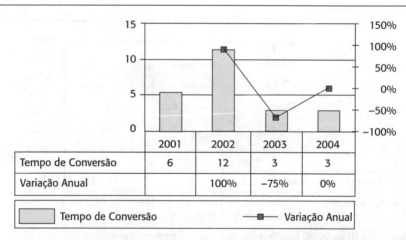

O tempo de conversão de oportunidades identificadas em oportunidades efetivadas para negócios internacionais também apresentou queda, passando de doze meses no ano de 2002 para três meses no primeiro semestre de 2004.

Fonte: Genexis Health Inc. 2004, adaptado pelos autores.

DESCRIÇÃO DAS PRÁTICAS DE GESTÃO, AVALIAÇÃO, PONTUAÇÃO E IDENTIFICAÇÃO DOS PONTOS...

Relatório de avaliação

TABELA 7.25

Resultados dos processos relativos ao produto (40 pontos)

Aspectos de Avaliação	Pontuação				
	0%	20%	50%	80%	100%
1 Os resultados dos principais indicadores de desempenho relativos aos produtos e aos processos relativos ao produto, incluindo as informações comparativas pertinentes, demonstram relevância e tendência.		X			
Percentual do Item		20%			

Fonte: FPNQ, 2003.

Pontos moderados

(+/–) Os resultados dos principais indicadores de desempenho relativos aos produtos e aos processos referentes ao produto demonstram relevância, mas não demonstram tendência, exceto o indicador Total de Entregas. Não se especifica nenhum prazo mínimo para se estabelecer tendência; para os Critérios de Excelência, entretanto, é considerada a variação consecutiva (melhoria de resultados) de no mínimo três períodos. Em relação ao indicador de entregas no prazo, a organização multiplicou por dez sua capacidade de entregar os produtos no prazo contratado. E o indicador de retrabalho aponta para uma melhoria de quase 90% quando comparado a 2003, diminuindo o índice de retrabalho para 7,94% no primeiro semestre de 2004. Nos resultados relativos ao desenvolvimento de negócios, alianças e aquisições, o indicador número de oportunidades identificadas, correlacionado ao indicador número de oportunidades efetivadas, também se comportou de maneira instável. O tempo de conversão das oportunidades identificadas em efetivas vem caindo nos últimos anos. Em desenvolvimento de negócios internacionais, o indicador de oportunidades efetivadas denota instabilidade. O indicador de número de oportunidades efetivadas teve queda de aproximadamente 53% em 2002, quando comparado a 2001, porém exibiu crescimento de 150% em relação a 2003, apresentando queda também no tempo de conversão das oportunidades identificadas para efetivadas, o que se caracteriza como positivo. Em relação às informações comparativas pertinentes, o processo é semelhante aos resultados relativos a clientes e mercados, em que a organização faz uso da metodologia das cinco forças competitivas, de análise da concorrência de Michael E. Porter de avaliação de grupos estratégicos, que se encontra detalhada no adendo digital, em documento denominado Anexo I – Análise estratégica Genexis.

Resultados relativos à sociedade

A organização não utiliza indicadores de desempenho relativos à sociedade.

Relatório de avaliação

TABELA 7.26

Resultados relativos à sociedade (50 pontos)

Aspectos de Avaliação	Pontuação				
	0%	20%	30%	40%	50%
1 Os resultados dos principais indicadores de desempenho relativos à sociedade, incluindo as informações comparativas pertinentes, demonstram relevância, desempenho e tendência.	X				
Percentual do Item	0%				

Fonte: FPNQ, 2003.

Pontos passíveis de melhoria

Aspecto 1

(–) Não foram apresentados resultados de nenhum indicador.

Resultados de processos de apoio e organizacionais

FIGURA 7.27

Total de projetos

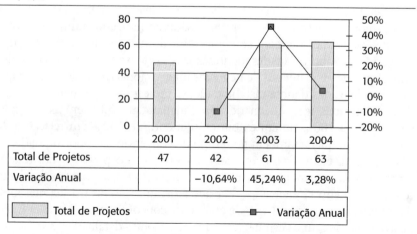

O total de projetos revela queda de 10,64% em 2002, caindo de 42 para 47, mas em 2003 apresenta crescimento de 45,24% em relação a 2003, saindo de 42 para 61 projetos. No primeiro semestre de 2004 apresentava crescimento superior ao ano de 2003, acumulando um crescimento de 34,04% em relação a 2001.

Fonte: Genexis Health Inc. 2004, adaptado pelos autores.

FIGURA 7.28

Número de projetos constantes no plano estratégico

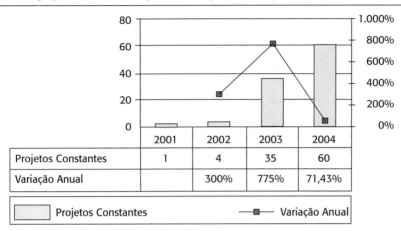

A conformidade do número de projetos constantes do plano estratégico da empresa vem acumulando crescimentos em relação ao total de projetos. Em 2003 obteve crescimento anual de 775% comparado a 2002, acumulando um crescimento de 5.900% em relação a 2001.

Fonte: Genexis Health Inc. 2004, adaptado pelos autores.

FIGURA 7.29

Número de projetos não constantes no plano estratégico

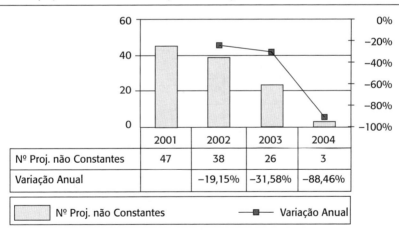

O número de projetos não constantes no plano estratégico apresentou redução, atingindo 31,58% de variação anual de 2002 para 2003. No primeiro semestre de 2004, do total de 63 projetos, três não constavam no plano estratégico, revelando queda de 88,46% de variação anual de 2003

Fonte: Genexis Health Inc. 2004, adaptado pelos autores.

FIGURA 7.30

Relação dos projetos constantes/total de projetos

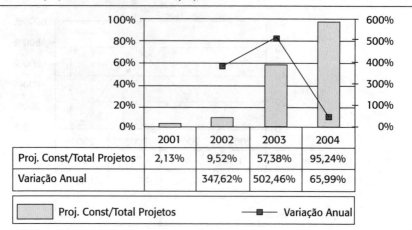

	2001	2002	2003	2004
Proj. Const/Total Projetos	2,13%	9,52%	57,38%	95,24%
Variação Anual		347,62%	502,46%	65,99%

Este indicador revela que, do total de projetos estão inclusos no plano estratégico. No primeiro semestre de 2004, atingiu índice de 95,24%; em 2003 alcançou 57,38%.

Fonte: Genexis Health Inc. 2004, adaptado pelos autores.

Indicadores de garantia da qualidade

FIGURA 7.31

Número de melhorias implantadas

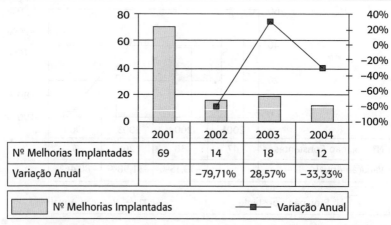

	2001	2002	2003	2004
Nº Melhorias Implantadas	69	14	18	12
Variação Anual		−79,71%	28,57%	−33,33%

A redução a níveis inferiores a vinte melhorias implantadas a cada ano, com um pico em 2003, são resultantes dos avanços tecnológicos e dos resultados obtidos com cada pacote de melhorias implementadas ao longo dos anos. Este indicador vem caindo ao longo do período, revelando queda de 79,71% em 2002, passando por um crescimento em 2003, atingindo 28,57%, mas voltando a cair no primeiro semestre de 2004 33,33%, acumulando em relação a 2001 queda de 82,61%.

Fonte: Genexis Health Inc. 2004, adaptado pelos autores.

FIGURA 7.32
Ciclo de implantação de melhoria

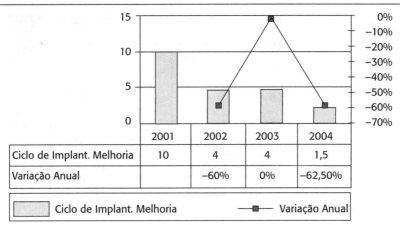

Os ciclos de implantação de melhoria mantêm um sincronismo com os ciclos de lançamento de produtos, dada a correlação da evolução tecnológica incorporada pela empresa.

Fonte: Genexis Health Inc. 2004, adaptado pelos autores.

FIGURA 7.33
Índice de satisfação do cliente

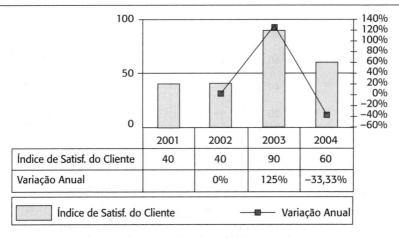

Os índices de satisfação relativos à qualidade devem ser avaliados em conjunto aos de reclamação e de inconsistências. Em 2003, percebe-se um aumento para 90% do índice em relação a 2001 e para 60% em 2004, quando comparado aos 40% em 2001 e 2002.

Fonte: Genexis Health Inc. 2004, adaptado pelos autores.

FIGURA 7.34
Índice de reclamação do cliente

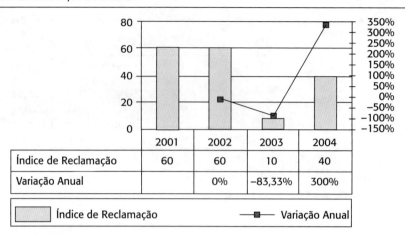

O índice de reclamação do cliente em 2004 apresenta aumento, porém mostra melhoria em relação a 2001 e 2002, em que se manteve estável. No ano de 2003 teve queda de 83,33% em relação a 2003, voltando a subir no primeiro semestre de 2004.

Fonte: Genexis Health Inc. 2004, adaptado pelos autores.

FIGURA 7.35
Índice de inconsistência

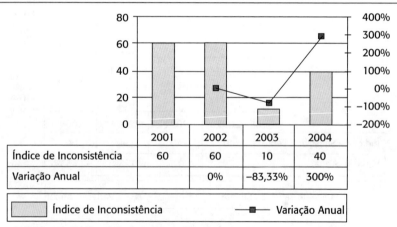

O índice de inconsistência é derivado do índice de reclamação dos clientes, e mantém a mesma evolução nos percentuais.

Fonte: Genexis Health Inc. 2004, adaptado pelos autores.

Indicadores de desenvolvimento de produtos e serviços

FIGURA 7.36

Número de pedidos recebidos

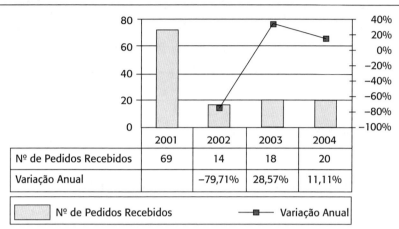

O indicador de pedidos recebidos apresentou queda de 79,71% em relação a 2001, caindo de 69 para 14, voltando a crescer em 2003, atingindo 28,57%; em 2004 cresceu 11,11%, passando a 20 o número de pedidos recebidos. No entanto no primeiro semestre de 2004 nenhuma reprovação ocorreu e os desenvolvimentos novos foram todos convertidos em novos produtos no mesmo ano.

Fonte: Genexis Health Inc. 2004, adaptado pelos autores.

FIGURA 7.37

Número de desenvolvimentos aprovados

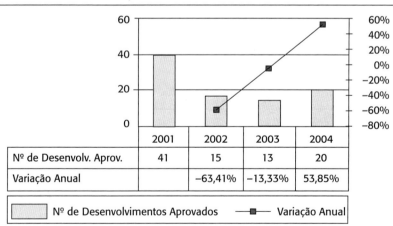

Em 2001, do total de 69 pedidos, 41 foram aprovados. Ocorreram 15 aprovações de pedidos em 2002. Em 2003, houve queda de 13,33% no número de aprovações em relação a 2002, caindo de 15 para 13, mas em 2004 cresceu 53,85% em relação a 2003, atingindo 100% do número de pedidos recebidos.

Fonte: Genexis Health Inc. 2004, adaptado pelos autores.

FIGURA 7.38

Número de desenvolvimentos reprovados

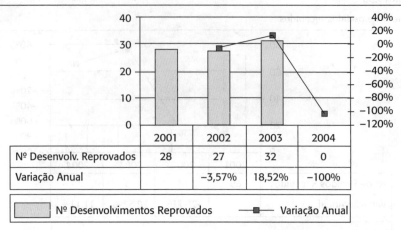

O indicador número de pedidos reprovados vem caindo ao longo do período. Em 2002 houve queda de 3,57%, voltando a crescer novamente 18,52% em 2003, passando de 27 para 32. Porém, no primeiro semestre de 2004, foi revelado um índice de reprovação igual a zero.

Fonte: Genexis Health Inc. 2004, adaptado pelos autores.

FIGURA 7.39

Porcentagem de receita de novos produtos/serviços sobre receita total

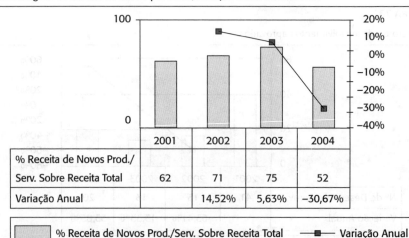

O indicador de porcentagem de receita de novos produtos/serviços apresenta crescimento. Em 2001 representava 62% passando a 71% em 2002, com variação anual de 14,52%. Em 2003 apresentou crescimento de 5,63% em relação a 2002, voltando a cair 30,67% no primeiro semestre de 2004, por conta da fase de lançamento de produtos.

Fonte: Genexis Health Inc. 2004, adaptado pelos autores.

FIGURA 7.40

Rol de novos produtos e serviços

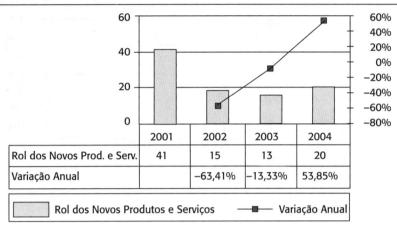

No rol de novos produtos da organização, em 2002 e 2003 houve queda em relação a 2001. Em 2002, houve queda de 63,41%, e em 2003, queda de 13,33%, mas no primeiro semestre de 2004 foram 20 produtos lançados, revelando um crescimento de 53,85% no semestre dem relação a todo o ano de 2003.

Fonte: Genexis Health Inc. 2004, adaptado pelos autores.

Indicadores de gestão da operação

FIGURA 7.41

Indicador de custo operacional

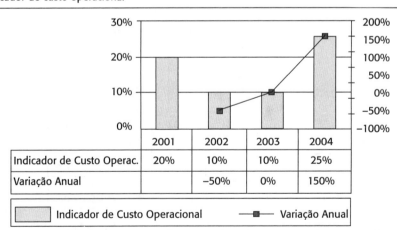

Este indicador está alinhado com a estratégia de novos produtos da empresa. Percebe-se que a variação em 2003 conseguiu atingir seu objetivo, ou seja, crescer em número de produtos, em novas oportunidades, mantendo o mesmo custo operacional, em função de ganhos de escala. Este indicador apresentou queda de 50% em 2002, mantendo-se estável em 2003, revelando uma variação anual de 0%. Houve crescimento no primeiro semestre de 2004, subindo de 10 para 25% decorrente de lançamentos de produtos e por não contemplar o segundo semestre do ano.

Fonte: Genexis Health Inc. 2004, adaptado pelos autores.

249

FIGURA 7.42
Indicador de eficácia operacional

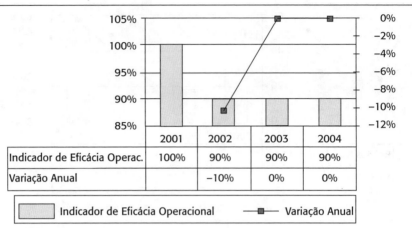

Este indicador é explicado pela grande assertividade do novo rol de produtos, pelo controle rígido dos custos de operação e pela manutenção da eficiência. Neste indicador, houve queda de 10% em 2002, passando de 100 para 90%. Os últimos meses de 2003 e o primeiro semestre de 2004 sinalizavam uma estabilidade na eficiência, revelando variação anual igual a zero no indicador.

Fonte: Genexis Health Inc. 2004, adaptado pelos autores.

FIGURA 7.43
Indicador de eficiência operacional

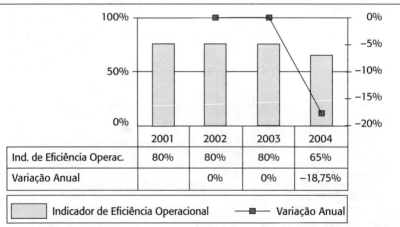

A perda de aproximadamente 18% de eficiência operacional em 2004 é explicada pelos mesmos fatores citados no indicador de eficácia, ou seja, não contempla o segundo semestre do ano. Fica evidente que tal estabilidade é decorrente tanto de inovações tecnológicas como dos ganhos de eficácia em 2002 e 2003.

Fonte: Genexis Health Inc. 2004, adaptado pelos autores.

FIGURA 7.44

Tempo médio atend. solicit. manutenção (horas)

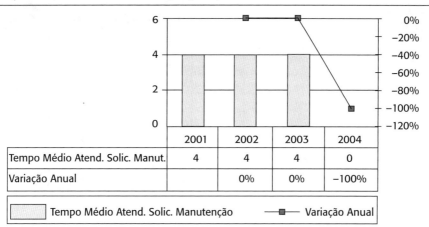

O tempo médio de manutenção é resultado do número de paradas e de sua respectiva duração. Este indicador manteve-se estável e dentro da meta estabelecida de 4 horas.

Fonte: Genexis Health Inc. 2004, adaptado pelos autores.

FIGURA 7.45

Número de paradas para manutenção

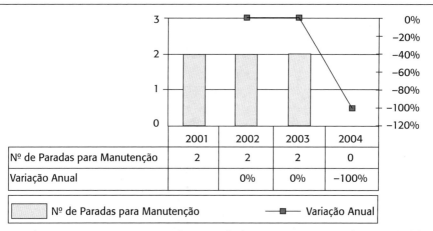

As paradas para manutenção são programadas, ocorrendo duas vezes ao ano – normalmente ao final de cada semestre com no máximo 18 horas onde são realizadas as atividades de fechamento dos períodos-calendário, com backups das bases de dados e das bases de indicadores estatísticos, bem como algumas manutenções que demandam a parada total dos sistemas.

Fonte: Genexis Health Inc. 2004, adaptado pelos autores.

FIGURA 7.46

Duração total das paradas para manutenção

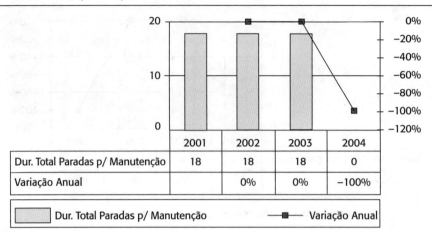

A duração das paradas para manutenção manteve-se estável e dentro da meta estabelecida de 18 horas. Em 2004 tais números iriam se repetir, denotando, portanto, a grande estabilidade desses indicadores, obtidos como resultado dos investimentos em tecnologia e infra-estrutura realizados a partir de 2000.

Fonte: Genexis Health Inc. 2004, adaptado pelos autores.

Atendimento a pedidos de serviços

FIGURA 7.47

Número de pedidos recebidos

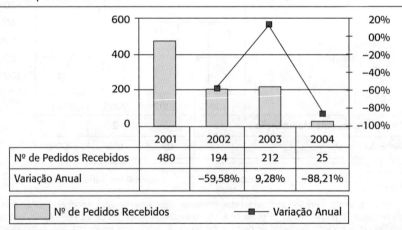

O objetivo perseguido pela empresa desde 2000 é fornecer uma experiência a seus usuários que não demande nenhum tipo de contato corretivo com o serviço de help-desk ou de atendimento. Para tal, foram adotadas as medidas de qualidade, de atualização tecnológica, de eficácia e de eficiência operacionais, desde 2001. Este indicador apresentou queda de 59,58% em 2002, passando de 480 pedidos para 194. Teve um pico em 2003, crescendo 9,28%, e voltou a cair para 88,21% no primeiro semestre de 2004, acumulando queda de 94,79% no período.

Fonte: Genexis Health Inc. 2004, adaptado pelos autores.

FIGURA 7.48
Número de pedidos atendidos

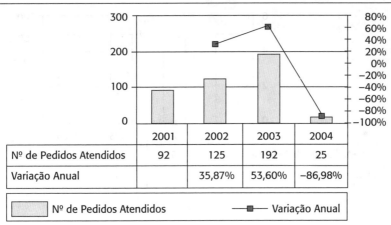

O indicador número de pedidos atendidos vem crescendo ao longo do período, passando de 92 em 2001 para 125 em 2002, revelando crescimento de 35,87% em relação a 2001 e crescimento de 53,60% em 2003.

Fonte: Genexis Health Inc. 2004, adaptado pelos autores.

FIGURA 7.49
Número de insolvência

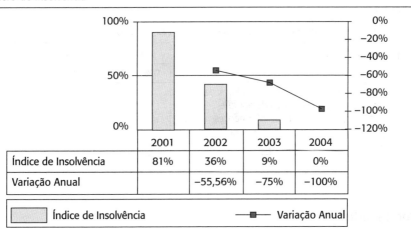

O número de pedidos atendidos e o índice de insolvência são decorrentes da adoção dos acordos de níveis de serviço estabelecidos com os clientes; o seu acompanhamento com o subseqüente cumprimento (em caso de não cumprimento, a organização incorre em multa). O indicador de insolvência vem caindo ao longo do período, passando de 81% em 2001 para 36% em 2002 e 9% em 2003, tendo uma variação anual de 2002 para 2003 de 75%.

Fonte: Genexis Health Inc. 2004, adaptado pelos autores.

FIGURA 7.50

Ciclo médio de atendimento de pedidos (dias)

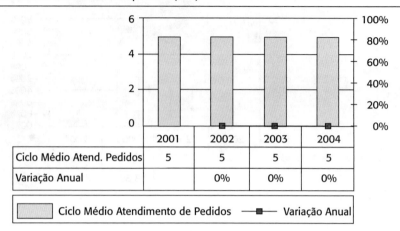

O indicador de ciclo médio de atendimento aos pedidos manteve-se estável ao longo dos períodos em cinco dias. O tempo de atendimento de tais solicitações é um dos atributos mais concretos de percepção de qualidade; mesmo com o aumento no número de produtos, manteve-se o ciclo médio de atendimento em cinco dias.

Fonte: Genexis Health Inc. 2004, adaptado pelos autores.

Relatório de avaliação

TABELA 7.27

Resultados de processos de apoio e organizacionais (25 pontos)

Aspectos de Avaliação	Pontuação				
	0%	20%	50%	80%	100%
1 Os resultados dos principais indicadores de desempenho dos processos de apoio e organizacionais, incluindo as informações comparativas pertinentes, demonstram relevância, desempenho e tendência.				X	
Percentual do Item				80%	

Fonte: FPNQ, 2003.

Pontos fortes

(+) Os resultados dos principais indicadores de desempenho dos processos de apoio e organizacionais demonstram relevância, desempenho e tendência. Comparados com os indicadores de reclamações e inconsistência, nota-se um aumento significativo da satisfação dos clientes.

No resultado do indicador de desenvolvimento de novos produtos e serviços, avaliados em conjunto com os indicadores de desenvolvimento aprovados, reprovados e rol de novos produtos e serviços, pode-se notar que não ocorreu nenhuma reprovação, e os desenvolvimentos foram todos convertidos em novos produtos, demonstrando ganho de eficiência e eficácia nesse indicador.

No resultado de gestão da operação, o indicador de custo operacional cresceu em números de novos produtos e oportunidades. O indicador de eficácia operacional também sinalizou estabilidade; já o indicador de eficiência operacional apresentou queda, porém recuperou a estabilidade em decorrência de inovações tecnológicas e ganho de eficácia. Os resultados dos indicadores de solicitação de manutenção apresentaram estabilidade. Os resultados de atendimento a pedidos de serviços tiveram redução significativa, quando comparados a 2001, apontando para a eliminação do índice de insolvência. No primeiro semestre de 2004 a organização atendeu a 100% dos pedidos, e o ciclo médio de atendimento dos pedidos também se manteve estável em cinco dias.

Para os resultados relativos às informações comparativas, o processo é semelhante aos resultados anteriores, em que a organização faz uso da metodologia das cinco forças competitivas, que se encontra detalhada no adendo digital, com o nome de Anexo I – Análise estratégica Genexis.

Pontos passíveis de melhoria

(–) A organização não apresentou resultados quanto ao critério 1, Liderança, e critério 5, Informações e Conhecimentos.

Nota

De acordo com a experiência dos professores orientadores, o desenvolvimento deste capítulo corresponde à etapa mais complexa, porque a mais exigente, do trabalho em andamento, na medida em que os estudantes não podem se furtar à responsabilidade de assumirem a condição de autores. Ultrapassar os limites da transcrição, da reprodução, da compilação ou da cópia é muitas vezes assustador, porque raramente foram submetidos a esse tipo de exercício nas fases anteriores da formação universitária.

Concluídas as etapas de descrição das práticas de gestão, de avaliação de critérios e itens, de pontuação dos itens e da reunião de evidências que justificaram a identificação de pontos fortes, moderados e passíveis de melhoria, é possível elaborar um diagnóstico organizacional confiável.

A credibilidade dos resultados alcançados nesta etapa depende da competência técnica, conceptual e metodológica dos estudantes e da colaboração paciente dos representantes da organização. É a seriedade observada no processo investigatório, que envolve atividades de coleta, seleção, organização e interpretação dos dados e informações, que legitimará os resultados tanto no plano acadêmico quanto no universo da organização alvo da pesquisa.

Não é exagero afirmar que o interesse dos representantes da organização pelos planos de ação a serem propostos na seqüência depende do êxito desta etapa. O amadorismo deve ser substituído por atividades minuciosamente planejadas e orientadas.

8

Diagnóstico Organizacional e Formulação de Planos de Ação

Ao término do capítulo, o leitor será capaz de solucionar as seguintes dúvidas:

- Concluída a identificação dos pontos fortes, moderados e passíveis de melhoria, qual é o resultado do diagnóstico organizacional? Em que termos é possível explicá-lo?

- Levando em conta os resultados do diagnóstico organizacional, quais são os aspectos que justificarão a elaboração de planos de melhoria e de planos de manutenção, e como explicá-los?

- Considerando as especificidades que caracterizam os itens que serão alvo de planos de ação, quais são as ferramentas gerenciais mais adequadas à solução dos desafios identificados?

- Quais são os planos de ação propostos, por que, como e quando implantá-los, com qual investimento e resultados esperados?

Diagnóstico organizacional e formulação de planos de ação

Com base no Relatório da Gestão e no Relatório de Avaliação, é apresentada a pontuação global da organização, apontando os pontos fortes e as oportunidades para melhoria e o estágio em que a organização se encontra, tendo como base os requisitos dos oito Critérios de Excelência da FNQ, versão Primeiros Passos. Foi feita a avaliação da Genexis, que alcançou 353 pontos, atingindo 71% da pontuação máxima. Com base nessa pontuação, a organização enquadra-se na faixa de número 4, ocupando a posição baixa (351 a 383 pontos) – a Tabela 8.1 demonstra a pontuação – estando no seguinte estágio: enfoques adequados para os requisitos da maioria dos itens, alguns sendo proativos, mas a aplicação em algumas das principais áreas e processos é muito recente para demonstrar resultados. Tendências favoráveis, porém, em algumas áreas importantes para o sucesso da organização, as tendências de melhoria são recentes. Início do uso de informações comparativas pertinentes. A organização apresenta práticas de gestão adequadas ao requerido; algumas são proativas, disseminadas pelos principais processos e áreas e com uso continuado, apresentando algumas lacunas, sendo estes os pontos fortes da organização. Caracterizam-se como pontos fortes da organização:

- 1 – Liderança – itens 1.1, 1.2, 1.3 – atingindo 45 pontos da pontuação máxima de 50 pontos.

- 2 – Estratégia e Planos – itens 2.1, 2.2, 2.3 – atingindo 39 pontos da pontuação máxima de 45 pontos.

- 3 – Clientes – itens 3.1, 3.2 – atingindo 30 pontos da pontuação máxima de 30 pontos.

- 5 – Informações e Conhecimento – itens 5.1, 5.2, 5.3 – atingindo 27 pontos da pontuação máxima de 30 pontos.

- 6 – Pessoas – itens 6.1, 6.2, 6.3 – atingindo 39 pontos da pontuação máxima de 45 pontos.

- 7 – Processos – itens 7.1, 7.2, 7.4 – atingindo 38,5 da pontuação máxima de 45 pontos.

Como oportunidade para melhoria, a organização apresenta algumas práticas de gestão com lacunas, basicamente reativas, disseminadas por alguns dos principais processos e áreas da organização e em início de uso continuado. Caracterizam-se como oportunidades para melhorias da organização: Sociedade – itens 4.1 e 4.2 – atingiu 9,0 pontos, de uma pontuação máxima de 30 pontos; Processos – item 7.3 – atingiu 6,0 pontos, de uma pontuação máxima de 10 pontos.

Confrontados com o solicitado em 8 Resultados, nota-se que os resultados da organização ainda são influenciados por lacunas nos respectivos itens de enfoque e aplicação.

- Item 8.1 – Resultados relativos aos clientes e mercados – relacionado a Clientes, itens 3.1 e 3.2. A organização atingiu a pontuação de 50 pontos da pontuação máxima de 50 pontos.

- Item 8.2 – Resultados econômico-financeiros – relacionado a Processos, item 7.4. A organização atingiu 25 pontos da pontuação máxima de 50 pontos. A organização não apresentou resultados relativos a informações comparativas, o que impediu a avaliação crítica de seu desempenho.

- Item 8.3 – Resultados relativos às pessoas – relacionado a Pessoas, itens 6.1, 6.2, 6.3. A organização atingiu a pontuação de 15 pontos, em uma pontuação máxima de 30 pontos. A organização também não apresentou resultados relativos aos referenciais comparativos, impossibilitando a avaliação crítica do desempenho relativo às pessoas.

- Item 8.4 – Resultados relativos a fornecedores – relacionado a Processos, item 7.3, a organização atingiu a pontuação de 7,5 da pontuação máxima de 15 pontos; também não apresentou resultados relativos a informações comparativas pertinentes.

- Item 8.5 – Resultados relativos dos processos referentes ao produto – relacionado a Processos, item 7.1. A organização atingiu a pontuação de 8 pontos, da pontuação máxima de 40 pontos. Os resultados demonstram relevância, mas não demonstram tendência. Não se especifica nenhum prazo mínimo para se estabelecer tendência; entretanto, para os Critérios de Excelência é considerada a variação consecutiva (melhoria de resultados) de, no mínimo, três períodos consecutivos. A organização apresentou melhoria nos resultados em dois períodos.

- Item 8.6 – Resultados relativos à sociedade – relacionado a Sociedade, itens 4.1 e 4.2. A organização não apresenta resultados, com a pontuação máxima de 15 pontos.

- Item 8.7 – Resultados dos processos de apoio e organizacionais – relacionado a Liderança – itens 1.1, 1.2, 1.3; Estratégia e planos – itens 2.1, 2.2, 2.3; 5 Informações e conhecimento – itens 5.1, 5.2, 5.3; Processos – item 7.2. A organização atingiu a pontuação de 20 pontos, com a pontuação máxima de 25 pontos.

Considerando os pontos contemplados nas oito categorias da FNQ, conforme os Primeiros Passos para a Excelência, partindo dos resultados desse Diagnóstico Organizacional, a Genexis apresenta os seguintes pontos reco-

ESTÁGIO SUPERVISIONADO E TRABALHO DE CONCLUSÃO DE CURSO

nhecidos como passíveis de serem melhorados nos respectivos itens de enfoque e aplicação que serão alvo dos Planos de Melhoria: Sociedade – itens 4.1 e 4.2; Processos – itens 7.1 e 7.3. Ainda com base nesse Diagnóstico Organizacional, serão elaborados dois Planos de Manutenção dirigidos para os aspectos avaliados como pontos fortes. Os resultados apresentados neste Diagnóstico Organizacional nortearão a elaboração dos Planos de Ação que refletem as necessidades de melhoria da organização.

TABELA 8.1

Síntese da pontuação

Critério	Item	0%	10%	20%	30%	40%	50%	60%	70%	80%	90%	100%	Pont. Máx.	Pont. Obt.
1	1.1										X		15	13,5
	1.2										X		20	18
	1.3										X		15	13,5
2	2.1										X		15	13,5
	2.2										X		15	13,5
	2.3									X			15	12
3	3.1											X	15	15
	3.2											X	15	15
4	4.1		X										15	1,5
	4.2						X						15	7,5
5	5.1											X	10	10
	5.2										X		10	9
	5.3							X					10	8
6	6.1										X		15	13,5
	6.2										X		15	13,5
	6.3									X			15	12
7	7.1										X		15	13,5
	7.2										X		10	9
	7.3						X						10	6
	7.4											X	10	10
8	8.1											X	50	50
	8.2						X						50	25
	8.3						X						30	15
	8.4						X						15	7,5
	8.5			X									40	8
	8.6	X											15	0
	8.7									X			25	20
										Pontuação Global			500	353

Fonte: FPNQ, 2003.

260

Nota

Concluídas as etapas de descrição das práticas de gestão, de avaliação de critérios e itens, de pontuação dos itens e da reunião de evidências que justificaram a identificação de pontos fortes, moderados e passíveis de melhoria, é possível elaborar o diagnóstico organizacional.

Com base nos resultados da pontuação atribuída aos critérios e itens, é elaborada uma tabela-síntese na intenção de formar uma visão geral da organização e perceber o estágio em que ela se encontra. A interpretação dos dados reunidos na tabela-síntese permite a identificação das menores pontuações atribuídas aos itens e que darão ensejo à elaboração de dois planos de melhoria e das maiores pontuações atribuídas, que darão origem à proposição de dois planos de manutenção.

Ressalta-se que os planos propostos estão restritos aos itens de Enfoque e Aplicação dos Critérios 1 a 7 porque os itens referentes a Resultados não são objetos de planos. Parte-se da premissa que os resultados alcançados por uma organização decorrem das práticas de gestão adotadas.

Planos de ação

O objetivo é a formulação e a apresentação dos Planos de Melhoria e Manutenção, elaborados a partir do Diagnóstico Organizacional, que apresentou as principais necessidades da organização por meio da identificação de seus pontos fortes e oportunidades para melhoria. Para a elaboração dos Planos de Ação, são aplicadas ferramentas administrativas com o objetivo de identificar, priorizar e desdobrar os planos. Para a priorização dos pontos fortes e oportunidades de melhoria, será aplicada inicialmente a Matriz de GUT (Gravidade, Urgência e Tendência), depois o Diagrama de Ishikawa, também conhecido como 'espinha-de-peixe' (diagrama de causa e efeito), que, em uma investigação mais profunda, estabelece as principais causas dos problemas encontrados, para que, dessa forma, eles possam ser eliminados ou reduzidos. Para os itens que tiveram maior pontuação na Matriz de GUT, aplica-se o Diagrama de árvore, que desdobra e esquematiza os principais Planos de Ação, e posteriormente aplica-se a Matriz 5W2H, com o objetivo de formalização dos mesmos.

Será adotada uma sistemática única para o levantamento do valor dos investimentos dos planos de manutenção e de melhoria referentes às atividades executadas por colaboradores internos da organização. Após uma reunião com a direção da organização, ficou estabelecido que qualquer atividade executada por colaboradores internos também deverá ser acrescentada ao total dos investimentos para a implantação do plano; isso porque deverão ser consideradas as horas que esses colaboradores dedicarão, exclusivamente, à execução do plano. Assim, a organização vai fornecer o valor financeiro, juntamente com os encargos correspondentes à hora trabalhada desse(s) colaborador(es). Também ficou decidido que os autores do plano serão contratados, quando necessário, por oito horas semanais, divididas em dois dias, terças e sextas pela manhã, para que dêem assessoria desde o início até o final da implantação do plano; o valor da hora dessa consultoria será de U$ 100. Os demais valores financeiros deverão ser mensurados conforme as características de cada plano.

Apresentação e justificativas das ferramentas utilizadas

Nota

Para fins acadêmicos, os estudantes elaboram dois planos de melhoria e dois planos de manutenção. Há ferramentas que lhes permitem identificar as prioridades que devem ser levadas em consideração diante dos resultados do diagnóstico organizacional. Não obstante, as prioridades verbalizadas pelos gestores em face das estratégias da organização e a existência de recursos disponíveis para implantar os referidos planos, com elevada margem de êxito, não são desconsideradas nesta fase.

Para determinar quais dos itens serão priorizados na elaboração dos planos de melhoria e de manutenção, os estudantes recorrem à pesquisa bibliográfica para conhecer as ferramentas de gestão disponíveis e dispor de critérios que permitam a eles escolher as mais adequadas, tendo em vista as especificidades da organização investigada.

No âmbito deste caso, inicialmente os estudantes optaram pela matriz de priorização intitulada Matriz de GUT. Escolhida a referida matriz, eles resgataram os itens que obtiveram pior e melhor pontuação e aplicaram a matriz de priorização para cada um dos cinco aspectos de cada item.

Identificados os aspectos a serem trabalhados, os estudantes buscaram conhecer as causas que determinavam cada aspecto escolhido. Para isso, julgaram mais adequado o uso do Diagrama de causa e efeito. Conhecidas as principais causas, utilizaram a ferramenta 5W2H para nortear o desenvolvimento das etapas que caracterizam a formulação dos planos de ação. Foi utilizada a ferramenta Diagrama de árvore para esquematizar o desdobramento do plano, uma espécie de mapa cognitivo do 5W2H.

As ferramentas administrativas são técnicas para ajudar na gestão da empresa e na busca de solução dos problemas administrativos e/ou operacionais, geralmente ligados ao fraco desempenho de processos. Porém, não basta conhecer a ferramenta, é preciso saber discernir a situação que justifica seu uso e sua utilização. Segundo Meireles (2002, p. 160), "devemos saber usar um martelo e uma serra, mas também devemos saber onde e quando usar um martelo e uma serra". A arte de administrar uma organização vem evoluindo ao longo do tempo, e tem sido crescente o número de ferramentas administrativas em uso. Sashkin e Kiser (apud Meireles, 2002) afirmam que a maior importância das ferramentas administrativas reside no fato de elas ensinarem o significado de variabilidade, que se encontra no âmago da administração da qualidade. Usar a qualidade para buscar a melhoria contínua exige que as pessoas compreendam as causas dos problemas (variação não controlada). Quando aprendem a usar as ferramentas, as pessoas aprendem a controlar a variabilidade. São várias as ferramentas administrativas, e com usos diferenciados no campo da administração; as ferramentas consideradas adequadas pelos autores para a execução dessa etapa do trabalho foram escolhidas em função do diagnóstico organizacional feito, que implica priorização e detalhamento de planos de ação. As ferramentas utilizadas são: a GUT, o Diagrama de Ishikawa e a Planilha 5W2H. Foi utilizada a ferramenta Diagrama de árvore para esquematizar o desdobramento do plano, uma espécie de mapa cognitivo do 5W2H.

Segundo Meireles (2002, p. 39), "GUT é uma ferramenta usada para definir prioridades, dadas diversas alternativas de ação. Essa ferramenta responde racionalmente à questão: o que devemos fazer primeiro?". A GUT leva em consideração a gravidade, a urgência e a tendência. Meireles (2002, p. 40) afirma que, por gravidade, devemos considerar a intensidade que o problema pode causar se não for solucionado; por urgência devemos considerar o tempo para a eclosão dos resultados indesejáveis, se não atuar sobre o problema; e por tendência devemos considerar o desenvolvimento que o problema terá na ausência da ação. Sendo assim, a ferramenta GUT aplica-se sempre que for necessário priorizar ações dentre várias, ordenando a importância das ações pela sua gravidade, sua urgência e sua tendência. O uso dessa ferramenta pressupõe um conjunto de atividades a realizar, possibilitando que se forme uma visão ampla do que é preciso fazer. Essa ferramenta pode ser aplicada individualmente, porém o resultado é melhor quando um grupo de pessoas a executa e ele deve ser obtido por consenso (consenso = conformidade, acordo ou concordância de opiniões). Tanto para gravidade como para urgência e para tendência é usada uma escala que varia de 1 a 5, conforme o Quadro 8.1.

QUADRO 8.1

Escala de gravidade, urgência e tendência

Escala de Gravidade
1. Os prejuízos ou dificuldades não têm gravidade
2. Os prejuízos ou dificuldades têm pouca gravidade
3. Os prejuízos ou dificuldades são graves
4. Os prejuízos ou dificuldades são muito graves
5. Os prejuízos ou dificuldades são extremamente graves
Escala de Urgência
1. Não há pressa para agir
2. Pode esperar um pouco
3. Mais cedo possível
4. Com alguma urgência
5. É necessária uma ação imediata
Escala de Tendência
1. Se nada for feito, a situação não irá piorar, e pode até melhorar
2. Se nada for feito, a situação não irá piorar em longo prazo (acima de 12 meses)
3. Se nada for feito, a situação irá piorar em médio prazo (de 6 a 12 meses)
4. Se nada for feito, a situação irá piorar em curto prazo (abaixo de 6 meses)
5. Se nada for feito, a situação irá piorar rapidamente

Fonte: Meireles, 2002, p. 40 (adaptado pelos autores).

O Diagrama de Ishikawa faz parte do grupo de ferramentas administrativas para analisar e/ou planejar contramedidas, que relacionam causas com efeitos. Causa é algo que gera um efeito. Removendo-se a causa, o efeito tende a desaparecer. O efeito é algo que existe como decorrência da ação de uma causa. Removendo-se o efeito, a causa não desaparece. Segundo Meireles (2002, p. 301), o diagrama de causa e efeito tem o formato de uma espinha de peixe, com a cabeça representando o efeito e as espinhas as possíveis causas. Cabe observar, entretanto, que o diagrama permite visualizar causas imediatamente associadas ao efeito e, para buscar causas, quer seja de análise quer seja de planejamento, a criatividade é importante, pois assim pode-se identificar um maior rol de causas. Quando se faz uso do diagrama com a finalidade de planejamento, o efeito que se pretende obter quase sempre é um desafio; por causa disso, costuma-se denominar esse efeito como desafio. Para Scarpi (apud Meireles, 2004), a ferramenta Diagrama de árvore é ideal para planejamento de ações: desde o objetivo a ser alcançado até as atividades operacionais. O Diagrama de árvore desdobra um projeto (objetivo + metas) em subprojetos, planos e ações e ações operacionais (ações executadas pelos operadores). Para sua construção parte-se de um projeto, isto é, da definição de um objetivo a alcançar e da meta (ou metas) associadas a tal objetivo. A esse projeto dá-se o nome de 'raiz original', em que será implementado por meio de dois ou mais subprojetos; e esses subprojetos, uma vez realizados, completam o projeto. A partir de cada subprojeto o desdobramento continua, conforme figuras 8.1 e 8.2.

FIGURA 8.1

Diagrama de árvore

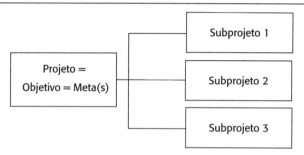

Fonte: Meireles, 2002, p. 304 (adaptado pelos autores).

FIGURA 8.2

Diagrama de árvore – desdobramento

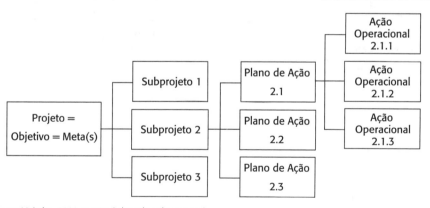

Fonte: Meireles, 2002, p. 304 (adaptado pelos autores).

Cada subprojeto desdobra-se em dois ou mais planos de ação e, por sua vez, cada plano de ação se desdobra em duas ou mais ações operacionais, isto é, em ações que são diretamente executáveis pelos operadores e, portanto, não são desdobráveis. Pode-se observar que a construção de um Diagrama de árvore é feita da esquerda para a direita, conforme a Figura 8.3. Sua construção implica a elaboração de respostas a diversos "Como?" (Como realizarei o projeto? Por meio dos subprojetos 1, 2 e 3. Como realizarei o subprojeto 2? Por meio dos planos de ação 2.1, 2.2 e 2.3. Como realizarei o plano de ação 2.1? Por meio das ações operacionais [diretamente executáveis] 2.1.1, 2.1.2 e 2.1.3). Cada um dos subprojetos pode ser desdobrado em dois ou mais planos de ação, e cada um dos planos de ação pode ser desdobrado em duas ou mais ações operacionais. Se desejarmos saber se a construção foi lógica, deveremos fazer uma 'leitura crítica'. Esta leitura é feita da direita para a esquerda, isto é, dos ramos para a raiz, conforme a Figura 8.4. Neste caso, implica responder aos "por quê?". (Por que vamos realizar a ação operacional 2.1.3? Porque precisamos realizar o plano de ação 2.1. Por que vamos realizar o plano de ação 2.1? Porque precisamos realizar o subprojeto 2. Por que vamos realizar o subprojeto 2? Porque precisamos realizar o projeto).

FIGURA 8.3
Diagrama de árvore – Leitura crítica "como faz"

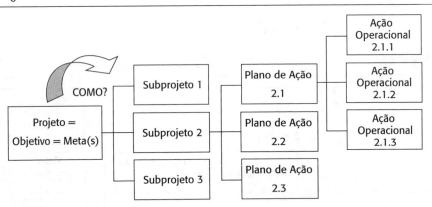

Fonte: Meireles, 2002, p. 304 (adaptado pelos autores).

FIGURA 8.4

Diagrama de árvore – Leitura crítica "por que"

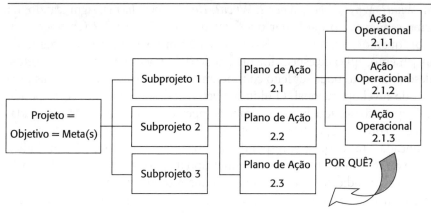

Fonte: Meireles, 2002, p. 304 (adaptado pelos autores).

Para Meireles (2002, p. 304),

> o Diagrama de árvore é utilizado como a primeira abordagem de planejamento de um projeto. Dado um objetivo a alcançar, com a sua correspondente meta, por meio de um brainstorming[1] elabora-se a lista de um conjunto de subprojetos que, uma vez concluídos, alcançam o objetivo do projeto. Por sua vez, cada subprojeto é desdobrado coerentemente em planos de ação, e estes em ações operacionais. Fundamentalmente, o Diagrama de árvore é o passo que deve anteceder a realização de uma Planilha 5W2H.

Para tanto, o Diagrama de árvore é uma ferramenta de planejamento que pode ser usada em muitas situações. O uso constante dessa ferramenta reduz o tempo de realização dos projetos. O autor afirma que

> o Diagrama de árvore desdobra um projeto (objetivo + metas) em subprojetos, planos de ação e ações operacionais. Ações operacionais são ações executadas pelos operadores. A descrição do projeto, dos subprojetos, planos de ação e ações operacionais é feita sempre com o tempo verbal no infinitivo: implantar, estabelecer, padronizar etc.

---

[1] Segundo Meireles (2002), brainstorming é uma ferramenta usada para elevar o nível de criatividade da equipe. É preponderantemente aplicada na fase de planejamento (busca de soluções) e também pode ser usada para identificar problemas (questionamento de causas). Para a sua utilização, são constituídas seis etapas: constituição da equipe; definição do foco e enfoque; geração das idéias; crítica; agrupamento; e conclusão. Foi criada pelo publicitário Alex Osborn em 1939, (*brain* + *storming* = tempestade cerebral).

O 5W2H é uma ferramenta de planejamento, e constitui-se de um relatório por colunas, cada uma delas encabeçada por um título (em inglês, na sua origem, *What?, Why?, Who?, Where?, When?, How?, How Much?*), significando, na mesma seqüência, o quê?, por quê?, quem?, onde?, quando? (cronograma), como?, quanto? (orçamento). Essa planilha é um instrumento importante de planejamento, aplicada especialmente em desdobramento de planos e projetos. O desdobramento pode ser feito continuamente para níveis cada vez mais próximos do nível operacional. O último nível, não desdobramento, corresponde à ação operacional, àquele em que cabe ao operador executar a ação planejada. No item "o quê", é especificada a meta, aquilo que se quer atingir. No "por quê" é justificada a meta, ou seja, responde aos objetivos do projeto. "Quem" indica o nome do responsável; mesmo que um grupo de pessoas seja responsável pela ação, deve ser indicado o nome da pessoa que responde pelo grupo. O "como" indica o método para atingir a meta; se necessário, pode ser desdobrado em subitem (quem, o quê, data limite). O "quando" indica o período em que se desenvolve o conjunto de atividades correspondentes à meta. E o "quanto custa" indica o orçamento ou custeio da atividade. Para Meireles (2002, p. 171), a Planilha 5W2H é muito usada no planejamento de empresas, especialmente no desdobramento da visão de futuro de longo alcance. A visão de futuro é traçada levando em conta os diversos níveis de estratégia, em especial aquela (grande estratégia) que orienta outros tipos de estratégia.

O administrador está sempre na função de resolver problemas ou superar desafios. Existe, então, a necessidade de buscar melhorias nos processos ou nos produtos ou serviços da organização, até mesmo enfrentando desafios, buscando níveis antes não atingidos. Uma vez analisadas as causas principais sobre as quais se deve atuar, com vistas à solução do problema ou do desafio (diagrama de causa e efeito), é necessário elaborar um plano de ação, que geralmente se expressa por uma Planilha 5W2H. O resultado do plano de ação, na maioria das vezes, impacta a padronização dos processos, exigindo modificações nos procedimentos dos padrões operacionais; por isso, é importante dominar os principais conceitos para o estabelecimento das ferramentas administrativas, dos padrões e dos fluxogramas. Dessa forma, Meireles (2002, p. 9) afirma que o "diagrama de causa e efeito é fundamental para o estabelecimento das causas de problemas, causas estas que devem ser eliminadas ou reduzidas, e, uma vez determinadas as principais causas do problema, deve-se estabelecer um plano de ação, idealmente por meio de uma Planilha 5W2H".

Planos de melhoria

Com base nos resultados do Diagnóstico Organizacional, e a partir da identificação dos pontos passíveis de melhoria, considerando as áreas contempladas nos oito critérios do PNQ, são desenvolvidos, apenas para fins acadêmicos, dois planos de melhoria, com o objetivo de suprir ou inibir os efeitos dos pontos que ameaçam a sobrevivência da organização. Na realidade, são desenvolvidos tantos planos de melhorias quantos forem necessários. Foram aplicadas as ferramentas administrativas Matriz de GUT, Diagrama de Ishikawa, Diagrama de árvore e Planilha 5W2H para elaboração e desenvolvimento dos referidos planos.

Priorização dos pontos passíveis de melhoria

Por meio da aplicação da Matriz de GUT, é feita a classificação dos pontos passíveis de melhoria quanto a sua gravidade, urgência e tendência. Os pontos passíveis de melhoria com pontuação mais elevada são os que mais ameaçam a sobrevivência da organização, e que serão priorizados nos planos de melhorias. Os itens passíveis de melhoria observados no Diagnóstico Organizacional foram: 4.1 – Responsabilidade Social, 4.2 – Ética e Desenvolvimento Social e 7.3 – Gestão de Processos Relativos a Fornecedores. Com base em contatos mantidos com a organização e na interpretação do Relatório de Avaliação da Gestão, foram atribuídas pontuações individuais, que foram analisadas, e depois estabeleceram-se prioridades em comum acordo. Utilizou-se a técnica de brainstorming, que, segundo Meireles (2002), é uma ferramenta associada à criatividade humana, cuja principal função é elevar o nível da criatividade para geração de idéias da equipe. Aplica-se preponderantemente na fase de planejamento (busca de soluções), e também para identificar problemas (questionamento de causas); é de grande valia para a escolha de alternativas. Dessa forma, os pontos passíveis de melhoria mais graves, considerados pela Matriz de GUT e priorizados para o desenvolvimento dos planos de melhorias, foram: 7.3 – Gestão de Processos Relativos a Fornecedores e 4.2 – Ética e Desenvolvimento Social, conforme classificação ilustrada na Tabela 8.2.

TABELA 8.2

Priorização dos itens passíveis de melhoria

Problema	Valores			Total	Classificação
	Gravidade	Urgência	Tendência		
4.1 Responsabilidade social	2	2	3	12	3º
4.2 Ética e desenvolvimento social	4	3	3	36	2º
7.3 Gestão de processos relativos a fornecedores	5	5	5	125	1º

Fonte: Os Autores, set. 2004.

Para que o desenvolvimento do plano de melhoria seja bastante criterioso, é necessário que as informações sejam desdobradas; para tanto, reaplica-se a Matriz de GUT para os aspectos de cada item já priorizado, pontuando de acor-

ESTÁGIO SUPERVISIONADO E TRABALHO DE CONCLUSÃO DE CURSO

do com a metodologia utilizada. Dessa forma, obtém-se o aspecto de maior relevância dos pontos passíveis de melhoria, conforme ilustrado respectivamente nas tabelas 8.3 e 8.4.

TABELA 8.3

Priorização de aspectos passíveis de melhoria – gestão de processos relativos a fornecedores

Problema (Aspecto)	Valores			Total	Classificação
	G	U	T		
1 A organização possui métodos adequados para selecionar e qualificar os fornecedores.	4	5	3	60	2º
2 Os requisitos de fornecedores são claramente transmitidos aos fornecedores e as informações sobre seu desempenho são monitoradas por meio de indicadores de desempenho.	5	5	5	100	1º
3 A organização possui canais de relacionamento com os fornecedores e toma as ações no sentido de apoiar e incentivar os fornecedores na busca de melhor desempenho.	4	4	2	32	3º
4 A organização verifica se os padrões de trabalho das práticas de gestão relativos aos fornecedores estão sendo cumpridos.	2	3	3	18	5º
5 A organização avalia e melhora as práticas de gestão e os respectivos padrões de trabalho relativos à gestão de processos relativos a fornecedores.	2	4	3	24	4º

Fonte: Os Autores, set. 2004.

TABELA 8.4

Priorização de aspectos passíveis de melhoria – ética e desenvolvimento social

Problema (Aspecto)	Valores			Total	Classificação
	G	U	T		
1 O comportamento ético é estimulado interna e externamente à organização e o relacionamento ético com todas as partes interessadas é assegurado.	2	4	3	24	4º
2 A organização identifica as necessidades e avalia a satisfação das comunidades com a sua atuação.	4	5	5	100	1º
3 A organização atende às necessidades das comunidades e exerce liderança no apoio e no fortalecimento das comunidades, da região e do País.	3	3	3	27	4º
4 A organização verifica se os padrões de trabalho das práticas de gestão relativas à ética e desenvolvimento estão sendo cumpridos.	4	3	3	36	2º
5 A organização avalia e melhora as práticas de gestão e os respectivos padrões de trabalho relativos à ética e desenvolvimento social.	5	3	2	30	3º

Fonte: Os Autores, set. 2004.

O plano de melhoria para o item 7.3 – Gestão de Processos Relativos a Fornecedores será aplicado ao aspecto 2 do Relatório de Avaliação e o plano de melhoria para o item 4.2 – Ética e Desenvolvimento Social será aplicado ao aspecto 2 do respectivo Relatório de Avaliação.

Cada ponto passível de melhoria é causa de uma ou mais fragilidades, mas com potenciais que podem trazer prejuízos graves à organização. Dessa forma, cada plano de melhoria objetiva diminuir ou inibir os impactos negativos de um ponto passível de melhoria, e compreende:

a) O problema: destaque do ponto passível de melhoria.
b) Utilização do Diagrama de Ishikawa: relação de causa e efeito do problema.
c) Uso do Diagrama de árvore: esquematização do plano para solucionar o problema.
d) Aplicação da Planilha 5W2H: desdobramento do plano para solucionar o problema, utilizando-se das sete fases: o que deve ser feito, por que deve ser feito, quem deve fazer, como fazer, quando fazer, onde deve ser feito, quanto deve custar (orçamento).

Plano de melhoria Gestão de Processos Relativos a Fornecedores

a) Problema: o conteúdo do relatório aponta que inexistem na organização práticas de gestão de monitoramento, por meio de indicadores, do desempenho dos seus fornecedores.
b) Por intermédio do Diagrama de Ishikawa, expressam-se os efeitos e as principais causas associadas ao ponto passível de melhoria, conforme Figura 8.5.

FIGURA 8.5

Diagrama de Ishikawa: implant. indic. desemp. gestão dos fornecedores

Fonte: Os Autores, set. 2004.

c) O plano para suprir a ausência de indicadores de desempenho relativos a fornecedores pode ser visto no Diagrama de árvore, ilustrado na Figura 8.6.

FIGURA 8.6
Diagrama de árvore: implant. de indic. desemp. gestão de fornecedores

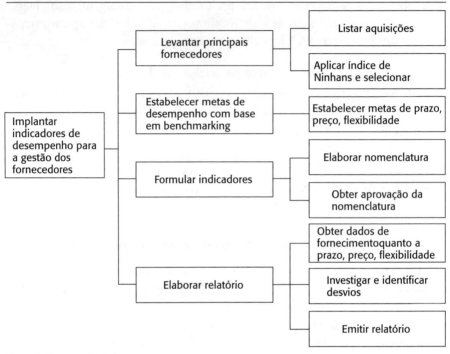

Fonte: Os Autores, set. 2004.

d) Este plano será sintetizado na Tabela 8.5 em Planilha 5W2H.

O que será feito

Definição, desenvolvimento e implantação de indicadores de desempenho relativos ao Processo de Gestão de Fornecedores. O plano constitui-se na verificação sistematizada dos fornecedores da organização para analisar, quantitativa e qualitativamente, o número de não-conformidades e os seus desempenhos. Esses dados colhidos e analisados serão transformados em informações para que a organização possa gerenciá-las, com definição de indicadores, metas e formas de monitoramento. Por não existir na Genexis indicadores de desempenho relativos à gestão de fornecedores, foi desenvolvido o plano de melhoria que consiste em evidenciar a relevância de instituir indicador para esse processo, que tem como objetivo o levantamento dos principais fornecedores, e a seleção será feita por meio da aplicação do Índice de Ninhans, ferramenta administrativa que auxilia na classificação dos fornecedores (importante, menos importante, não importante). Depois serão elaboradas definições de indicadores e metas de desempenho em relação a prazo, preço e flexibilidade, tendo como base o benchmarking, e este será feito por meio de consultas e análises de relatórios referentes às empresas ganhadoras do Prêmio Nacional da Qualidade, como, por exemplo, a Bahia Sul Celulose S.A. (2001).

Por que será feito

Pela ausência de indicadores de desempenho, a organização encontra dificuldades em substituir fornecedores de curto prazo, há poucas fontes de suprimentos, ausências de parcerias, relacionamento unidirecional, fornecedores praticamente monopolistas. É necessária a implantação de indicadores de desempenho relativos aos fornecedores, para que a organização possa selecioná-los e classificá-los quanto à importância, capacidade de atendimento, qualidade dos produtos/serviços, confiabilidade, tamanho e monitoramento de desempenho, diante das necessidades da organização. Para Campos (1999, p. 133), "as ações devem ser direcionadas no sentido do desenvolvimento dos fornecedores, de tal modo que eles passam a atuar também na satisfação total do consumidor". A utilização de bens e serviços pode ocorrer em qualquer estágio de projeto, produção e utilização dos produtos; assim, fornecedores podem incluir distribuidores, revendedores, prestadores de serviços terceirizados, transportes contratados e franquias, bem como os que suprem a organização com materiais e componentes. Campos (1999, p. 146) argumenta que "uma organização não pode ser competitiva de forma isolada. Ela faz parte de uma cadeia de compradores/fornecedores que tem como objetivo final satisfazer as necessidades do consumidor". O consumidor, ao comprar um produto de uma organização, está na verdade comprando de uma cadeia de empresas. É necessário que todas busquem taxa máxima de valor agregado, repassando ganhos de custo e qualidade por toda a cadeia competitiva. Sendo assim, é muito importante que uma organização tenha um processo de avaliação e melhoria da gestão de relacionamento e do desempenho dessa cadeia, incluindo capacitação, melhoria dos processos de compra e redução de custos associados à verificação do desempenho.

Por quem será feito

Na organização, existe um processo exclusivo para cuidar de todos os assuntos relacionados aos fornecedores; portanto, os trabalhos serão coordenados por esse comitê do processo, formado pelo gerente de suprimentos, áreas de negócios e a área de tecnologias e operações. As atividades inerentes ao processo serão executadas pelos colaboradores do setor, porém a responsabilidade direta sobre o processo será do gerente de suprimentos; posteriormente, o Quadro 8.2 relaciona as atividades com os responsáveis por suas execuções.

Onde será feito

Todo o processo será implantado na própria organização, conforme disposto no item anterior.

Quando será feito

A implantação desse processo ocorrerá conforme o cronograma descrito no Quadro 8.2.

QUADRO 8.2

Cronograma para implant. indic. desemp. gestão dos fornecedores

Descrição das atividades	Responsabilidade	Tempo (ano/2005)			
		Jan.	Fev.	Mar.	Abr.
1. Levantar os principais fornecedores	Gerente suprimentos	X			
1.1. Listar compras realizadas nos últimos 180 dias	Gerente suprimentos	X			
1.2. Aplicar Ninhans e seleção	Gerente suprimentos	X			
2. Estabelecer metas de resultado com base em *benchmarking*	Gerente suprimentos		X		
2.1. Estabelecer metas, prazo, preço, metas de flexibilidade.	Gerente suprimentos		X		
3. Formular indicadores	Gerente suprimentos			X	
3.1. Elaborar nomenclatura dos indicadores	Gerente suprimentos			X	
3.2. Obter aprovação da nomenclatura	Gerente suprimentos			X	
4. Elaborar relatório	Gerente suprimentos				X
4.1. Obter dados de fornecimento quanto a prazo, preço, flexibilidade	Gerente suprimentos				X
4.2. Investigar e identificar desvios	Gerente suprimentos				X
4.3. Emitir relatórios de desvios para reunir-se com Comitê	Gerente suprimentos				X

Fonte: Os Autores, set. 2004.

Como será feito

A implantação dos indicadores inicia-se com o levantamento dos principais fornecedores, que será feito por meio de um levantamento de aquisições realizadas nos últimos 180 dias. Será aplicada a ferramenta administrativa de Ninhans, que consiste em auxiliar na classificação dos fornecedores quanto a sua importância (importante, menos importante, não importante). Após essa classificação, será feito um benchmarking, por intermédio de análises em relatório da Bahia Sul, em que permitirá uma comparação com uma empresa referencial e, dessa forma, irá possibilitar o estabelecimento das metas de resultados. Também serão formulados os indicadores com a elaboração de nomenclaturas (siglas), para facilitar a linguagem no gerenciamento das informações e, também, com o estabelecimento de periodicidade do acompanhamento dos indicadores. A aprovação das nomenclaturas será feita com a participação dos diretores, e os indicadores deverão priorizar as variáveis de prazos, preços, flexibilidade, qualidade, segurança, dentre outras. E, para a avaliação de possíveis desvios dos indicadores, será elaborado relatório com definição dos indicadores, trabalhando as variáveis acima citadas. Esses relatórios serão impressos e destinados às reuniões do comitê do processo, possibilitando assim sua análise e permitindo a geração de medidas corretivas ou preventivas, sobre os desempenhos dos fornecedores.

Quanto custará

Este processo será realizado pelos colaboradores internos; por esse motivo, envolve investimento financeiro conforme a sistemática única (já descrita anteriormente, na introdução dos planos de ação). Considerou-se um total de 13 semanas com quatro horas diárias, resultando em 260 horas dedicadas ao plano, ao valor de U$ 14.00 a hora; dessa forma, o investimento sobre o plano referente à utilização de mão-de-obra interna será de U$ 3,640.00. Os valores financeiros que deverão ser investidos no plano referentes à consultoria serão de U$ 10,400.00. As demais despesas prováveis com a implantação e administração do plano serão de ordem interna, como material de escritório, ligações telefônicas, reuniões com fornecedores, já previstas nos orçamentos da organização. Estima-se um total de U$ 14,040.00 e, nessa data, com o dólar cotado a R$ 3,00, esse plano terá um custo de investimento de R$ 42.120,00.

TABELA 8.5

Planilha 5W2H: implant. indic. desemp. gestão de fornecedores

Projeto: Implantação de indicadores de desempenho para gestão dos fornecedores

Item	O que	Por que	Quem	Como	Quando	Quanto[2]
1	Levantar os principais fornecedores	Para classificar os fornecedores	Gerente de suprimentos	Listando aquisições e aplicando o Índice de Ninhans para a seleção	Jan/05	
2	Estabelecer metas de desempenho com base em benchmarking	Para que isso seja baseado em comparação com empresa referencial	Gerente de suprimentos	Estabelecendo metas de prazo, preço e flexibilidade por meio de análise aos relatórios de práticas de Gestão com a Bahia Sul	Fev/05	
3	Formular os indicadores	Inst. indicador	Gerente de suprimentos	Elaborando nomenclatura dos indicadores e obtendo a aprovação da diretoria	Mar/05	
4	Elaborar relatório	Para serem impressos os dados dos indicadores e posteriormente analisados nas reuniões do Comitê	Gerente de suprimentos	Obtendo dados de fornecimento quanto a prazo, preço, flexibilidade e investigando e identificando possíveis desvios. E, por fim, a impressão do relatório	Abr/05	

Fonte: Os Autores, set. 2004.

Plano de melhoria Ética e Desenvolvimento Social

a) Problema: O conteúdo do relatório aponta a inexistência de práticas de gestão relacionadas ao envolvimento da empresa com responsabilidade social.

b) O Diagrama de Ishikawa identifica causas e efeitos, conforme a Figura 8.7.

---

2 Valor total: U$ 14,040.00.

FIGURA 8.7
Diagrama de Ishikawa: implant. práticas de respons. pública e social

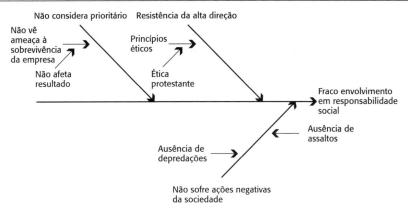

Fonte: Os Autores, set. 2004.

c) O Diagrama de árvore ilustra o desdobramento deste plano, conforme Figura 8.8.

FIGURA 8.8
Diagrama de árvore: implant. de práticas de respons. pública e social

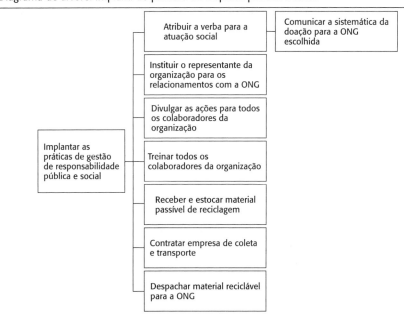

Fonte: Os Autores, set. 2004.

d) Este plano está sintetizado na Planilha 5W2H, descrito na Tabela 8.7.

O que será feito

Denominação: implantação de práticas de gestão de responsabilidade pública e social com doação de materiais passíveis de reciclagem, – papéis inservíveis e cartuchos para impressoras sem carga (vazios). O plano prevê implantação de duas práticas de gestão de envolvimento com a responsabilidade social: uma será a doação de papéis já utilizados pela organização e considerados lixo, e a outra será a doação dos cartuchos de tinta vazios (sem carga) para impressoras.

Objetivo: a princípio, o plano tem como objetivo qualitativo despertar consciência pública e responsabilidade social nos colaboradores da organização. Os outros objetivos são os relacionados com a garantia do sucesso e os interesses de longo prazo da organização, que também dependem da conduta ética interna e externa, e na superação dos requisitos legais e regulamentares. A organização, reconhecendo que a comunidade é uma das partes interessadas na existência do seu negócio, passa a acreditar que ela tem necessidades específicas, e o seu desenvolvimento ocorre em harmonia com os interesses da sociedade, da comunidade e do meio ambiente. E, assim, o apoio a interesses sociais e ao estímulo das pessoas da organização no engajamento em atividades sociais deve ser prática sistematizada.

Existe um benefício de marketing social, não mensurável, porém de efeito qualitativo para a imagem institucional, porque as organizações, consideradas excelentes pela sociedade, adotam políticas não discriminatórias para recrutamento, seleção e contratação e exercem a cidadania empresarial, apoiando iniciativas de educação, assistência comunitária, promoção da cultura, esportes e lazer. Possuem um código de ética que incentiva o comportamento ético de seus funcionários, e também elaboram e publicam o Balanço Social. O cumprimento de todas essas práticas de gestão faz com que a organização possua sistemática adequada aos requisitos da SA 8000[3] e que poderão constituir-se em uma ação futura da organização em estudo.

Por que será feito

Para que haja continuidade de suas operações, a organização também deve identificar, entender e satisfazer as necessidades da sociedade e das comunidades com as quais interage, cumprindo as leis, preservando os ecossistemas e contribuindo para o desenvolvimento econômico, social e ambiental das co-

---

3 Este certificado atesta que a organização e a sua cadeia produtiva adotaram procedimentos de responsabilidade social.

munidades. A organização deve adquirir e manter um exercício da consciência moral e cívica, advinda da ampla compreensão do seu papel no desenvolvimento da sociedade. Segundo Ferrel et al. (2000, p. 89), "a responsabilidade social e ética potencializa a credibilidade e o reconhecimento público, aumentando o valor da organização". Estes autores (2000, p. 123) argumentam que

> nos interesses sociais, podemos incluir a educação e a assistência comunitária; a proteção dos ecossistemas; a adoção de políticas não discriminatórias e de proteção das minorias; a promoção da cultura, do esporte e do lazer e a participação ativa no desenvolvimento nacional, regional ou setorial.

Segundo Almeida (2002, p. 132), "a imagem de boa cidadã é o fator básico para as organizações ganharem o respeito, a admiração e a preferência da população". O autor argumenta (2002, p. 10) que as exigências dos clientes não se restringem aos produtos e aos serviços: elas ultrapassam os limites da organização, incluem o respeito por funcionários, vizinhos, fornecedores, acionistas, o cumprimento da legislação, a promoção do bem-estar e o desenvolvimento da sociedade. Tudo isso porque os seus acionistas, diretores, funcionários, clientes, fornecedores etc. também pertencem a essa mesma sociedade. Dentre muitos indicadores de resultados, destacam-se os essenciais: percentuais da receita investida na sociedade, percentuais de servidores envolvidos em ações sociais, volume de recursos doados, quantidade de horas dedicadas em ações sociais, indicadores relativos a ações de combate ao desperdício e preservação do meio ambiente; por exemplo, quantidade de papel reciclado, quantidade de economia de energia, eventos internos sobre a importância da cidadania. Um outro motivo da implantação das práticas de gestão direcionadas a responsabilidade social é que a diretoria da Genexis demonstra interesse em concorrer ao Prêmio de Excelência em Gestão no curto prazo e, dessa forma, existe a necessidade de implementar práticas de responsabilidade social, uma vez que, se não o fizer, o impacto na pontuação final será significativo. Para a FPNQ (2003), o fraco envolvimento social, pela resistência da alta direção (por não considerar a questão prioritária no momento), pode, em médio prazo, ameaçar a sobrevivência da organização, afetando diretamente seus resultados.

Por quem será feito

A implantação das práticas de doação do material passível de reciclagem (papéis e cartuchos de tinta para impressoras) será de responsabilidade dos colaboradores internos da área do almoxarifado. Será necessário o envolvimento dos colaboradores das áreas de informações e os de recursos humanos para divulgação e treinamentos internos, respectivamente, e também o envolvimento da área de relacionamento com os fornecedores para a licitação e contratação da empresa de transportes. Já à diretoria caberá atribuir as verbas para atuação social. Quanto ao representante da organização para os relacionamentos com o Terceiro Setor será o coordenador de RH[4].

Onde será feito

As atividades relacionadas com as doações serão feitas dentro da organização, com exceção do transporte, que será executado por uma empresa de transportes de produtos contratada (terceirizada).

Quando será feito

A implantação das práticas de gestão social ocorrerá conforme ilustrado no Quadro 8.3.

QUADRO 8.3

Cronograma para implant. práticas de gestão de respons. pública e social

Descrição das atividades	Responsabilidade	Tempo (ano/2005)
1. Atribuir verbas para atuação social	Diretoria	Janeiro
2. Instituir representante da organização para os relacionamentos com a ONG	Diretoria	Janeiro
3. Comunicação da sistemática da doação para a ONG	Representante da organização	Janeiro
4. Divulgação para todos os colaboradores	Resp. informações	Janeiro
5. Treinamento para todos os colaboradores	Coordenador de RH	Janeiro
6. Recebimento e estocagem dos papéis e cartuchos vazios	Chefe do Almoxarifado	Fevereiro
7. Contratação da empresa de coleta	Chefe do Relacionamento com Fornecedor	Março
8. Envio do material reciclável para a ONG	Chefe do Almoxarifado	Março

Fonte: Os Autores, set. 2004.

---

4 A diretoria da Genexis decidiu por esse colaborador, justificando que seria o mais adequado, o que foi decidido no período dos contatos pessoais para menção desse plano, mantidos entre os autores desse trabalho e o diretor de operações dessa organização.

Como será feito

A implantação das práticas de doações de materiais recicláveis terá início com a divulgação do projeto por meio do processo de sistema de informações, e com o treinamento para os colaboradores quanto à utilização da máquina de picotar papéis e quanto às etapas do processo, que será de responsabilidade do coordenador de RH. Por meio de consultas e observações à organização, identificou-se que a organização possui máquinas de picotar relatórios que não têm mais utilização. A sistemática era que, depois de picotados, esses papéis tinham como destino o lixo comum da organização, e o mesmo acontecia com os cartuchos vazios das impressoras. Com a implantação das práticas de doações, tanto os papéis como os cartuchos serão entregues para uma ONG, a qual será identificada e aprovada de acordo com a análise dos diretores da Genexis; isso porque, sempre que a organização alvo do estudo realiza algum tipo de doação, é feita a seleção de uma relação de ONGs. As ONGs que constam nessa relação já sofreram análise por parte dos diretores, e essa consiste em dar prioridade a ONGs relacionadas com menores ou idosos e que tenham credibilidade na percepção desses diretores. Por esse motivo, não será possível divulgar o nome da ONG que a organização irá escolher, dentro das suas opções, na época da entrega do material. A organização entregará o material passível de reciclagem para a ONG por meio de uma empresa de transportes, que será contratada pela área de Relacionamento com Fornecedores. O processo de armazenamento do material reciclável, e também o posterior despacho com destino para a ONG (que acontecerá uma vez por mês), será de responsabilidade da área de almoxarifado.

Quanto custará

As atividades pertinentes a esses planos serão executadas pelos próprios colaboradores da organização, devendo respeitar a sistemática única, que consiste em considerar os valores das horas disponibilizadas desses colaboradores internos na dedicação do plano. Assim, para as ações de doações de cartuchos de impressoras sem carga (vazios) e os papéis inservíveis estão previstos, para a área de informações, quatro horas dedicadas à preparação da divulgação para todos os colaboradores, totalizando um investimento financeiro de U$ 56.00, e 20 horas com o valor de U$ 280.00 para a área de RH executar o treinamento do plano, que compreenderá a conscientização sobre a importância de reciclar papel para o meio ambiente e sobre doações para comunidades carentes; porque, quanto às funções da máquina de picotar, a maioria dos colaboradores já sabe operá-la. Existirá um gasto com o transporte do material até as instalações da ONG, que será de aproximadamente U$ 100.00. Para chegar a esse

ESTÁGIO SUPERVISIONADO E TRABALHO DE CONCLUSÃO DE CURSO

TABELA 8.6

Planilha 5W2H: implant. práticas de respons. pública e social

Plano: Implantação de práticas de responsabilidade pública e social

Item	O que	Por que	Quem	Como	Quando	Quanto[5]
1	Atribuir verba para atuação social	Para instituir as ações sociais	Diretoria	Em reunião com os diretores	Jan/05	
2	Instituir representante	Para os contatos com a ONG	Diretoria	Selecionando o colaborador com o melhor perfil	Jan/05	
3	Comunicar sistema da doação para a ONG escolhida	Para envio do material reciclável	Representante escolhido	Dirigindo-se até a ONG e formalizando a doação por meio de contato pessoal	Jan/05	
4	Divulgar para todos os colaboradores	Para que os colaboradores fiquem informados	Gerente de Informações	Por meio eletrônico já existente na organização	Jan/05	
5	Treinar todos os colaboradores	Para manuseio da máquina e conscientização das ações sociais.	Coordenador de RH	Reuniões com os líderes de cada processo, de aprox. duas horas de duração	Jan/05	
6	Receber e estocar os papéis e refis	Para centralizar o material	Chefe de Almoxarifado	Recebendo de todas as áreas os papéis picotados e armaz. em caixas de papelão até retirada	Fev/05	
7	Contratar a empresa de coleta	Para entregar o material à ONG	Chefe de Relacionamento com os fornecedores	Para a coleta do material uma vez por mês e para a entrega no endereço da ONG	Mar/05	
8	Despachar o material para a ONG	Para que a ONG receba o material	Chefe de Almoxarifado	Contatando a empresa de transporte para a retirada do material com destino à ONG	Mar/05	
9	Acompanhar aplicação dos recursos	Para que novos recursos possam ser doados	Diretoria	Por meio dos mecanismos de gestão de aplicações desses recursos na entidade e na organização	Mar/05	

Fonte: Os Autores, set. 2004.

5 Valor total para implantação U$ 436.00 e, após a implantação, o valor mensal é de U$ 100.00.

valor, os autores do trabalho cotaram no mercado de transporte de pequenos volumes, chegando-se a essa média. Mas, nas épocas de entregar os materiais à ONG, fica por conta do responsável pelo processo de relacionamento com fornecedores a contratação desse transporte, procedendo de acordo com o que convém à organização, naquele dado momento. Portanto, estima-se um total de U$ 436.00 e, nessa data, com o dólar cotado a R$ 3,00, esse plano terá um custo de investimento de R$ 1.308,00; esse é o valor inicial de implantação do plano e, para a rotina desse plano, os gastos serão de aproximadamente U$ 100.00, referentes ao transporte do material da organização até a ONG.

Planos de manutenção

Com base nos resultados do Diagnóstico Organizacional, considerando as áreas contempladas nas oito categorias do PNQ, e a partir da identificação dos pontos fortes, são apresentados e desenvolvidos dois planos de manutenção, com o objetivo de fortalecer os pontos considerados como fortes da organização. Foram aplicadas as ferramentas administrativas Matriz de GUT, Diagrama de Ishikawa, Diagrama de árvore e Planilha 5W2H para elaboração e desenvolvimento dos planos.

Priorização dos pontos fortes

Por meio da aplicação da Matriz de GUT, é feita a classificação dos pontos fortes quanto a sua gravidade, urgência e tendência. Os pontos fortes com pontuação mais baixa são os que efetivamente trazem maiores resultados para a organização, e que serão priorizados. Os pontos fortes observados no Diagnóstico Organizacional foram os seguintes: 3.1 – Imagem e Conhecimento de Mercado, 3.2 – Relacionamento com Clientes, 5.1 – Gestão das Informações da Organização e 7.4 – Gestão econômico-financeira. As pontuações atribuídas pelos autores e as técnicas utilizadas seguem a mesma sistemática dos planos de melhoria. Dessa forma, os pontos fortes considerados pela Matriz de GUT e priorizados para o desenvolvimento dos planos de manutenção foram: 3.2 – Relacionamento com Clientes e 5.1 – Gestão das Informações da Organização, classificação ilustrada na Tabela 8.7.

ESTÁGIO SUPERVISIONADO E TRABALHO DE CONCLUSÃO DE CURSO

TABELA 8.7

Priorização dos pontos fortes

Desafio	Valores			Total	Classificação
	Gravidade	Urgência	Tendência		
3.1 Imagem e Conhecimento de Mercado	1	1	2	2	4º
3.2 Relacionamento com Clientes	2	3	2	12	1º
5.1 Gestão das Informações da Organização	2	1	3	6	2º
7.4 Gestão econômico-financeira	2	1	2	4	3º

Fonte: Os Autores, set. 2004.

Utilizando-se da mesma sistemática de pontuação dos planos anteriores (planos de melhoria), reaplicar a Matriz de GUT nos aspectos de cada item já priorizado e pontuá-los, a fim de obter o aspecto de maior relevância dos pontos fortes, conforme ilustrado nas tabelas 8.8 e 8.9.

TABELA 8.8

Priorização dos aspectos fortes – Relacionamento com clientes

Desafio (Aspecto)	Valores			Total	Classificação
	G	U	T		
1 A organização seleciona e disponibiliza canais de relacionamento que permitem aos clientes realizar negócios, reclamar, sugerir e solicitar assistência, e as sugestões e reclamações são tratadas de forma pronta e eficaz.	1	3	4	12	1º
2 A organização acompanha as transações junto aos clientes, inclusive as mais recentes com novos clientes e novos produtos entregues, para evitar problemas de relacionamento, permitindo uma realimentação rápida e capaz de gerar ações.	1	3	2	6	3º
3 A organização avalia a satisfação, a fidelidade e a insatisfação dos clientes, e as informações obtidas são usadas para intensificar a sua satisfação, obter referências positivas e assegurar a sua fidelidade.	1	2	4	8	2º
4 A organização verifica se os padrões de trabalho das práticas de gestão relativas ao relacionamento com clientes estão sendo cumpridos.	2	2	1	4	4º
5 A organização avalia e melhora as práticas de gestão e os respectivos padrões de trabalho relativos ao relacionamento com clientes.	2	1	1	2	5º

Fonte: Os Autores, set. 2004.

TABELA 8.9

Priorização dos aspectos fortes – Gestão das informações da organização

Desafio (Aspecto)	Valores			Total	Classificação
	G	U	T		
1 A organização possui métodos para identificação das necessidades de informações sistematizadas para apoiar as operações diárias e a tomada de decisão.	1	2	3	6	3º
2 A organização possui métodos para definir, desenvolver, implantar e atualizar sistemas de informação.	1	3	4	12	1º
3 As informações estão disponibilizadas a todas as pessoas da força de trabalho.	1	2	4	8	2º
4 A organização verifica se os padrões de trabalho das práticas de gestão relativas às informações da organização estão sendo cumpridos.	2	2	1	4	4º
5 A organização avalia e melhora as práticas de gestão e os respectivos padrões de trabalho relativos à gestão das informações da organização.	2	1	1	2	5º

Fonte: Os Autores, set. 2004.

O plano de manutenção para o item 3.2 – Relacionamento com Clientes será aplicado ao aspecto 1, e o plano de manutenção para o item 5.1 – Gestão das Informações da Organização será aplicado ao aspecto 2. Conforme as Tabelas 8.8 e 8.9, essas práticas de gestão apresentam necessidades de renovação em virtude da própria tendência de mercado; mais adiante, na apresentação de cada um dos planos, essas tendências serão mais detalhadas. Em síntese, melhorar e disponibilizar mais um canal de relacionamento com os clientes, permitindo a realização de negócios, reclamações, sugestões e solicitações de assistência, com tratamento pronto e eficaz das suas sugestões e reclamações, faz com que a organização aumente ainda mais o grau de confiança que os clientes atuais e potenciais depositam na organização. Quanto às práticas dos métodos que definem, desenvolvem, implantam e atualizam, as informações devem receber processos mais dinâmicos, principalmente porque o tipo de negócio da organização exige informações ágeis, com garantias e com disponibilização, a qualquer momento, sem apresentar restrições dos equipamentos. Dessa forma, cada plano de manutenção visa fortalecer um dado ponto forte, e compreende:

a) A oportunidade: destaque do ponto forte com sugestão de melhoria.

b) Diagrama de Ishikawa: relação de causas e efeitos da oportunidade.

c) Diagrama de árvore: esquematização do plano para aproveitamento da oportunidade.

d) Planilha 5W2H: desdobramento do plano para implantar a oportunidade, utilizando-se as sete questões: o que, por que, quem, como, quando e onde deve ser feito, quanto deve custar.

Plano de manutenção Relacionamento com Clientes

a) Oportunidade: implantação de um canal de relacionamento com o cliente via internet.
b) O Diagrama de Ishikawa identifica causas e efeitos relacionados aos pontos fortes, conforme Figura 8.9.

FIGURA 8.9
Diagrama de Ishikawa: relacionamento com clientes

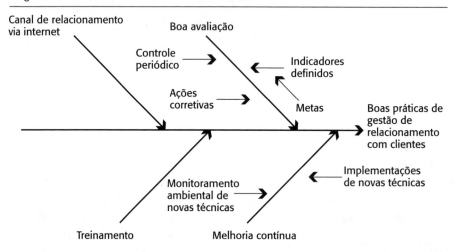

Fonte: Os Autores, set. 2004.

c) O plano pode ser visto ilustrado no Diagrama de árvore, conforme Figura 8.10.

FIGURA 8.10

Diagrama de árvore – Implantação de canal via internet

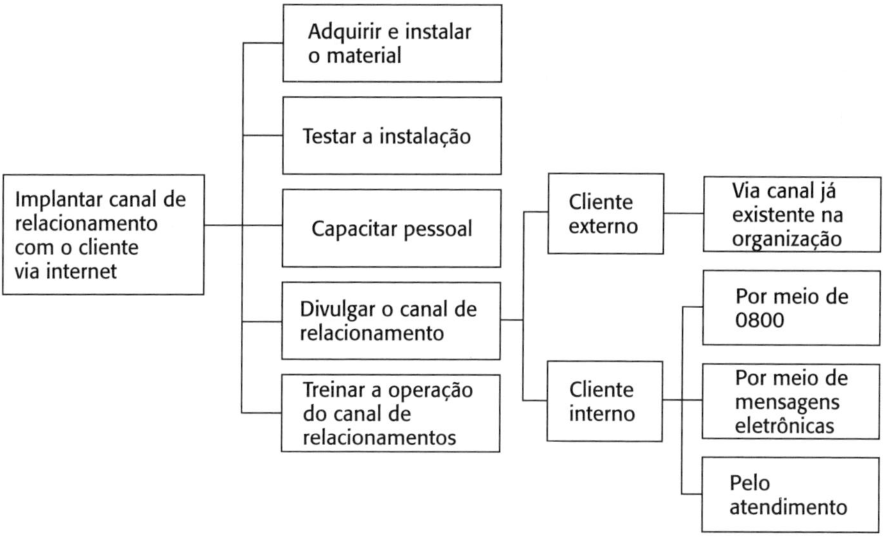

Implantar canal de relacionamento com o cliente via internet	Adquirir e instalar o material	
	Testar a instalação	
	Capacitar pessoal	**Cliente externo** → Via canal já existente na organização
	Divulgar o canal de relacionamento	**Cliente interno** → Por meio de 0800
	Treinar a operação do canal de relacionamentos	Por meio de mensagens eletrônicas
		Pelo atendimento

Fonte: Os Autores, set. 2004.

d) Este plano está sintetizado na Planilha 5W2H, ilustrado na Tabela 8.11.

O que será feito

Denominação: implantação de um canal de relacionamento com o cliente via internet, com o objetivo de disponibilizar para o cliente um canal de acesso mais rápido, no qual ele terá a sua própria visualização na web, e poderá enviar, receber ou modificar informações, solicitar suporte técnico, pedir informações sobre novos produtos e verificar status da entrega das encomendas feitas ou de um chamado de serviço.

Por que será feito

Hoje a organização conta com um serviço 0800, o Contact Center. Com a implantação do canal via internet, o cliente terá uma visão única e abrangente sobre seu relacionamento com a organização, com conhecimento de ações já executadas ou em execução. Esse plano intensificará ainda mais o relacionamento entre ambos, fazendo com que a organização tenha cada vez mais informações sobre o cliente e identifique com mais agilidade suas necessidades. Segundo Seybold (2000, p. 19), "as tecnologias modernas de e-business fazem com que seja prático e econômico para os clientes interagirem diretamente com a organização, falarem sobre si próprios e receberem os melhores serviços". A disponibilização do canal proporcionará também mais liberdade ao cliente, que não terá restrições de horários nem limites de tempo, utilizando o novo serviço da maneira que mais achar conveniente. De acordo com a autora (2000, p. 179), "no comércio eletrônico o cliente pode acessar informações visuais, transações e solicitar serviços em todas as linhas de sua organização, com ou sem auxílio de uma pessoa". O canal via internet derruba, dessa forma, a barreira de tempo e a distância entre o cliente e a organização, possibilitando um rápido compartilhamento de informações. Segundo Aldrich (2000, p. 122), além de reduzir o custo e aumentar a quantidade de informações disponíveis, os consumidores podem encontrar seus produtos e informações mais depressa, e podem fazer compras quando quiserem durante 24 horas, 365 dias por ano.

Por quem será feito

A organização possui um processo para cuidar de todos os assuntos relacionados a clientes; portanto, a implantação do plano será coordenada pelo comitê desse processo, denominado Negócios de Aquisição de Clientes e Gestão de Relacionamento com Clientes. As atividades específicas de cada um desses colaboradores estão detalhadas posteriormente no Quadro 8.4.

Onde será feito

O plano será realizado e implantado dentro da própria organização, conforme disposto no item anterior.

Quando será feito

A implantação do plano ocorrerá conforme o cronograma ilustrado no Quadro 8.4.

QUADRO 8.4

Cronograma para implantação do canal via internet

Descrição das atividades	Responsabilidade	Tempo (ano/2005)		
		Janeiro	Fevereiro	Março
1. Adquirir e instalar o material	Gerente de Tecnologia	X		
2. Testar a instalação	Gerente de Tecnologia	X		
3. Capacitar pessoal	Gerente de Tecnologia	X		
4. Divulgar o material	Coordenador de RH	X		
4.1 Divulgar para clientes internos	Coordenador de RH		X	
4.2 Divulgar para clientes externos	Coordenador de RH		X	
4. Treinar pessoal	Coordenador de CRM			X

Fonte: Os Autores, set. 2004.

Como será feito

O plano teve início com a busca dos autores no mercado de Tecnologia de Informação pelo equipamento que melhor atende às necessidades da organização, além de realizar pesquisas para avaliar custos, prazos e condições de fornecimento. Quando adquirido, o equipamento será instalado e testado pelos próprios colaboradores da área de informática sem a necessidade de contratação de mão-de-obra externa, uma vez que o software é auto-explicativo e os colaboradores da área são detentores do conhecimento da tecnologia da informação. Terminada a instalação, iniciará a capacitação dos colaboradores do Contact Center, com o objetivo de atender e orientar os clientes no surgimento de eventuais dúvidas ou problemas sobre a utilização e funcionamento do equipamento. O passo seguinte será o da divulgação para os clientes internos e externos. Para os clientes internos serão obedecidos os padrões normais da organização, pelos quais a divulgação é realizada por meio eletrônico. Para o cliente externo, a divulgação ocorrerá por meio do canal de relacionamento já existente na organização. A sistemática funcionará quando o próprio cliente entrar em contato com a organização, onde estará disponibilizada uma mensagem telefônica divulgando o serviço disponível e gratuito; e também pelos contatos telefônicos com os atendentes do canal de relacionamento, já existente hoje na organização. Por fim, será realizado o treinamento de pessoal, necessário para que todos os colaboradores da organização se conscientizem da importância do plano para a organização e os seus clientes e dos benefícios adquiridos com sua implantação. Esse treinamento será realizado por meio de contatos pessoais, em reuniões previamente programadas e executadas pelo gerente de CRM.

Quanto custará

Para a implantação e execução do plano, será necessário um investimento de U$ 5 mil para a compra dos elementos necessários; trata-se de valores destinados basicamente a softwares, uma vez que a organização detém quase toda a tecnologia necessária. Vale ressaltar que esses valores foram levantados com a participação do gerente de Tecnologia de Informação da organização; isto porque existem muitos fornecedores[6], e para o mecanismo de compra de software a linguagem é completamente técnica.

Os investimentos referentes à mão-de-obra interna utilizada e os serviços de consultoria que ficarão disponíveis durante a implantação respeitarão a

---

6 Foi exigido pela organização, por meio do gerente de TI, que não fosse divulgado o nome dos fornecedores.

sistemática única, em que a consultoria ficará à disposição da organização uma vez por semana, por um período de quatro horas por dia, durante quatro semanas; por isso, será necessário um investimento de U$ 1,600.00. Já para a mão-de-obra interna, do gerente de informações, coordenador de RH e o gerente de CRM, será necessário um total de 150 horas, divididas em quatro horas por dia por um período de trinta e cinco dias (U$ 14.00 a hora), totalizando U$ 1,960.00. Os investimentos de ordem interna, como material de escritório, computadores, impressoras, ligações telefônicas e reuniões com os envolvidos, já estão previstos no orçamento da organização. Estima-se, portanto, um investimento total de U$ 8,560.00. Com o dólar cotado a R$ 3,00, esse plano terá um investimento total de R$ 25.680,00.

Plano de manutenção Gestão das Informações da Organização

a) Oportunidade: implantação do sistema de tecnologia wireless (sem fio) para aumento da produtividade na gestão das informações da organização, de seus clientes, produtos e serviços.

b) Por intermédio do Diagrama de Ishikawa, tem-se causas e efeitos associados ao ponto forte, conforme Figura 8.11.

FIGURA 8.11
Diagrama de Ishikawa: implantação do sistema de tecnologia wireless

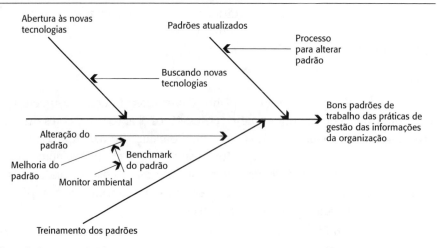

Fonte: Os Autores, set. 2004.

c) O Diagrama de árvore ilustra o plano, conforme a Figura 8.12.

TABELA 8.10

Planilha 5W2H: Canal de relacionamento via internet

Projeto: Implantação de um canal de relacionamento para clientes via internet

Item	O que	Por que	Quem	Como	Quando	Quanto[7]
1	Adquirir e instalar o material	O material é fundamental para a implantação do plano, inclusive no início	Gerente de Informações	Buscando no mercado de informática o equipamento necessário para a implantação.	Jan/05	
2	Testar o material	Para detectar possíveis erros de instalações	Gerente de Informações	Simulando as ações dos clientes na utilização do material.	Jan/05	
3	Capacitar pessoal do Contact Center	Para atender e orientar clientes	Gerente de Informações	Por meio de reunião com os colaboradores realizada antes da divulgação.	Jan/05	
4	Divulgar para clientes internos e externos	Para que os clientes tomem conhecimento sobre o novo canal	Coordenador de RH	Para os clientes internos por meio eletrônico e para o cliente externo pelo Contact Center, pelo atendimento e pelo acesso à própria internet.	Fev/05	
5	Treinar pessoal	Para a conscientização sobre a importância do plano para a organização.	Gerente CRM	Por meio de contato pessoal em reuniões previamente programadas.	Mar/05	

Fonte: Os Autores, set. 2004.

7 Valor total de U$ 8,560.00.

FIGURA 8.12

Diagrama de árvore: implantação do sistema tecnologia wireless

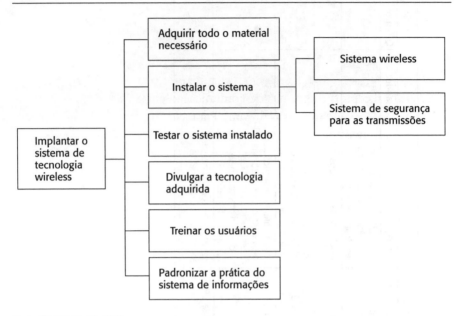

Fonte: Os Autores, set. 2004.

d) Este plano está sintetizado na Planilha 5W2H, ilustrado na Tabela 8.11.

O que será feito

Denominação: implantação do sistema de tecnologia wireless com acesso remoto e em tempo real, de bases de dados da organização, de informações de seus clientes, produtos e serviços. O objetivo do plano é promover garantias de recebimento e envio das mensagens, independente da localização física do destinatário ou do remetente. Isso possibilita aos colaboradores da organização acesso irrestrito aos bancos de dados da organização, de seus clientes, produtos e serviços, sem nenhuma barreira física de acesso, nem mesmo de dispositivo de consulta. Com a tecnologia wireless, torna-se possível não apenas o envio e recebimento de mensagens, mas principalmente a implantação da filosofia do teletrabalho[8], obtendo ganhos de produtividade para a organização, ganhos de qualidade de atendimento para seus clientes e ganhos de funcionalidade para seus produtos e serviços, além de uma melhora substancial da qualidade de vida de seus colaboradores, uma vez que poderão trabalhar no local e momento adequados à sua melhor qualidade de

---

[8] Trabalho em qualquer lugar e a qualquer hora (Tachizawa e Mello, 2003), (telecommiting).

vida, sem promover prejuízos ao bom desempenho da organização no atendimento de seus clientes.

Por que será feito

Este plano tem o objetivo de disponibilizar informações por meio de comunicações em um fluxo de informações móvel (sem fio). Segundo Souza (1999, p. 19), comunicação indica a transferência de informação entre um comunicador e um receptor, e sistemas de comunicação eficientes possibilitam que as organizações vendam e produzam. Para ele, os tipos de informações podem ser arquivos de dados, mensagens, voz e imagem digitalizadas. A tecnologia sugerida no plano possibilita que os usuários recebam e/ou enviem informações, acessem bases de dados sem que estejam fisicamente conectados a uma rede local, façam a conexão ao escritório e a todos os seus recursos de informação por meio de um notebook, sem a necessidade de estarem presentes fisicamente nas instalações da empresa, usem todos os dispositivos móveis dotados da mesma tecnologia para recepção e envio de informações, mensagens, arquivos de texto, planilhas eletrônicas, dentre outros. Tais dispositivos podem ser desde um telefone celular até computadores de bolso. Segundo Souza (1999, p. 405), comunicação wireless refere-se a todo tipo de conexão efetuada sem fio, como transmissão de dados via rádio digital, redes locais sem cabeamento físico que utilizam infravermelho ou freqüências de microondas para conexão entre seus nós, sistemas de telefonia celular, entre outros. Para a organização, essa tecnologia proporcionará vantagem competitiva, minimizará os riscos do não recebimento ou envio das mensagens aos seus destinos, além do ganho em agilidade e flexibilidade no uso de recursos de TI, até então só disponíveis nas instalações da organização. Hoje, essa tecnologia pode ser encarada como uma vantagem competitiva, pois a tendência aponta para o ano de 2010. No mercado mundial da informação, 80% das organizações terão adotado tal tecnologia, conforme aponta pesquisa realizada pelo grupo Gartner[9], que prevê que em 2010 cerca de 80% dos principais processos de negócios irão depender do compartilhamento de informações em tempo real por parte de funcionários móveis. Dessa forma, a organização passará a usufruir a iniciativa no pioneirismo na adoção dessa tecnologia, proposta nesse plano de manutenção que otimiza a melhoria contínua.

---

9 Empresa especialista em análises e pesquisas sobre tecnologia; para saber mais sobre tal pesquisa, veja www.symantec.com; acessado em 5/11/2004).

Por quem será feito

Para a implantação desse plano, será necessária a execução de muitas tarefas por parte do gerente de tecnologia, do gerente de suprimentos e do gerente de operações, conforme, mais adiante, demonstra a síntese do plano (Tabela 8.11). Ao gerente de tecnologia cabem as atividades relacionadas com o projeto do plano, que consistem em elaborar lista de materiais a ser adquirida, a própria instalação do sistema, juntamente com aplicações de testes necessários com os usuários da tecnologia. Já o gerente de suprimentos colaborará executando atividades como a seleção de fornecedores e a operação de compra dos materiais necessários, e anteriormente levantados pelo gerente de tecnologia. Ao gerente de operações estão reservadas as atividades para a prática do sistema em operação, como o acompanhamento, a divulgação, o treinamento. Destaca-se que essas atividades estão detalhadas no item 'como'. Inicialmente, os usuários móveis dessa tecnologia colaborarão com o plano, pois por meio deles serão aplicados os testes do funcionamento quanto à utilização direta.

Onde será feito

O plano será totalmente executado na organização; porém, após a implantação, os testes de monitoramento necessitarão da participação dos usuários móveis. Isso significa que os usuários em locais externos à organização acessarão o banco de dados com equipamentos sem fio e, dessa forma, testarão a rapidez e a confiabilidade da tecnologia.

Quando será feito

O plano wireless seguirá conforme o cronograma ilustrado no Quadro 8.5.

QUADRO 8.5

Cronograma para implantação do sistema de tecnologia wireless

Descrição das atividades	Responsabilidade	Tempo (ano/2005)		
		Janeiro	Fevereiro	Março
1. Projetar a rede de comunicações wireless	Gerente de Tecnologia	X		
2. Elaborar a lista de materiais a ser adquirida	Gerente de Tecnologia	X		
3. Selecionar os fornecedores	Gerente de Suprimentos	X		
4. Adquirir o material	Gerente de Suprimentos	X		
5. Instalar o sistema	Gerente de Tecnologia		X	

QUADRO 8.5

Cronograma para implantação do sistema de tecnologia wireless (continuação)

Descrição das atividades	Responsabilidade	Tempo (ano/2005)		
		Janeiro	Fevereiro	Março
6. Ativar o sistema de segurança	Gerente de Operações		X	
7. Aplicar teste ao sistema	Gerente de Tecnologia	X		
8. Colocar o sistema em operação	Gerente de Operações		X	
9. Divulgar a tecnologia adquirida	Gerente de Operações			X
10. Treinar os usuários no novo sistema	Gerente de Operações			X
11. Padronizar o uso do novo sistema	Gerente de Operações			X
12. Monitorar o sistema implantado	Gerente de Operações	X	X	X

Fonte: Os Autores, set. 2004.

Como será feito

O plano inicia-se com o gerente de tecnologia projetando a rede de comunicações wireless por meio da elaboração da planta lógica e física do sistema a ser implantado, com as interfaces de integração com o sistema existente. A elaboração da lista de materiais a ser adquirida também será feita pela gerência de tecnologia, por meio de levantamentos em publicações especializadas, além da internet. O plano segue para o gerente de suprimentos, que irá selecionar os fornecedores, enviando os pedidos de cotação. Tendo sido selecionado o conjunto de fornecedores, a gerência de suprimentos providencia a aquisição dos materiais, bem como autoriza o fornecedor selecionado para a realização da instalação do sistema, também coordenado pela gerência de tecnologia. Terminada a instalação, tem início a fase de ativação da rede wireless. Para a ativação desse sistema, entrará em ação o gerente de operações, que, além de acompanhar todo o processo de finalização da instalação e da ativação das estações conectadas nessa nova rede, operacionalizará o plano de segurança com base no protocolo de segurança Wireless Encripted Protocol[10] – WEP. O próximo passo é colocar o sistema em operação; para isso, será elaborado o plano de migração do ambiente de testes para o ambiente de produ-

---

10 Protocolo de comunicação sem fio criptografado.

ção. O sistema deverá ser monitorado após sua implantação, para que possam ser observados os indicadores de desempenho da tecnologia em operação. Isso se fará por meio da instalação na rede wireless dos softwares de monitoramento de acesso, uso e tráfego, os quais vão reportar os requisitos de desempenho, bem como os de segurança. Vale mencionar que o gerente de operações deverá participar de todas as etapas de execução do plano, pois isso é inerente ao cargo, conforme descrito, mais acima no texto, no Quadro 8.5.

Quanto custará

Para a implantação do plano serão necessários investimentos de aproximadamente U$ 10 mil, destinados à compra dos sistemas de rede de comunicação wireless e de segurança para esse tipo de comunicação. Esses valores foram levantados com especialistas do mercado dessa tecnologia, com a participação do gerente de operações da organização alvo do estudo[11]. Vale mencionar que essa participação foi fundamental para que os autores interagissem com o mercado tecnológico, que inicialmente apresenta muitas especificidades. Os demais investimentos estimados com a implantação e administração do plano (como ligações telefônicas, reuniões com os envolvidos) serão de ordem interna, e já estão previstos no orçamento da organização. Atividades pertinentes desse plano serão executadas pelos próprios colaboradores da organização e, por isso, envolvem investimento financeiro conforme a sistemática única (já descrita anteriormente na introdução dos planos de ação); isso resulta em um total de 11 semanas com cinco horas diárias, totalizando 220 horas, dedicadas ao plano, a um valor de U$ 14.00 a hora. Dessa forma, os valores financeiros que deverão ser investidos no plano, referentes à utilização de mão-de-obra interna, serão de U$ 3,080.00. No tocante à consultoria, os valores financeiros que deverão ser investidos no plano somam U$ 4,400.00, representando um total de 44 horas disponíveis. Estima-se um total de U$ 17,480.00; considerando o dólar cotado a R$ 3,00, esse plano terá um custo de investimento de R$ 52.440,00.

---

11 A organização, por meio da diretoria, solicitou para os autores deste trabalho que não fossem divulgados os nomes dos prováveis fornecedores, com os quais se chegou a esse valor.

TABELA 8.11

Planilha 5W2H: implantação do sistema de tecnologia wireless

Projeto: Implantação do Sistema de Tecnologia Wireless

Item	O que	Por que	Quem	Como	Quando	Quanto[12]
1	Projetar a rede de comunicações wireless	Permitir a integração dessa tecnologia no atual ambiente computacional existente na organização.	Gerente de Tecnologia	Elaborando a planta lógica e física do sistema a ser implantado, com as interfaces de integração com sistema atual.	Jan/05	
2	Elaborar a lista de materiais a ser adquirida	Para que seja permitida a escolha de fornecedores.	Gerente de Tecnologia	Pesquisando publicações especializadas.	Jan/05	
3	Selecionar os fornecedores	Para que condições comerciais possam ser negociadas.	Gerente de Suprimento	Enviando os pedidos de cotação.	Jan/05	
4	Adquirir o material	Para efetuar sua instalação.	Gerente de Suprimento	Contatando o fornecedor do material.	Jan/05	
5	Instalar o sistema	Para iniciar o processo dos testes.	Gerente de Tecnologia	Seguindo os procedimentos de instalação.	Fev/05	
6	Ativar o sistema de segurança	Impedir acesso indevido a essa nova rede de comunicação, em decorrência de sua característica.	Gerente de Operações	Operacionalizando o plano de segurança com base no protocolo de segurança WEP	Fev/05	
7	Aplicar o teste ao sistema	Filtrar possíveis erros no procedimento depois de padronizado.	Gerente de Tecnologia	Simulando ações inerentes ao processo.	Fev/05	
8	Colocar o sistema em operação	Ser integrado à atual operação da empresa, em termos de recursos de TI.	Gerente de Operações	Elaborando o plano de migração do ambiente de testes para o ambiente de produção.	Fev/05	
9	Divulgar a tecnologia adquirida	Para que todos os usuários fiquem cientes da estratégia adotada.	Gerente de Operações	Por via de comunicações internas conforme os padrões existentes (meio eletrônico).	Jan/05	

TABELA 8.11

Planilha 5W2H: implantação do sistema de tecnologia wireless (continuação)

Projeto: Implantação do Sistema de Tecnologia Wireless						
Item	O que	Por que	Quem	Como	Quando	Quanto[12]
10	Treinamento do sistema	Para que os usuários do sistema possam operá-lo.	Gerente de Operações	Por meio de reuniões teóricas e simulações práticas.	Mar/05	
11	Padronização do sistema	Para que os usuários utilizem-se da melhoria que o sistema proporcionará.	Gerente de Operações	Liberando a utilização do sistema para os usuários.	Mar/05	
12	Monitoramento do sistema implantado	Para que possam ser observados os indicadores de desempenho da tecnologia em operação.	Gerente de Operações	Instalando na rede wireless os softwares de monitoramento de acesso, uso e de tráfego.	Mar/05	

Fonte: Os Autores, set. 2004.

---

12 Valor Total U$ 17,840.00.

Considerações Finais

O desenvolvimento desta Parte 2 teve como base a execução de um processo investigatório científico para o levantamento dos materiais necessários à sua concepção e elaboração, no qual foram considerados os Critérios de Excelência da FNQ. Tomados como base, tais critérios fundamentaram a coleta, processamento, tratamentos e análise dos conteúdos, reproduzindo de forma confiável as informações que foram descritas nos itens Histórico e Perfil da Organização, Relatório da Gestão, Relatório de Avaliação e Diagnóstico Organizacional. Subseqüentemente e de acordo com o estágio das práticas de gestão da organização alvo da pesquisa, foram desenvolvidos os Planos de Ação. Os resultados alcançados após a realização desse trabalho estão resumidos a seguir.

Em termos gerais, a Genexis apresentou práticas de gestão adequadas para quase todos os requisitos de cada um dos itens dos critérios. Somente quanto ao requerido no critério 4 – Sociedade, e no item 7.3 – Gestão de Processos Relativos a Fornecedores, é que não conseguiu apresentar adequação das práticas de gestão para quase todos os requisitos exigidos.

A respeito da liderança, a boa pontuação obtida indica a observância dos fundamentos liderança e constância de propósito e visão de futuro, e as poucas oportunidades para melhorias se concentram na questão do atendimento das partes interessadas, em que a organização não atende ao solicitado no item Interação com a Sociedade. O sistema de liderança apóia-se na composição da alta administração e na estrutura de comitês; o processo de controle e o aprendizado têm como base um conjunto formal de reuniões, com periodicidade estabelecida de acordo com as necessidades de cada processo. A cultura da excelência é disseminada, tendo como principal instrumento a tecnologia da informação como mecanismo de comunicação entre executivos e colaboradores. Na análise crítica do desempenho, a organização utiliza indicadores de desempenho dos processos de negócios e processo de apoio e indicadores definidos em seu BSC.

A sistemática de formulação, desdobramento, implementação, acompanhamento das estratégias e planos de ação é bem estruturada. A Genexis faz uso de diversas metodologias para sua consecução, como BSC, forças competitivas de Porter e o processo de gestão estratégica, responsável por avaliar e definir ações estratégicas, desdobrar ações, comunicar e monitorar. A organização também possui indicadores de desempenho relacionados a clientes e mercado, finanças, pessoas, processos relativos a produtos e processos de apoio, que são classificados, integrados e correlacionados para apoiar a análise crítica do desempenho. Cabe destacar que as lacunas mais significativas deste critério ficam por conta de a organização não detalhar suas metas em curto, médio e longo prazos, apresentando somente as suas unidades de medidas. Além disso, não possui indicadores de desempenho relativos à sociedade.

O foco no cliente e no mercado ficou evidenciado pela presença das práticas descritas no critério 3 – Clientes. A organização possui critérios para segmentar, agrupar e definir seus clientes-alvo, apresentando também suas diretrizes de posicionamento de produtos. A Genexis faz uso do Processo de Negócio Aquisição de Clientes e Gestão do Relacionamento com Clientes para avaliar a satisfação e insatisfação dos clientes, atuais, potenciais e ex-clientes, ambos os processos apoiados em instrumentos gerenciais como os funis de negócios e o TAS. Como canal de relacionamento com os clientes, possui o Contact Center – Centro de Atendimento ao Cliente, formado por uma equipe de atendimento 24x7x365. Já no critério 4 – Sociedade, a organização não atendeu a diversas práticas solicitadas pelo critério, sendo as práticas de gestão inadequadas ao requerido. Esse critério apresenta várias lacunas, caracterizando-se como oportunidade para melhoria na gestão da organização.

As práticas relativas à gestão das informações da organização, gestão das informações comparativas e gestão do capital intelectual, itens que compõem o critério 5 – Informações e Conhecimentos, foram bem avaliadas, evidenciando aplicação prática do fundamento, decisões baseadas em fatos. Merecem destaque: o sistema de gerenciamento das informações baseado na metodologia de gestão de projetos PMBOK e PMI; a aplicação do BSC e a metodologia de análise de grupos estratégicos de Porter, para determinar as prioridades de informações comparativas pertinentes. As oportunidades para melhorias indicam pequenas lacunas: quanto às informações comparativas, a organização não considera eventos fora de seu ramo de atuação, e não protege sua principal fonte geradora de capital intelectual, que são seus softwares aplicativos, por não existir no Brasil uma legislação específica para regular os registros e as garantias de direito ao uso exclusivo de tecnologias e soluções proprietárias. No critério 6 – Pessoas, a obtenção de 90% dos pontos possíveis confirmou que as práticas de gestão adotadas são adequadas a quase todos os requisitos dos itens sistema de trabalho, capacitação e desenvolvimento e qualidade de vida. A estrutura de trabalho e cargos da organização é fortemente apoiada em processos, horizontalizada, com pouca formalização do comportamento. Nesse critério, merece destaque a identificação das necessidades de capacitação e desenvolvimento, que são avaliadas em relação à sua utilidade na execução do trabalho e à sua eficácia, no apoio à definição das estratégias, dos méto-

CONSIDERAÇÕES FINAIS

dos de seleção e contratação, que priorizam o recrutamento interno, a adoção de procedimentos de aconselhamento, o plano de avaliação e premiação, o plano de carreira e o plano de benefícios. As oportunidades para melhorias indicam pequenas lacunas, como não abordar a qualidade de vida dos funcionários fora do ambiente de trabalho.

Em gestão de processos, podem ser identificadas inúmeras práticas adequadas, como o sistema de operações e serviços, orientados por uma gestão baseada em processos de negócios, com especificações de projetos orientados pelas metodologias PMBOK e PMI. A organização gerencia todos os processos de produção e de apoio utilizando-se de indicadores de desempenho, que são avaliados e melhorados de acordo com o resultado da análise crítica do desempenho global, e para definir novos processos tanto de produto quanto de apoio; e para adequar os existentes adota o Processo de Comunicação Interpessoal, que tem como um de seus objetivos garantir o funcionamento e a melhoria contínua na gestão por processos. Entretanto, algumas lacunas foram identificadas, principalmente no Processo de Gestão de Fornecedores, em que a organização não adota práticas para apoiar e incentivar os fornecedores na busca de melhor desempenho, e também não possui indicadores de desempenho especificamente definidos para monitorar o desempenho de seus fornecedores.

De forma geral, os resultados da Genexis apresentaram tendências favoráveis e bom desempenho para a maioria daqueles considerados relevantes. Merecem destaque os resultados relativos a clientes e ao mercado, em que a organização atingiu 100% da pontuação. Algumas lacunas foram identificadas e ficam por conta dos resultados econômico-financeiros e gestão de pessoas, em que a metodologia utilizada pela organização de análise de grupos estratégicos, considerando as cinco forças competitivas, atende as práticas e resultados referentes a clientes, fornecedores, produtos e estratégia. Os aspectos econômico-financeiros e pessoas não fazem parte da avaliação em termos e referenciais comparativos. A organização não apresentou resultados relativos às informações comparativas pertinentes nesses aspectos. Porém, as oportunidades para melhorias referem-se à ausência de resultados relevantes nos itens relativos a fornecedores e sociedade. Esse processo de análise das práticas de gestão adotadas e resultados obtidos pela organização, com base nos critérios propostos pelo PNQ, fundamentaram o Diagnóstico Organizacional, no qual a Genexis obteve 353 pontos, atingindo 71% da pontuação máxima. Com base nessa pontuação, a organização enquadra-se na faixa de número 4, ocupando a posição baixa (351 a 383 pontos), revelando estar no seguinte estágio: enfoques adequados para os requisitos da maioria dos itens, alguns deles proativos, mas a aplicação em algumas das principais áreas e processos é muito recente para demonstrar resultados com tendências favoráveis, porém, em algumas áreas importantes para o sucesso da organização, as tendências de melhoria são recentes, com início do uso de informações comparativas pertinentes.

Tomando por base os resultados do Diagnóstico Organizacional, que refletem as necessidades da organização, foram estabelecidos os Planos de Ação, que tiveram seu planejamento e implementação fundamentados nas seguintes ferramentas administrativas: para priorização dos pontos fortes e oportunidades para melhorias, foi aplicada a Matriz de GUT (gravidade, urgência, tendência); para identificação da relação de causa e efeito dos pontos fortes e oportunidades para melhorias, foi empregado o Diagrama de Ishikawa; no planejamento, utilizou-se a ferramenta Diagrama de árvore; e finalmente, para o desdobramento e formalização dos Planos de Ação, foi utilizada a Planilha 5W2H.

Os planos de melhoria foram aplicados aos aspectos com pontuação mais elevada, que são os que mais ameaçam a sobrevivência da organização; eles foram desenvolvidos com o objetivo de suprir ou minimizar essas fraquezas. São eles:

- 7.3 – Gestão de Processos Relativos a Fornecedores, dirigidos à execução das práticas de gestão e seus respectivos padrões de trabalho, relativos ao aspecto 2. Foi desenvolvido um plano de melhoria que consiste na definição, desenvolvimento e implantação de indicadores de desempenho relativos ao Processo de Gestão de Fornecedores, que tem como objetivo analisar, quantitativa e qualitativamente, o número de não conformidades e os seus desempenhos.

- 4.2 – Ética e Desenvolvimento Social, empregado à execução das práticas de gestão e seus respectivos padrões de trabalho, relativos ao aspecto 2. Foi desenvolvido um Plano de Melhoria que consiste na implantação de práticas de gestão de responsabilidade pública e social com doação de materiais passíveis de reciclagem, sendo papéis inservíveis e cartuchos para impressoras vazios. O plano tem objetivos qualitativos para despertar a consciência pública e responsabilidade social nos colaboradores da organização.

Os Planos de Manutenção foram aplicados aos aspectos com pontuação mais baixa, na aplicação de Matriz de GUT nos itens com pontuação mais elevada, que são os aspectos considerados como forças da organização, e foram desenvolvidos com o objetivo de maximizar tais competências. São eles:

Considerações finais

- 3.2 – Relacionamento com Clientes aplicado para o aspecto 1. Foi desenvolvido um Plano de Manutenção que consiste na implantação de um canal de relacionamento com o cliente via internet.

- 5.1 – Gestão das Informações da Organização aplicada ao aspecto 2. Foi desenvolvido um Plano de Manutenção que consiste na implantação do sistema de tecnologia wireless para aumento da produtividade na gestão das informações da organização, de seus clientes, produtos e serviços.

Como resultado da elaboração e desenvolvimento dos Planos de Ação, evidencia a contribuição de produção e utilização de conhecimentos sistematizados, que tiveram como instrumento a elaboração deste relatório.

Nota

Ao término da leitura deste texto, é possível observar que a realização dos programas de Estágio Supervisionado e de Trabalho de Conclusão de Curso nos moldes propostos amplia exponencialmente a oportunidade de os estudantes aplicarem de forma articulada, criativa e responsável os conteúdos aprendidos em grande parte das disciplinas que integram a malha curricular do curso de Administração. Neste contexto, os conteúdos explorados – geralmente de forma fragmentada, desarticulada, descontextualizada – por diversas disciplinas ganham mais sentido – não apenas no plano teórico, mas, principalmente, no universo da prática.

Por mais que a Fundação Nacional de Qualidade ofereça ferramental comprometido com a melhoria das práticas gerenciais sem a pretensão de desenvolver o espírito crítico entre os usuários, conhecê-lo e desenvolver competências que favoreçam a sua utilização não deixa de ser etapa indispensável para aqueles que desejam formar uma visão crítica e propositiva acerca dos limites encontrados e de suas potencialidades.

O trabalho desenvolvido no contexto dos dois programas não se limita a proporcionar a ampliação do repertório técnico, conceptual e metodológico dos estudantes na medida em que pressupõe o desenvolvimento de habilidades e atitudes imprescindíveis aos pesquisadores consultores que assumem a responsabilidade de intervir democraticamente nas organizações investigadas, movidos pelo propósito de colaborar para a eliminação (ou, pelo menos, redução) dos pontos fracos observados e de fortalecer (ou, pelo menos, preservar) os pontos fortes identificados. Dessa forma, revelam-se empenhados em colaborar para a ampliação da competitividade das empresas, e as empresas têm a oportunidade de conhecer a importância dos administradores para o êxito de seus negócios. O estudante que lograr êxito nesta empreitada apresentará atitudes proativas diante o permanente desafio de contribuir para o sucesso das organizações comprometidas com os clientes, colaboradores, fornecedores e com a sociedade.

REFERÊNCIAS BIBLIOGRÁFICAS

Parte 1

ABBAGNANO, Nicola. *Dicionário de filosofia*. 4ª ed. São Paulo: Martins Fontes, 2000.

ALVES, Nilda e VILLARDI, Raquel (orgs.). *Múltiplas leituras da nova LDB* – Lei de Diretrizes e Bases da Educação Nacional (Lei número 9.394/96). Rio de Janeiro: Dunya, 1999.

ANASTASIOU, Léa das Graças Camargos e ALVES, Leonir Pessate (orgs.). *Processos de ensinagem na universidade*: pressupostos para as estratégias de trabalho em aula. Joinville: Editora Univille, 2003.

ANDALOUSSI, Khalid. *Pesquisas-ações*: ciências, desenvolvimento e democracia. São Paulo: Edufscar, 2004.

ANDRADE, Rui Otávio Bernardes de e AMBONI, Nério. *Diretrizes curriculares para o curso de graduação em Administração*: como entendê-las e explicá-las na elaboração e revisão do projeto pedagógico. Brasília: Conselho Federal de Administração, 2003.

BARBIER, René. *A pesquisa-ação*. Brasília: Plano, 2002.

BARDIN, Laurence. *Análise de conteúdo*. Lisboa: Edições 70, 1995.

BEISIEGEL, Celso de Rui. "De ciências moleculares a humanidades, uma trajetória." In: RIBEIRO, Renato Janine (org.). *Humanidades*: um novo curso na USP. São Paulo: Edusp, 2001.

BORDENAVE, Joan Díaz e PEREIRA, Adair Martins. *Estratégias de ensino e aprendizagem*. 24ª edição. Petrópolis: Vozes, 2002.

BRASIL. Ministério da Educação. Conselho Nacional de Educação. Câmara de Educação Superior. *Lei de Diretrizes e Bases da Educação*: disposições constitucionais. Lei nº 9.424 de 24 de dezembro de 1996. 2ª edição atualizada. Brasília: Senado Federal, 1997.

_____. Resolução nº 1 de 2 de fevereiro de 2004: institui as *Diretrizes Curriculares Nacionais do curso de graduação em Administração, bacharelado e dá outras providências*.

CHADE, Jamil. Desemprego atinge 88 milhões de jovens no mundo. *O Estado de S. Paulo*, 12 de agosto de 2004.

CHARLOT, Bernard. *Da relação com o saber*: elementos para uma teoria. Porto Alegre: Artes Médicas, 2000.

CHIZZOTTI, Antonio. *Pesquisa em ciências humanas e sociais*. 6ª edição. São Paulo: Cortez, 2003.

CM Consultoria, Ideal Invest e Hoper Educacional. *Análise setorial do ensino superior privado no Brasil*: tendências e perspectivas 2005-2010. Brasil: Hoper, 2005.

ESTÁGIO SUPERVISIONADO E TRABALHO DE CONCLUSÃO DE CURSO

COSTA, Filipe Campelo Xavier da. A percepção dos alunos de Administração quanto ao uso do trabalho em grupo como ferramenta didática. Rio de Janeiro: Anais do II Congresso de Administração da ESPM, 2005.

DEMO, Pedro. *Política social, educação e cidadania*. Campinas: Papirus, 1994.

_____. *A nova LDB:* ranços e avanços. 2ª ed. Campinas: Papirus, 1997.

_____. *Pesquisa e construção de conhecimento:* metodologia científica no caminho de Habermas. Rio de Janeiro: Tempo Brasileiro, 2000.

_____. *Avaliação sob o olhar propedêutico.* 2ª ed. Campinas: Papirus, 1999.

_____. *Complexidade e aprendizagem:* a dinâmica não linear do conhecimento. São Paulo: Atlas, 2002.

_____. *Pesquisa participante:* saber pensar e intervir juntos. Brasília: Liber Livro, 2004.

DEPRESBITERIS, Lea. Avaliação da aprendizagem – revendo conceitos e posições. apud SOUSA, Clarilza Prado de. *A avaliação do rendimento escolar.* 6ª ed. Campinas: Papirus, 1997.

DRUCKER, Peter F. *Sociedade pós-capitalista.* 7ª ed. São Paulo: Pioneira, 1999.

FARIA, José Eduardo. "Os desafios da educação: integração regional, ciência e tecnologia." In: *Desafios da educação no Século XXI:* integração regional, ciência e tecnologia. Brasília: Associação Brasileira de Mantenedores do Ensino Superior, 1995.

FUNDAÇÃO Prêmio Nacional de Qualidade. *Critérios de Excelência* – O estado da arte da gestão para a excelência do desempenho e o aumento da competitividade 2005. São Paulo: FPNQ, 2004.

_____. *Instruções para Candidatura Prêmio Nacional da Qualidade 2005.* São Paulo: FPNQ, 2004.

_____. *Primeiros Passos para a Excelência* – Critérios para o bom desempenho e o diagnóstico organizacional 2004. São Paulo: FPNQ, 2004.

GAUTHIER, Jacques Zanidê. A questão da metáfora, da referência e do sentido em pesquisas qualitativas: o aporte da sociopoética. São Paulo: Revista Brasileira de Educação, nº 25, 2004.

GODOY, Arilda Schmidt. Introdução à pesquisa qualitativa e suas possibilidades. *Revista de Administração de Empresas.* São Paulo. V. 35, nº 2, p. 57-63, 1995.

_____. A pesquisa qualitativa: tipos e fundamentos. *Revista de Administração de Empresas.* São Paulo. V. 35, nº 3, p. 20-29, 1995.

_____. A pesquisa qualitativa e sua utilização em Administração de empresas. *Revista de Administração de Empresas.* São Paulo. V. 35, nº 4, p. 65-71, 1995.

GOIS, Antônio. Diploma não garante emprego, revela estudo. *Folha de S. Paulo*, 11 de outubro de 2004.

GRAWITZ, Madeleine. *Méthodes des sciences sociales.* 6ª ed. Paris: Daloz, 1984.

LÉVY, Pierre. *A inteligência coletiva:* por uma antropologia do ciberespaço. São Paulo: Loyola, 1998.

306

REFERÊNCIAS BIBLIOGRÁFICAS

LIMA, Manolita Correia. Ensino, pesquisa, capacitação e titulação docente no ensino da graduação em Administração. Belo Horizonte: XVI Enangrad, 2005.

_____. *Monografia:* a engenharia da produção acadêmica. São Paulo: Saraiva, 2004.

_____. *Arquitetando as bases que fundamentam a idéia de ensino com pesquisa.* (mimeo), 2004.

_____. A idéia de universidade subjacente aos programas de avaliação. Tese de doutorado realizada sob a supervisão da Profa. Dra. Helena Coharik Chamlian. Defendida na FEUSP, em fevereiro de 2003.

_____. *Ensino com pesquisa:* uma revolução silenciosa. São Paulo: MCL, 2000.

_____. A formação do professor para o exercício do magistério superior em Administração: os limites impostos pelos desenhos dos programas de pós-graduação *stricto* e *lato sensu.* Florianópolis: Anais do XV Enangrad, 2004.

LUCKESI, Cipriano Carlos. *Avaliação da aprendizagem escolar.* 8ª ed. São Paulo: Cortez, 1998.

MACHADO, Nilson José. *Ensaios transversais:* cidadania e educação. São Paulo: Escrituras, 1997.

MASETTO, Marcos Tarciso. *Competência pedagógica do professor universitário.* São Paulo: Summus, 2003.

MATTOS, Pedro Lincoln C. L. Condições institucionais para a qualidade docente no ensino superior de Administração: o que está faltando? Florianópolis: Anais do XV Enangrad, 2004.

MEIRIEU, Philippe. *Aprender... sim, mas como?* 7ª ed. Porto Alegre: Artes Médicas, 1998.

MORIN, André. *Pesquisa-ação integral e sistêmica:* uma antropedagogia renovada. Rio de Janeiro: DP&A, 2004.

MORIN, Edgar. *Ciência com consciência.* 2ª ed. Rio de Janeiro: Bertrand Brasil, 1998.

NISKIER, Arnaldo. *LDB – A nova lei da educação:* tudo sobre a Lei de Diretrizes e Bases da Educação Nacional – uma visão crítica. 3ª ed. Rio de Janeiro: Edições Consultor, 1996.

NOT, Louis. *Ensinando a aprender:* elementos de psicodidática geral. São Paulo: Summus, 1993.

OLIVEIRA, João Batista Araújo e CHADWICK. *Aprender e ensinar.* 4ª ed. São Paulo: Global, 2002.

PEREIRA, Júlio César Rodrigues. *Análise de dados qualitativos:* estratégias metodológicas para as ciências da saúde, humanas e sociais. 3ª ed. São Paulo: Edusp, 2004.

PERRENOUD, Philippe. *Avaliação:* da excelência à regulação das aprendizagens – entre duas lógicas. Porto Alegre: Artes Médicas Sul, 1999.

PINEAU, Gaston. *Temporalidades na formação.* São Paulo: Triom, 2004.

REBOUL, Olivier. *O que é aprender?* Coimbra: Livraria Almedina, 1982.

ESTÁGIO SUPERVISIONADO E TRABALHO DE CONCLUSÃO DE CURSO

RIBEIRO, Renato Janine. *A universidade e a vida atual:* Fellini não via filmes. Rio de Janeiro: Campus, 2003.

_____. (org.). *Humanidades:* um novo curso na USP. São Paulo: Edusp, 2001.

SACRISTÁN, J. Cimeno e GÓMEZ, A. I. Pérez. *Compreender e transformar o ensino.* 4ª ed. Porto Alegre: Artmed, 2000.

SELLTIZ, Wrighysman-Cook. *Métodos e técnicas nas relações sociais:* delineamento da pesquisa. São Paulo: EPU, 1987.

SERVA, Maurício e JAIME Jr., Pedro. Observação participante e pesquisa em Administração: uma postura antropológica. *Revista de Administração de Empresas.* São Paulo: Fundação Getulio Vargas. V. 35, nº 1, maio/junho, 1995. p. 64-79.

SOUSA, Sandra Zákia Lian. "Revisitando a teoria da avaliação da aprendizagem." apud SOUSA, Clarilza Prado de. *A avaliação do rendimento escolar.* 6ª ed. Campinas: Papirus, 1997.

SWAAIJ, Louise van e KLARE, Jean. *Atlas da experiência humana:* cartografia do mundo interior. São Paulo: PubliFolha, 2004.

TACHIZAWA, Takeshy e ANDRADE, Rui Otávio B. de. *Gestão de instituições de ensino.* Rio de Janeiro: Fundação Getulio Vargas, 1999.

THIOLLENT, Michel. *Pesquisa-ação nas organizações.* São Paulo: Atlas, 1997.

_____. *Metodologia da pesquisa-ação.* 10ª ed. São Paulo: Cortez, 2000.

TROCMÉ-FABRE, Hélène. *A árvore do saber-aprender:* rumo a um referencial cognitivo. São Paulo: Triom, 2004.

VALOR. Pulp Fiction à brasileira. Caderno Eu&Fim de Semana. *Jornal Valor,* Ano V, nº 213, 1, 2 e 3 de outubro de 2004.

VERGARA, Sylvia Constant. *Métodos de pesquisa em Administração.* São Paulo: Atlas, 2005.

VIEIRA, Marcelo Milano Falcão e ZOUAIN, Deborah Moraes. *Pesquisa qualitativa em Administração.* Rio de Janeiro: Editora FGV, 2004.

Parte 2

ABREU FILHO, José Carlos Franco de; SOUZA, Cristóvão Pereira de; GONÇALVES, Danilo Américo e CURY, Marcus Vinícius Quintella. *Finanças corporativas.* Rio de Janeiro: FGV, 2003.

ALDRICH, Douglas F. *Dominando o mercado digital.* São Paulo: Makron Books, 2000.

ALMEIDA, Léo Grieco de. *Gestão do processo e a gestão estratégica.* Rio de Janeiro: Qualitymark, 2002.

ASHELEY, Patrícia Almeida. *Ética e responsabilidade social nos negócios.* São Paulo: Saraiva, 2003.

BATEMAN, Thomas S. e SNELL, Scott A. *Administração - construindo a vantagem competitiva.* São Paulo: Atlas, 1998.

BEUREN, Ilse Maria. *Gerenciamento de informação.* São Paulo: Atlas, 2000.

308

REFERÊNCIAS BIBLIOGRÁFICAS

BOAR, Bernard. *Tecnologia da informação* – a arte do planejamento estratégico. São Paulo: Berkeley Brasil, 2002.

BOGHI, Cláudio. Sistemas de informação: um enfoque dinâmico. São Paulo: Érica, 2002.

CAMARÃO, Paulo César Bhering. *Glossário de informática*. Rio de Janeiro: LTC – Livros Técnicos e Científicos, 1989.

CAMPOS, Vicente Falconi. *Controle da qualidade total, TQC*. 2ª ed. Belo Horizonte: Editora de Desenvolvimento Gerencial, 1999.

CHIAVENATO, Idalberto. *Recursos humanos*. Edição compacta. São Paulo: Atlas, 2002.

COLIN, Coulson Thomas. *Reengenharia dos processos empresariais*. 3ª ed. Rio de Janeiro: Record, 1996.

COVEY, Stephen R. *Os 7 hábitos das pessoas altamente eficazes*. São Paulo: Nova Cultural, 2002.

CRUMLISH, Christian. O Dicionário da Internet. Rio de Janeiro: Campus, 1997.

DESSLER, Gary. *Conquistando Comprometimento*: como construir e manter uma força de trabalho competitiva. São Paulo: Makron Books do Brasil, 1997.

FERREIRA, Aurélio Buarque de Holanda. *Novo Aurélio Século XXI. O Dicionário da Língua Portuguesa*. 3ª ed. revista e ampliada. Rio de Janeiro: Nova Fronteira, 1999.

FERREL, Linda; FERREL, O e FRAEDRICH, John. *Ética empresarial*: dilemas, tomadas de decisões e casos. 4ª ed. São Paulo: Reichmann e Affonso Editores, 2000.

FPNQ, Fundação Prêmio Nacional da Qualidade. *Primeiros Passos para a Excelência 2003: critérios para o bom desempenho e diagnóstico da organização*. São Paulo: FPNQ, 2003.

FRANCO JR, Carlos F. *e-Business: Tecnologia da informação e negócios na internet*. São Paulo: Atlas, 2001.

FREEDMAN, Alan. *Dicionário de informática*. São Paulo: Makron Books, 1995.

GAITHER, Norman. *Administração da produção e operações*. 8ª ed. São Paulo: Pioneira Thomson Learning, 2002.

GRAEML, Alexandre Reis. *Sistemas de informação: O alinhamento da estratégia de TI a estratégia corporativa*. 2ª ed. São Paulo: Atlas, 2003.

HEALTH INC., Genexis. *Plano de negócio*. São Paulo: SE, 2004.

HOUAISS, Antonio. *Dicionário Record Inglês-Português*. Rio de Janeiro: Record, 1982.

KAPLAN, Robert S; NORTON, David P. *A estratégia em ação*. 17ª ed. Rio de Janeiro: Campus, 1997.

KOTLER, Philip. *Administração de marketing*: análise, planejamento, implementação e controle. 5ª ed. São Paulo: Atlas, 1998.

LEVERING, Robert. *Um excelente lugar para trabalhar*. Rio de Janeiro: Qualitymark, 1997.

LIMA, Manolita Correia. *Monografia: engenharia da produção acadêmica*. São Paulo: Saraiva, 2004.

_____. *Regulamento dos programas de estágio e de Trabalho de Conclusão de Curso*: manual de orientação sobre as atividades previstas no programa de estágio supervisionado e no programa de trabalho de conclusão de curso. São Paulo: Unip, 2004 (mimeografado).

MARRAS, J. P. *Administração de recursos humanos*: do operacional ao estratégico. 2ª ed. São Paulo: Futura, 2000.

MASLOW, Abraham H. *Maslow no gerenciamento*. 2ª ed. Rio de Janeiro: Qualitymark, 2000.

MAXIMIANO, Antonio César Amaru. *Teoria geral da administração*: da revolução urbana à revolução digital. Edição compacta. São Paulo: Atlas, 2004.

MEIRELES, Manuel. *Sistemas administrativos clicentristas*: organização com foco no cliente. São Paulo: Arte e Ciência, 2001.

_____. *Ferramentas administrativas para identificar, observar e analisar problemas*. São Paulo: Arte e Ciência, 2002.

_____. Instrumentos de gestão. In: SCARP, U. M. – Gestão de clínicas médicas. São Paulo: Futura, 2004.

MILKOVICH, G. T. e BOUDREAU, J. W. *Administração de recursos humanos*. São Paulo: Atlas, 2000.

MONTCEL, Henri Fezenas. *Dicionário de gestão*. Lisboa: Publicações Dom Quixote, 1972.

NALINI, José Renato. *Ética ambiental*. São Paulo: Millennium, 2003.

NÓVOA, António. Os professores e o "novo" espaço público da educação. In: TARDIF, Maurice e LESSARD, Claude. *O ofício do professor – história, perspectivas e desafios internacionais*. 5ª ed. Petrópolis: Vozez, 2013.

ODIORNE, George S. *Administração por objetivos. um sistema de liderança administrativa para os nossos dias*. Rio de Janeiro: Record, 1979.

OLIVEIRA, Djalma de P. R. de. *Planejamento estratégico*. 20ª ed. São Paulo: Atlas, 2004.

PARENTE, Juracy. *Varejo no Brasil*: gestão e estratégia. 3ª ed. São Paulo: Atlas, 2000.

PORTER, Michel E. *A vantagem competitiva das ações*. Rio de Janeiro: Campus, 1999.

PRESS, Microsoft. *Dicionários de informática*. 2ª ed. Rio de Janeiro: Campus, 1998.

RAMPERSAD, Hubert K. *Scorecards para performance total*. Rio de Janeiro: Campus, 2004.

SANCHES, Cida. *Psicologia empresarial*. São Paulo: Unip, 2002 (mimeografado).

SANTOS, Aldemar de Araújo. *Informática na empresa*. 3ª ed. São Paulo: Atlas, 2003.

SANTOS, Simone C. dos. *Introdução ao comércio eletrônico*. In: *Simpósio Brasileiro de Engenharia de Software*. João Pessoa, 2000. Anais... João Pessoa: UFRJ, CEFET – PB, 2000. p. 177 – 190.

SEYBOLD, Patrícia B. *Clientes.Com*. São Paulo: Makron Books, 2000.

SIMCSIK, Tibor. *OSM: organização, sistemas e métodos*. Edição compacta. São Paulo: Futura, 2001.

REFERÊNCIAS BIBLIOGRÁFICAS

SLACK, Nigel. *Administração da produção*. São Paulo: Atlas, 1999.

_____. CHAMBERS, Stuart; HARLAND, Christine et al. *Administração da produção*. Edição compacta. São Paulo: Atlas, 1999.

SMITH, Peter B. e PETERSON, Mark F. *Liderança, organizações e cultura*. 3ª ed. São Paulo: Pioneira, 1997.

SOUZA, Lindeberg Barros de. *Redes de computadores:* dados, voz e imagem. 11ª ed. São Paulo: Érica, 1999.

SUCESU. *Dicionário de informática – português/sociedade dos usuários de computadores e equipamentos subsidiários*. 4ª ed. Rio de Janeiro: LTC, 1985.

TACHIZAWA, Takeshy e MELLO, Álvaro. *Estratégias empresariais e o teletrabalho*. Rio de Janeiro: Pontel, 2003.

TAVARES, Mauro Calixto. *Gestão estratégica*. São Paulo: Atlas, 2000.

VÁZQUEZ, Adolfo Sánchez. *Ética*. Rio de Janeiro: Civilização Brasileira, 1995.

ZABOT, João Batista M.e SILVA, L.C. Mello da. *Gestão do conhecimento –* aprendizagem e tecnologia construindo a inteligência coletiva. São Paulo: Atlas, 2002.

ZACARELLI, Sergio Baptista. *Estratégia e sucesso nas empresas*. São Paulo: Saraiva, 2002.

Impressão e Acabamento

Bartira
Gráfica
(011) 4393-2911